北京市科学技术研究院首都高端智库研究报告

数字经济蓝皮书
BLUE BOOK OF DIGITAL ECONOMY

京津冀数字经济发展蓝皮书
（2023）

王 峥 等◎著

中国经济出版社
CHINA ECONOMIC PUBLISHING HOUSE

·北京·

图书在版编目（CIP）数据

京津冀数字经济发展蓝皮书.2023／王峥等著.--
北京：中国经济出版社，2024.4
ISBN 978-7-5136-7758-5

Ⅰ.①京… Ⅱ.①王… Ⅲ.①信息经济-经济发展-
研究报告-华北地区-2023 Ⅳ.①F492

中国国家版本馆 CIP 数据核字（2024）第 091718 号

责任编辑　严　莉
责任印制　马小宾
封面设计　任燕飞设计室

出版发行	中国经济出版社
印　刷　者	北京中石油彩色印刷有限责任公司
经　销　者	各地新华书店
开　　　本	710mm×1000mm　1/16
印　　　张	19
字　　　数	254 千字
版　　　次	2024 年 4 月第 1 版
印　　　次	2024 年 4 月第 1 次
定　　　价	88.00 元

广告经营许可证　京西工商广字第 8179 号

中国经济出版社 网址 http://epc.sinopec.com/epc/　社址 北京市东城区安定门外大街 58 号　邮编 100011
本版图书如存在印装质量问题，请与本社销售中心联系调换（联系电话：010-57512564）

版权所有　盗版必究（举报电话：010-57512600）
国家版权局反盗版举报中心（举报电话：12390）　　　服务热线：010-57512564

京津冀数字经济发展蓝皮书（2023）编写组

组　　长　王　峥

执行组长　张彦军

组　　员（按姓氏笔画排序）

马梅彦　王　双　王　丽　王　鹏

王小琬　王晓彤　尹西明　李　诚

李　珊　李　昱　杨丽丽　张丽丽

张晴晴　陈　劲　武沛琦　周炳含

赵玉霞　秦鹏飞　钱雅婷

前 言
PREFACE

  2023年是全面贯彻党的二十大精神的开局之年，是3年新冠疫情防控转段后经济恢复发展的一年，数字经济在推动我国经济实现质的有效提升和量的合理增长方面发挥了积极作用。2023年5月，习近平总书记在深入推进京津冀协同发展座谈会上发表重要讲话，强调"推动京津冀协同发展不断迈上新台阶，努力使京津冀成为中国式现代化建设的先行区、示范区"，为京津冀协同发展提出了最新使命和更高要求。2023年12月，中央经济工作会议提出，"要大力推进新型工业化，发展数字经济，加快推动人工智能发展"，特别强调要发展新质生产力，以科技创新引领现代化产业体系建设，赋予数字经济新内涵新期望。回望2023年，我国数字经济全面发力，继续保持了强劲的发展势头，已成为新时代我国培育新质生产力、促进经济高质量发展、构建新发展格局的核心变量。

  数字经济突破传统价值链的强地域限制和高联通成本属性，已经成为推动区域经济社会发展的新动能。京津冀地区作为我国数字经济重要承载区域，在数字技术、数字产业、数字场景、数字市场等方面形成了协同发展优势。2022年，京津冀地区经济总量首次突破10万亿元，数字经济总规模再创新高，达到4.11万亿元，占京津冀地区生产总值比重为41.0%。2023年，京津冀协同发展战略深入实施9年来，三地协同发力，交出了一份沉甸甸的成绩单，数字产业化发展迅猛，人工智能、信创等核心产业规模均位居全国之首，具有较强的产业韧性与辐射带动作用；以智慧农业、智能制造、数字化服务业为代表的产业数字化稳步推进，三地间的协同协作越发频密；数据价值化进程提速，多层次数据要素市场建设成效明显，区域数据要素交易额突破20亿元；数字化治理加速推进，区域同城化水平在数字技术的加持下大幅提升。京津冀数字经济赋能效应持续释放，成为京津冀打造中国式现代化建设先行区、示范区的有力抓手。

为了更加深入、全面地反映京津冀数字经济发展情况，北京市科学技术研究院数字经济创新研究所组织撰写了《京津冀数字经济发展蓝皮书（2023）》，全书包括总报告、地区篇、专题篇和大事记、附录，共9章，从不同维度呈现了京津冀数字经济发展的全貌和特点，尤其是对京津冀数据要素发展进行了深刻剖析。主要建树如下。

（1）总报告

总报告在分析京津冀数字经济发展总体规模、结构特点的基础上，提出了2023年京津冀数字经济发展的九大亮点：一是京津冀数字经济发展政策频频出台，从激励引导阶段迈入高位引领、深耕产业、强化应用的系统推进阶段；二是京津冀数据要素市场建设一片火热，"三管齐下"推进数据基础制度先行先试、数据交易扩面上量、公共数据开放利用；三是京津冀人工智能产业迅猛发展，通用大模型与行业大模型交互驱动具有全球竞争力的人工智能产业集群建设；四是京津冀算力基础设施建设加快推进，区域算力"一张网"基本成形，推动算力市场向多样化、协同化演进；五是京津冀数字技术核心竞争力不断增强，数字技术创新成效加速向产业落地应用优势转化；六是京津冀数字消费发展空间广泛拓展、消费体验全面提升，为区域高品质数字生活增添新色彩；七是京津冀数字贸易主要指标稳步增长，探索形成一系列促进数字贸易发展的新成效、新模式；八是京津冀数字经济差异化优势逐步显现，三地各区（市）竞相走上特色化发展"快车道"；九是京津冀数字经济发展活力持续增强，一大批会展赛及投融资活动激起数字经济热潮的最美浪花。展望2024年和今后一段时期，京津冀数字经济将迎来更好的发展机遇，2024年数字经济总规模有望接近甚至超越5万亿元大关，人工智能、数据要素和数字消费将继续成为京津冀数字经济发展热点，通过三地高位对接、协同互补，推动数字经济产业集群建设等领域取得新的更大突破。

（2）地区篇

分地区来看，北京市加快打造全球数字经济标杆城市，在数智基础支撑、数据要素配置、数字产业引领、数字创新策源、数字治理领先、数字开放合作等维度展开了积极行动，2023年实现数字经济增加值18766.7亿元，按现价计算增长8.5%，占地区生产总值比重达到42.9%，标杆产业与创新产业发展势头良好，"一区一品"发展格局更加清晰。天津市在新基建、数据要素创新应用、数字社会治理等方面取得了一系列新成绩、新进展，逐步打响数字天津品牌，2022年数字经济规模超8700亿元，数字经济综合发展水平迈进全国第一梯队。河北省依托雄厚的制造业基础、完整的产业链条、旺盛的产业转型需求，数字经济产业集群加快发展，大力促进数字经济与实体经济深度融合，2022年数字经济规模达到1.51万亿元，与2020年相比大幅增长24.8%，数字经济引领作用不断增强。

（3）专题篇

2023年，国家数据局正式挂牌，《"数据要素×"三年行动计划（2024—2026年）》发布，我国数据要素发展进入体系化构建阶段。京津冀数据要素领域紧跟国家步伐开展了大量先行先试探索，成为我国数据要素发展的一个窗口，专题篇通过第五章到第九章内容对京津冀数据要素发展情况进行了充分探讨和记述。

一是场景驱动型数据要素价值化生态系统。数据要素作为推动经济高质量发展的新引擎，需要运用整体观和系统观构建数据要素价值化生态系统。基于"权属—主体—价值实现"三维视角，建构了场景驱动数据要素价值化生态培育和市场化配置的理论基础，揭示了多元主体参与数据要素价值化过程的生态系统基本架构和多元主体生态联动机制。提出要将场景—数据匹配作为数据交易服务突破点，打通数据要素"收—存—治—易—用—管"各流程环节，实现数据价值释放与具体场景赋能。

二是北京数据要素市场培育情况。2023年，数据要素市场发展按下了加速键，呈现出政策规范化、公共数据市场主体多元化、数据基础设施一体化、数据流通交易隐私化、数据生态繁荣化、数据流通全球化六大发展趋势。北京"数据二十条"的发布，提出了数据要素基础制度先行先试的新要求，应当持续精准施策、重点发力，引领多主体参与建设，完善场内外互补的数据交易格局，推进公共数据开放共享，强化数据要素标准体系建设，加快前沿数据技术研发，更好地发挥数据要素引擎作用，扎实推进新时代北京数字经济高质量发展。

三是场景驱动京津冀数据要素市场化配置。以应用场景为切入点，围绕场景驱动数据要素市场化配置的核心要素，提出了场景驱动数据要素市场化配置的内在机制。结合北京、深圳等地实践，研究指出场景与数据相互作用、相互促进，构建起一个高效的场景运营生态体系，带动数据流转与价值的充分释放，通过识别场景需求，设计场景任务，匹配数据、场景与技术，最终实现数据价值的最大化。针对京津冀数据要素市场化配置成效不显著等问题，应当从建立健全数据共享与授权机制、深入挖掘应用场景数据价值、建立数据要素流通生态等方面提速场景驱动数据要素市场化配置进程。

四是京津冀数据要素市场培育进展。数据要素市场是数据要素在多层次市场中发生的流通活动的总和，以数据要素市场为发力点，加快推进数据要素化流动和价值化演进，是加速释放数据要素乘数效应的必由之路。京津冀数据要素交易市场分布格局初步形成，交易流通日趋活跃，公共数据以分领域、分场景激活公共数据价值的运营模式为主，持续加大开放力度，围绕政策落地、制度创新、标准建设等不断完善数据要素基础制度。针对一系列共性问题和区域特色问题，未来亟待加快建设京津冀区域一体化数据要素市场，深化区域数据要素市场新型合作关系，通过技术赋能强化京津冀数据要素市场底层联系，深度开发京津冀地区丰富的数据应用场景。

五是京津冀数据要素流通标准体系。数据标准化是数据流通的前提，面对数据要素市场发展缓慢、数据要素供给能力不足的困境，亟待加快完善数据制度和标准规范，实现数据社会化、规模化、市场化应用落地。京津冀数字经济相关政策文件明确提出标准制定要求，优先在政务数据领域制定了一批地方标准，呈现出以数据规范管理要求为主的特点。随着数据交易机构逐渐成为数据标准制定的主导力量，标准编制的重心正从基础数据规范向数据交易、数据资产登记评估等数据核心业务转移。未来，京津冀应当以数据流通通用标准为基础推进垂直行业的标准研制，促进数据要素流通体系的互联互通。

在上述研究基础上，本书大事记部分记录了2023年京津冀有关数字经济发展的重大决策部署、主要政策（规划）发布、重要活动举办、重点工作进展等情况，并在附录部分收录了政策、产业活动、创新案例、典型场景等信息，以期为关注京津冀数字经济发展的各界人士提供参考。

2024年适逢中华人民共和国成立75周年、京津冀协同发展国家重大战略实施十周年，京津冀地区必将紧抓数字经济发展新契机，加快培育新质生产力，推进新型工业化发展，持续打造具有全球影响力的数字经济产业集群，协同建设中国式现代化建设的先行区、示范区。本书也将持续记录京津冀数字经济发展情况，与各界携手探究京津冀数字经济发展之路，为读者提供有价值的参考和启示。

目录
CONTENTS

总报告

第一章 京津冀2023年数字经济发展总报告 / 3
  一、京津冀数字经济总体发展情况 / 3
  二、京津冀数字经济年度发展亮点 / 16
  三、京津冀数字经济发展展望 / 35

地区篇

第二章 北京市2023年数字经济发展报告 / 49
  一、北京数字经济发展的基本情况 / 50
  二、北京数字经济发展存在的主要问题 / 60
  三、北京数字经济发展趋势及建议 / 63

第三章 天津市2023年数字经济发展报告 / 72
  一、天津数字经济建设取得的新进展 / 72
  二、天津数字经济发展面临的困难和挑战 / 78
  三、推进天津数字经济发展的建议 / 81

第四章　河北省2023年数字经济发展报告 / 88
　　一、河北省数字经济发展现状 / 89
　　二、河北省数字经济发展面临的困难和挑战 / 94
　　三、河北省数字经济高质量发展对策建议 / 98

专题篇

第五章　场景驱动型数据要素价值化生态系统：理论与机制 / 107
　　一、数据要素相关研究进展概述 / 109
　　二、数据要素价值化生态系统构成与运行机制 / 113
　　三、场景驱动数据要素市场化的理论逻辑与过程机制 / 117
　　四、小结 / 130

第六章　北京数据要素市场培育现状及对策建议 / 135
　　一、北京数据要素市场培育新进展 / 135
　　二、北京落实"数据二十条"的新要求 / 144
　　三、国外数据要素市场建设的经验借鉴 / 150
　　四、北京数据要素市场发展的对策建议 / 153

第七章　场景驱动京津冀数据要素市场化配置研究 / 160
　　一、场景驱动数据要素市场化配置的理论体系 / 162
　　二、场景驱动数据要素市场化配置的实践 / 170
　　三、场景驱动数据要素市场化配置的CDM模式 / 175
　　四、场景驱动数据要素市场化配置存在的难点 / 177
　　五、提速场景驱动京津冀数据要素市场化配置进程的思考 / 180

第八章 京津冀数据要素市场培育进展与思考 / 187
　　一、数据要素市场的基本概念 / 188
　　二、京津冀数据要素交易流通日趋活跃 / 195
　　三、京津冀公共数据开放力度持续加大 / 201
　　四、京津冀数据要素基础制度加速完善 / 205
　　五、推动京津冀数据要素市场发展的思考 / 210

第九章 京津冀数据要素流通标准体系建设及实践 / 215
　　一、数据要素流通标准体系的基本框架 / 215
　　二、国内外数据要素流通标准现状 / 217
　　三、京津冀数据要素流通标准制定情况及案例 / 223
　　四、结论与展望 / 234

大事记 / 238
附　录 / 252

总报告

第一章　京津冀2023年数字经济发展总报告

摘　要　伴随新一轮科技革命和产业革命的蓬勃发展，数字技术与各产业加速融合，数字经济已经成为区域经济高质量发展不可或缺的重要力量。2022年京津冀数字经济规模达到4.11万亿元，约占全国数字经济总量的10%，数字经济正在成为京津冀参与城市群竞争的优势之一。总报告在呈现京津冀数字经济规模状况的基础上，围绕数字产业化、产业数字化、数据价值化、数字化治理，系统梳理了2023年京津冀数字经济总体发展情况，从不同视角总结阐述了2023年京津冀数字经济发展的主要亮点，并对2024年及今后一段时期京津冀数字经济发展进行了展望。

关键词　京津冀；数字经济；数字技术；数据要素；协同发展

一、京津冀数字经济总体发展情况

数字经济已经成为我国经济高质量发展的重要引擎。京津冀地区作为我国数字经济重要承载区，近年来数字经济发展迅猛，围绕数字产业化、产业数字化、数据价值化和数字化治理，在数字技术、数字产业、数字场景、数字市场等方面形成了良好的协同发展态势。

(一) 数字经济规模持续扩大,为区域协同发展注入强劲动能

京津冀协同发展战略深入实施9年来,三地协同发力,交出了一份沉甸甸的成绩单。统计数据显示,2022年,京津冀地区经济总量首次突破10万亿元,区域整体实力迈上新台阶。其中,京津冀数字经济总规模再创新高,达到4.11万亿元,占京津冀地区生产总值的比重为41.0%,高质量发展蹄疾步稳,如表1-1所示。近3年,京津冀地区数字经济总规模持续增长,占地区生产总值的比重始终稳定在40%以上,其中2022年北京数字经济规模占地区生产总值的比重为41.6%,天津则高达53.3%,数字经济对地区稳增长促转型发挥了重要作用。数字技术以先进的媒介手段、庞大的整合能力不断突破地理和行政的边界,为经济发展动能转换和区域协调发展提供了难得的契机。国家网信办围绕数字中国建设,对31个省(自治区、直辖市)在夯实基础、赋能全局、强化能力、优化环境以及组织保障等方面进展成效的综合评价结果显示,北京、天津数字化综合发展水平位居全国前10,分别排名第2和第8,表明京津冀数字经济发展整体水平较高,处于全国领先位置。

表1-1 京津冀地区2022年数字经济规模及分布情况

指标	京津冀	北京	天津	河北
数字经济规模(万亿元)	4.11	1.73	0.87	1.51
地区生产总值(万亿元)	10.03	4.16	1.63	4.24
数字经济规模占京津冀地区生产总值的比重(%)	41.0	41.6	53.3	35.6

分省市来看,三地数字经济发展不仅实现了量的合理增长,还实现了质的有效提升,数字经济总体发展态势不断趋好。北京充分发挥政策和产业优势,积极建设全球数字经济标杆城市,数字经济发展国内领先,2022年全市数字经济实现增加值17330亿元;2023年进一步发力,数字经济增加值提升到18766.7亿元,按现价计算增长8.5%,占全市地区生产总值比重达到42.9%。天津持续强化数字信息基础设施建设、企业数字化转型与数字贸易,逐步打响数字天津品牌,2022年全市数

字经济规模超8700亿元,其中软件和信息技术服务业收入2722亿元,人工智能产业核心规模达到140亿元。河北依托雄厚的制造业基础、完整的产业链条、旺盛的产业转型需求,大力促进数字经济与实体经济深度融合,不断丰富工业互联网应用场景,加快数据驱动与智能融合,2022年全省数字经济规模达到1.51万亿元,与2020年相比大幅增长24.8%,其中全省电子信息产业实现营收2938.7亿元,同比增长16.8%。

从经济活动来看,京津冀地区数字经济企业存量大,新增企业较多,企业设立数量整体居于全国中游,融资活动则大幅领先全国其他地区,数字经济头部企业表现亮眼。截至2023年2月底,在全国274万余家数字经济企业存量中,京津冀地区共有24.61万家,占比为9.0%,其中北京、河北数字经济企业均越过10万家大关,京津冀地区一年内新增数字经济企业6万余家,如表1-2所示。2018年以来,京津冀地区发生数字经济企业融资事件累计8006笔,占全国数字经济企业融资事件的比重为22.3%,其中北京以7531笔融资事件居全国榜首。根据2023年12月中国互联网协会发布的2023年中国互联网综合实力100强企业榜单,京津冀地区共有34家企业入选,其中北京33家、天津1家,大幅领先其他地区,京东、快手、抖音、小米、三六零等互联网头部企业成为带动地区数字经济发展的重要力量。2023年10月,中国信息通信研究院等单位发布的《2022中国数字经济企业发展报告》显示,在全国数字经济企业500强榜单中,京津冀地区共有156家入选,其中北京以143家的绝对领先优势独居第一梯队,是唯一数字经济企业数量过百的城市,数量众多的高水平企业是京津冀数字经济发展的中坚力量,为助力京津冀地区经济企稳向好、提振消费需求、带动投融资市场回暖及扩大对外贸易做出了重要贡献。

表1-2 京津冀地区数字经济企业及融资活动分布情况

指标	京津冀	北京	天津	河北
数字经济存量企业(万家)	24.61	11.38	2.44	10.79

续表

指标	京津冀	北京	天津	河北
全国占比/排名	9.0%	第8	第26	第9
年度新增数字经济企业数量（万家）	6.13	3.44	0.71	1.98
全国占比/排名	11.2%	第4	第22	第10
数字经济企业融资事件（笔）	8006	7531	316	159
全国占比/排名	22.3%	第1	第14	第18

资料来源：根据上奇研究院《2023中国数字经济产业报告》整理。

从创新活动来看，京津冀地区分布着大量国家级数字经济研究机构，以发明专利为代表的创新活动较为活跃，总体处于全国前列，创新机构和发明专利主要分布在北京。截至2023年2月底，在全国2768家与数字经济相关的国家级企业技术中心、工程研究中心和重点实验室等研究机构中，京津冀地区共有414家，全国占比为15.0%，主要集中在北京，如表1-3所示。专利方面，京津冀存量数字经济授权发明专利总计43588件，占全国存量数字经济授权发明专利的27.2%，其中一年内新增数字经济授权发明专利10730件，以发明专利为代表的数字技术创新活跃，是推动京津冀地区数字经济发展的关键因素。

表1-3 京津冀地区数字经济创新机构及专利分布情况

指标	京津冀	北京	天津	河北
国家级数字经济研究机构（家）	414	277	82	55
全国占比/排名	15.0%	第2	第12	第17
存量数字经济授权发明专利数量（件）	43588	40942	1726	920
全国占比/排名	27.2%	第2	第14	第17
新增数字经济授权发明专利数量（件）	10730	9773	653	304
全国占比/排名	26.1%	第2	第13	第18

资料来源：根据上奇研究院《2023中国数字经济产业报告》整理。

（二）数字产业化发展迅猛，三地在多个细分领域领跑全国

数字产业化是京津冀数字经济发展的根基和动力源泉，京津冀三地数字产业化发展迅猛、特色鲜明，人工智能、信创等核心产业规模均位

居全国之首，具有较强的产业韧性与辐射带动作用。以北京为例，2022年北京数字经济核心产业增加值9958.3亿元，同比增长7.5%，占全市地区生产总值的比重为23.9%；2023年前三季度，北京数字经济核心产业实现增加值8226.7亿元，增长10.6%，发展势头好于2022年同期。以软件和信息技术服务业为例，2022年京津冀地区软件和信息技术服务业营业收入达28256.93亿元，占全国软件和信息技术服务业营业收入总量的26.13%；2023年1—11月京津冀地区完成软件业务收入26862亿元，同比增长17.6%，增长速度高于长三角地区，增势突出。

北京在人工智能、集成电路、区块链、信创、工业互联网、大数据、云计算等领域快速发展，形成立足北京、服务京津冀、辐射全国、走向全球的新格局。近三年，北京数字经济核心产业新设企业共计3万余家，年均新设1万家，核心产业规模以上企业超8000家。2023年前三季度，软件和信息技术服务业营业收入增速16.6%，增加值占地区生产总值的比重及增速均位居各行业之首。集成电路装备产业集群全国规模最大，12英寸晶圆制造月产能位居全国第1、全球第5。建成全球首个网联云控式高级别自动驾驶示范区。全国人工智能顶尖研究机构在北京聚集，人工智能技术体系基本形成。自然语言、通用视觉、多模态大模型等形成完整技术栈，关键算法技术达到国内领先、国际先进水平。超导量子芯片样品成品率由年初的80%提升至95%，中规模超导量子芯片、百比特超导芯片平均相干时间提升3倍。截至2022年10月，北京拥有人工智能核心企业1048家，占我国人工智能企业总量的29%，位列全国第1。

天津以信创产业为引领，打造涵盖芯片、操作系统、数据库、整机、服务器、超算的世界级信创产业集群，同时发力工业互联网和人工智能领域。天津充分发挥滨海新区在全市创新格局中的引领作用，以信创产业为主攻方向，培育"中国信创谷"等一批主导产业突出的创新标志区，全力构建全国领先的信创产业生态，打造"代表天津、引领中国、走向全球"的世界级信创产业集群。截至 2023 年 10 月，"中国信创谷"产业规模超过 800 亿元，聚集了飞腾、麒麟、曙光、海光、三六零等领军企业，信创产业生态企业超过 1000 家。2023 年前三季度，天津经开区数字经济核心产业营业收入接近 1000 亿元，其中数字产品制造业营业收入接近 660 亿元、服务领域数字产业营业收入超过 300 亿元，聚集了一批以徐工汉云、浪潮集团、数码大方等为代表的工业互联网领军企业，以产业升级助力京津冀协同发展。

河北在半导体、网络通信、新型显示、大数据等电子信息产业初步形成较为完整的产业链条，产业集群加快发展，算力优势不断巩固。2022 年，河北电子信息产业实现营业收入 2938.7 亿元，同比增长 16.8%，集聚了云谷科技、同光半导体、润泽科技、中船派瑞特气等一批竞争力强的龙头企业。石家庄市新一代电子信息产业集群已形成以半导体、现代通信、汽车电子和信息服务业为主的产业体系，2022 年营业收入达 872 亿元，预计 2023 年将超千亿元。2023 年 6 月底，全国一体化算力网络京津冀枢纽节点加快建设，全省投运标准机柜达 59.6 万架，算力总规模约为 13.5EFLOPS，张家口数据中心集群规模全国领先，正在加快打造"数据存储＋算力调度＋装备制造＋应用服务"全产业链发展高地。廊坊信息技术和人工智能产业集群聚焦电子核心产业、数字创意等产业链条，加快建设成为京津数字产业转移重要承载地、河北省领先的数字经济高地。

（三）产业数字化深度协同，各行业数字化转型蹄疾步稳

京津冀地区是我国重要的产业发展高地，三次产业构成由 2014 年京津冀协同发展战略提出时的 5.2∶41.3∶53.5 变化为 2023 年的 4.6∶27.7∶67.7，三次产业的数字化转型成为进一步调整优化产业结构和促进产业高质量发展的重要抓手，以智慧农业、智能制造、数字化服务业为代表，京津冀产业数字化发展正在稳步推进，三地间的协同协作越发频密。

京津冀携手发展智慧农业，加强农业科技协同创新，建立农业全产业链信息共享机制，支撑和保障智慧农业持续发展，走出了一条"智富路"。京津冀三地农业农村部门积极推进"京津研发、河北落地"，持续推动智能感知、分析、控制等技术和装备在大田种植领域的集成应用，积极引进水肥一体化、自动喷滴灌、自动采摘等自动化、智能化系统和数字设备，开展智能化、标准化生产，利用遥感和物联网等手段进行重要农作物动态监测，农业信息化的增产提质潜力被不断激发，大大促进了京津冀农产品增产、增效、增收。依托三地农业全产业链信息共享机制，北京市在张家口、承德、唐山的生产基地推广应用物联网农情监测系统，建设双向视频站点、远程教育站点，提供病虫害咨询诊断、农技远程培训等各类涉农科技信息服务超过 750 万人次；在环京 24 个蔬菜主产县选定 200 多个蔬菜生产基地作为监测点，通过京冀蔬菜产销信息系统支撑蔬菜供京分析研判，利用"菜篮子市场信息"微信公众号向河北蔬菜生产经营者提供产销对接信息服务；三地还结合农业生产日常工作，建立了农作物病虫害监测预警京津冀联合监测机制。农业农村部信息中心监测数据显示，天津和河北的农业生产信息化率均高于全国平均水平，分别为 30.5% 和 28.5%，排名全国第 7、第 10。

京津冀制造业数字化转型步入"快车道"，三地联合创建工业互联网协同发展示范区，促进新一代信息技术与制造业深度融合，加快打造京津冀先进制造业产业集群。2022 年年初，工业和信息化部正式复函三地工信部门，支持创建京津冀工业互联网协同发展示范区，三地以示范区建设为抓手，加快推动新一代信息技术与制造业深度融合，已培育综合型平台 5 家、特色型平台 21 家、专业型平台 5 家，涌现了一批工业互联网平台典型解决方案。北京不断夯实全国工业互联网发展高地优势，在平台建设、标识系统、工业大数据等方面加快布局，形成"双跨+行业+特定技术"的工业互联网平台体系，截至 2022 年底，北京市工业互联网平台数量、接入资源量、国家级智能制造系统方案供应商数量均位居全国第 1，高级别自动驾驶示范区内测试企业达 19 家，入网车辆578辆，累计自动驾驶里程1573万千米。天津大力培育工业互联网标杆示范，2022年新增两化融合贯标达标企业400余家，实施智能制造专项资金项目203个，新打造100家智能工厂和数字化车间；连续5年举办中国（天津）工业App创新应用大赛，累计23个工业App入选工业和信息化部优秀解决方案，位列全国第1；工业关键工序数控化率达61.5%，居全国第3位；数字化研发设计工具普及率达85.2%，居全国第5位；关键业务环节全面数字化普及率达59.5%，居全国第6位。河北着力推动工业企业数字化、网络化、智能化转型，围绕全省主导产业和107个县域特色产业集群推动数字化转型，截至2023年7月，全省累计上云企业超过8.5万家，工业设备上云率达20.6%，位居全国前列；累计培育工业互联网平台329个，连接工业设备1027万台（套），服务企业13.7万家；3家企业入选国家首批"数字领航"企业名单、6家企业入选国家智能制造示范工厂，数量均为全国第一；中信戴卡入选世界经济论坛"灯塔工厂"。

以数字消费为代表的京津冀服务业数字化不断深化发展，有效推动了数字消费新场景的应用，极大地促进了网络消费等数字消费的发展。北京推进餐饮业数字化升级2.0，打造簋街、华熙LIVE·五棵松等11个数字化餐饮街区，推动无接触式智能配送站落地社区，实体零售企业积极运用线上消费新模式，不断提升消费便利性，新零售发展持续向好，持续迭代直播电商政策，直播电商头部企业抖音、快手引领消费新趋势，2023年上半年网上消费快速增长，限额以上批发和零售业、住宿和餐饮业实现网上零售额2414.6亿元，同比增长24.6%，两年平均增长25.2%。天津为一刻钟便民生活圈配备了"数字大脑"，社区服务中心"健康e站""银发"智能服务平台等线上服务在"云端"为居民提供便利，2023年限额以上单位通过公共网络实现商品零售额增长13.9%，占限额以上社会消费品零售总额的比重为33.0%。2023年河北上半年网上零售额实现2243.8亿元，全国排名第9，同比增长

14.4%，超过全国平均增速 1.3 个百分点，其中实物商品网上零售额 2055.6 亿元，同比增长 12.4%，超过全国平均增速 1.6 个百分点。

（四）数据价值化进程提速，多层次数据要素市场逐步形成

京津冀地区在全国数据要素加速前行的大背景下，从政策引领到实践落地，全面加快数据价值化进程。2023 年三地相继出台数据要素宏观指引、数据交易管理、公共数据授权运营等方面的多项政策，多层次数据要素市场建设成效明显，数据要素交易市场加快完善，公共数据开放力度持续加大，发挥了示范引领全国数据要素发展的良好作用。

京津冀数据要素基础制度不断完善，2023 年三地推出了一大批数据要素相关政策，推动数据要素领域不断向实发展，形成数据要素一体化发展的初步成效。近年来，河北省、天津市承接北京市溢出数据中心需求，汇聚了大量产业发展资源，进一步健全了当地数据要素产业生态。2023 年 5 月，北京、天津、河北联合签署《京津冀大数据发展战略合作协议》，探索三地数据流通和数据协同的新模式，建设符合场景的数据交易市场以及安全稳定的数据流通平台等数字化基础设施。北京在全国范围率先出台北京版"数据二十条"，强调先行先试，配套发布《北京数据基础制度先行区创建方案》，推动数据要素从制度设计到落地实践的关键跳跃，还印发了《北京市公共数据专区授权运营管理办法（试行）》，优先支持金融、教育、医疗、交通、信用、文旅等领域开展公共数据专区授权运营。天津印发《天津市政务数据分类分级实施方案（试行）》《天津市公共数据质量的管理和评价指南（试行）》，对公共数据精深利用。河北印发《加快建设数字河北行动方案（2023—2027 年）》，布局一体化政务大数据体系建设，对数据治理做出了详细安排。

京津冀数据要素交易市场加快发展，全年实现数据交易额 20 余亿元，北京国际大数据交易所交易额快速提升，北方大数据交易中心正式设立，河北大数据交易中心正在加快重组整合。北京国际大数据交易所围绕数据资产登记、数据进场交易、场景落地、生态培育等全面发力，截至2023年11月，数据交易备案规模已超过20亿元，数据交易合约7901笔，数据产品1624个，参与主体591家，已经发展成为全国数据要素交易市场的领头羊。北方大数据交易中心于2023年5月正式设立，精心布局数据产业生态，快速健全交易服务体系，数据交易规模自2022年5月试运营以来节节攀升，意向签约数商超过百家，累计挂牌数据产品千余个，意向数据交易额达1.5亿元，预计2023年数据交易额将达到2亿元。河北大数据交易中心启动重组整合，已迁址雄安新区，正在重新设计业务体系；同时，雄安数据交易有限公司于2023年4月成立，有望借力雄安数字经济创新发展试验区、全国一体化算力网络京津冀枢纽节点、张家口数据中心集群等基础优势，打开河北数据要素交易市场发展新格局。

京津冀数据流通和数据协同深化探索，优先瞄准市场化程度高和群众关注度高的小切口领域，发力区域公共数据协同开放利用，取得了一系列成效。"京津冀征信链"是全国首个基于互联网的涉企信用信息征信链，以"长安链"为底层的技术体系定制开发，汇聚了工商、司法、行政、电力、知识产权、电信运营商等多领域数据，覆盖京津冀地区99%以上的市场主体，初步实现征信信息跨区域、跨行业、跨领域流动，截至2023年第一季度末，上链产品调用量已连续5个月保持在百万次以上，累计调用量突破1000万次，助力商业银行向近941万户小微企业及个人消费者发放信用贷款超过460亿元，通过数据要素资源跨区域流动促进了商业银行敢贷、愿贷、能贷、会贷长效机制的形成，缓解了小微企业融资难题。2023年4月，京津冀三地医保局联合印发《关于开展京津冀区域内就医视同备案工作的通知》，让"数据跑路"代替"人跑腿"，推动京津冀4800余家定点医疗机构实现跨省异地就医住院费用直接结算，5500余家定点医疗机构实现异地就医门诊费用直接结算，大大便利了京津冀区域群众异地就医。2023年9月，京津冀三地社会保险经办服务部门共同签署《京津冀社会保险经办服务协同合作协议（2023—2025年)》，从数据共享、制定跨省通办标准、社会保险转移接续、养老待遇资格认证等八个方面展开重点合作，通过数据流动完善了协同经办模式。

（五）数字化治理加速推进，智慧便捷新体验不断丰富

京津冀地区围绕数字政府、公共服务数字化和智慧城市加快提升数字化治理能力，利用数字技术和平台，率先实现了网络层面的区域一体化治理，数字化治理广度和深度不断拓展。根据《2022中国数字政府发展指数报告》数据，2022年北京、天津、河北数字政府发展指数分列全国第2位、第10位、第17位，远高于全国平均水平，其中北京处于引领型第一梯队、天津处于优质型第二梯队、河北处于发展型第四梯队，治理能力维度北京排名全国第1，政民互动维度天津排名全国第1。

京津冀三地数字政府建设不断深化，在各自既有数字政府相关平台的基础上，大力加强政务数据共享运用，持续增加跨区域通办事项，区域同城化水平在数字技术的加持下大幅提升。北京市大力实施在线导办、一网通办，围绕"三京"打造统一服务入口，以"京通"作为网上办事门户，以"京办"作为政务办公门户，以"京智"作为智慧决策服务门户，推进"一网通办""一网统管""一网慧治"提质增效。天津市一体化政务服务平台提供从市级到村（社区）级85445个政务服务事项办事入口，除特殊事项外100%政务服务事项实现网上办，上线23个"一件事一次办"办事场景，"津心办"数字社会综合应用平台实现市级事项1086项，479项便民服务事项实现"掌上办"，"津治通"联通全市21437个全科网格形成治理"一张网"。河北全省1428个政务服务事项中，除特殊事项外1171个事项全面实现全流程网办；"冀时办"实现App、小程序、公众号等渠道全覆盖，全渠道用户突破1亿人，上线民生领域应用2707项，水电气暖等缴费应用2117项，成为河北企业和群众掌上办事的首选。京津冀三地充分利用数字政府建设成效，经过反复对标对表，共同公布了第一批 165 项资质资格互认清单，涉及市场监管、农业农村、交通运输等 14 个部门，包括人力资源、建筑、测绘、工程等 50 个类别的从业资质资格，进一步降低企业群众跨区域办事的制度性交易成本。京津冀和雄安新区相互推出 234 个"区域通办"事项，北京城市副中心与廊坊北三县打造"区域通办"云窗口，开启"区域通办"2.0 版服务，一系列政务服务"区域通办"得到了迅速发展。京津冀自贸试验区"同事同标"范围也不断扩大，三地先后推出 4 批共 179 个"同事同标"政务服务事项，企业群众在三地自贸试验区乃至更大地域范围办事，实现无差别受理和同标准办理。北京市政务服务网"京津冀'一网通办'专栏"集中发布事项办理入口，提供一站式线上办事服务。

京津冀公共服务领域借力数字化技术和平台，不断提升政务服务的智慧化水平，在协同协作过程中持续扩大群众办事受益面，让京津冀地区居民切实感受到数字化带来的便利。自 2023 年以来，天津"12345"政务服务便民热线积极助力京津冀协同发展走深走实，推进京津冀群众诉求异地转接、联动处置、信息共享，共受理涉及京冀的相关诉求 5.8 万件，直接解答 1.34 万件，妥善回应解决了物流运输、交通出行、户籍管理、入学转学和医疗保障等方面的热点问题。为进一步提升京津冀政务服务便民化程度，2023 年 7 月京津冀三地共同签署了《推动京津冀相关城市政务服务便民热线协同发展框架协议》，该协议主要涉及区域内诉求互转互通、数据信息共享共治、突发事件联动、热线标准化体系建设等内容，为推进三地热线机制对接、平台贯通、协同联动提供了有力支撑，将进一步提升政务热线标准化协作水平。截至 2023 年 10 月，已实现京津冀三地 17 个城市政务服务热线诉求事项"一键互转"。京津冀中介服务信息共享持续扩容，北京市中介服务网上交易平台完成与天津市行政审批中介服务网上办事大厅，河北省中介服务超市中介机构信息、中介项目信息的对接共享，截至 2023 年 10 月，京津冀已共享中介机构信息1.3万余家、中介项目信息53.3万余条，中选信息53.2万余条。

京津冀三地智慧城市建设逐步进入深水区，部分代表性城市从数字化到智能化再到智慧化，全域感知、数据驱动、智慧决策成为城市数字化转型的新特征，正在引领城市升级换代，成为我国智慧城市建设最佳实践区域之一。北京将智慧城市建设作为全球数字经济标杆城市建设的重要内容，以新基建为抓手，推动新一代信息技术和城市基础设施深度融合，智慧城市"七通一平"（一网、一图、一云、一码、一感、一库、一算以及大数据平台）数字底座持续夯实；"一网通办"完成出生、教育、就业、医疗等20个市级"一件事"场景建设，综合监管试点场景已在前期餐饮、物流等10个试点基础上扩充至药店、超市等30余个场景；"一网统管"正在推进地下管线防护、生活垃圾精细化管理、燃气用户安全管理、建筑垃圾全流程管理、智能化供热等场景建设；"一网慧治"向决策平台和区域大脑两个纵深维度持续推进。天津着力建设"城市大脑"，以"物联感知城市、数联驱动服务、智联引领决策"为目标，通过场景牵引和数字赋能，重点实现"部门通""系统通""数据通"，打造"轻量化、集中化、共享化"的城市智能中枢，搭建数字驾驶舱，构建城市运行生命体征指标体系，已接入银发智能服务、两津联动、慧治网约车、津工智慧等首批重点应用场景，在"一屏观津门"基础上，实现"一网管津城"，获评中国信息协会数字城市卓越案例。河北《加快建设数字河北行动方案（2023—2027年）》提出，到2025年打造30个左右省级新型智慧城市试点，部分试点城市进入全国智慧城市先进行列，其中雄安新区坚持数字城市与现实城市同步规划、同步建设，全力打造数字孪生城市，构建城市计算中心、综合数据平台、城市物联网平台、视频一张网平台、CIM平台的"一中心四平台"架构，136个智慧城市业务系统已全部纳入平台并正常运行，正在全面赋能城市建设、交通、运行、产业等方方面面。

二、京津冀数字经济年度发展亮点

(一) 京津冀数字经济发展政策频频出台,从激励引导阶段迈入高位引领、深耕产业、强化应用的系统推进阶段

京津冀数字经济发展迎来部际协同、三地高位推进等一系列新机遇,着力打造世界级先进制造业集群。京津冀协同发展是习近平总书记亲自谋划、亲自部署、亲自推动的重大国家战略。2023 年 5 月,习近平总书记赴雄安、石家庄等地考察并主持召开座谈会,考察期间走进中国电科产业基础研究院了解企业支撑数字经济产业发展情况,在座谈会上要求强化协同创新和产业协作,把集成电路、网络安全等战略性新兴产业发展作为重中之重,着力打造世界级先进制造业集群,为深入推进京津冀协同发展指明了新方向。当月,工业和信息化部会同国家发展改革委、科技部等有关部门以及京津冀三地政府共同印发《京津冀产业协同发展实施方案》,提出建立集群跨区域协同培育机制,聚焦集成电路、网络安全等数字经济重点领域,着力打造世界级先进制造业集群。7 月,京津冀党政主要领导座谈会首次举行,共谋"推动京津冀协同发展不断迈上新台阶"良策,共商"携手打造中国式现代化建设的先行区、示范区"之举,大力发展数字经济、打造一批世界级先进制造业集群成为重要关注点。同时,由三地联合组建的京津冀协同发展联合工作办公室启动运行,下设 15 个专题工作组。11 月,三地人大常委会先后表决通过了《关于推进京津冀协同创新共同体建设的决定》,为增加三地包括数字经济在内的协同创新提供了法治保障。

京津冀三地数字经济协同协作领域不断拓展,多层级多部门间不断涌现协同举措和务实成效。2023 年 5 月,京津冀三地大数据管理部门共同签署《京津冀大数据发展战略合作协议》,深化三地大数据领域合作,探索三地数据流通和数据协同的新模式,建设覆盖大中小微型企业

的数字信用体系、符合场景的数据交易市场以及安全稳定的数据流通平台等数字化基础设施。6月，三地工信部门共同签订《京津冀重点产业链协同机制方案》，聚焦新能源和智能网联汽车、网络安全和工业互联网、高端工业母机、机器人等六条重点产业链，统筹建立京津冀三地"链长制"，推进重点产业链协同，京津冀产业协同正由单个企业、单一项目对接向产业链供应链区域联动转变。11月，三地城市管理部门共同签署《京津冀城市管理综合行政执法协作框架协议》，推进系统对接和数据融合，推动问题线索网上移转处置、联合执法网上协同办理，探索推进交界地区非现场执法、远程监控预警等应用场景共享，提高区域城市管理综合行政执法协作信息化水平和协作效能。12月，三地签署《京津冀自贸试验区协同发展行动方案》，深入推进"京津冀征信链"建设，广泛集成各类监管数据资源，探索渤海湾水域交通组织一体化模式，以务实举措推进京津冀三地自贸试验区协同发展。

京津冀三地分别出台多项数字经济政策文件，从宏观指引到细分产业和领域均突出强调新兴前沿与落地应用。自2023年1月起，随着《北京市数字经济促进条例》的正式实施，京津冀三地完成了数字经济的立法保障，均以地方促进型立法的形式响应国家战略要求和社会发展需求，集政府、市场和社会之力，鼓励、引导、包容、审慎促进数字经济发展。据不完全统计，2023年全年各级政府部门总计发布京津冀数字经济发展相关政策文件46项（见附录一），其中部委和省级人民政府发文8项。在宏观层面，包括《京津冀产业协同发展实施方案》《关于进一步推动首都高质量发展取得新突破的行动方案（2023—2025年)》《加快建设数字河北行动方案（2023—2027年)》，从文件名称到内容均指向实施层面的具体要求，例如《关于进一步推动首都高质量发展取得新突破的行动方案（2023—2025年）》列出了50条实操性较强的任务；《加快建设数字河北行动方案（2023—2027年)》计划组织实施6个专项行动、20项重点工程，推动河北数字经济迈入全面扩展期。在主题方面，涉及数据要素、产业集群、智慧城市、数字消费等，以产业集群为例，共有18项政策，包括智能制造、人工智能、机器人、未来产业等新兴前沿领域，其中8项智能制造专项政策突出强调智能工厂建设、服务商资源池打造等，4项人工智能专项政策提出了搭建伙伴计划、发放算力券等举措，3项机器人专项政策明确指向应用场景、产品体系等维度。

（二）京津冀数据要素市场建设一片火热，"三管齐下"推进数据基础制度先行先试、数据交易扩面上量、公共数据开放利用

京津冀加快完善数据基础制度，北京率先推进先行先试，启动建设全国首个数据基础制度先行区。 数据产权制度是构建数据要素基础制度体系的根基，是促进数据要素价值释放的前提条件，也是中央和地方对数据要素的关切重点。2022年12月，中共中央、国务院印发《关于构建数据基础制度更好发挥数据要素作用的意见》，创新数据产权观念，淡化所有权、强调使用权，聚焦数据使用权流通，创造性地提出"三权分置"的数据产权制度框架，构建中国特色数据产权制度体系。2023年7月，北京印发《关于更好发挥数据要素作用进一步加快发展数字经济的实施意见》，明确提出率先开展国家数据基础制度先行先试，打造数据要素政策高地，形成一批先行先试的数据制度、政策和标准，力争到2030年基本完成国家数据基础制度先行先试工作。为了推进数据基础制度先行先试，打造数据基础制度综合改革"试验田"，2023年11月，北京启动建设全国首个数据基础制度先行区，总占地面积约68平方千米，同时发布《北京数据基础制度先行区创建方案》和《北京数据基础制度先行区政策清单》，提出了先行区发展的未来方向和10条政策措施，包括开展数据知识产权登记试点、探索数据资产入表新模式、开展数据跨境流动国际合作、完善数据可信技术和"监管沙箱"制度等。北京充分利用丰富的数据要素资源，在京津冀地区乃至全国保持引领态势，正在打造全国数据要素基础制度落地探索的"北京样板"。

京津冀数据要素交易额快速增长，突破20亿元大关，三地数据要素市场逐渐步入下沉式发展阶段。根据国家工业信息安全发展研究中心统计，2016年我国数据要素市场规模仅为62亿元，2021年达到704亿元，5年间增长了10倍有余。2022年，北京市数据要素市场规模约为350亿元，占全国的39%左右。作为开启全国数据交易所2.0时代的标志性机构，北京国际大数据交易所先行探索开展数据资产登记、数据流通全流程进场、数据分类分级和确权授权等多项试点工作，截至2023年11月，北京国际大数据交易所数据交易规模已突破20亿元。得益于提前锚定大数据赛道先机，天津数据要素市场正在朝着规模化、规范化快速发展，北方大数据交易中心试运营期间意向签约数商超过百家，意向数据交易额达1.5亿元，正式投入运营后，2023年数据交易额预计达到2亿元。尽管京津冀三地数据要素交易市场的交易额落差较大，但区域交易总额在不断放量增长，为全国数据要素市场的整体发展贡献了重要力量。此外，京津冀地区数据要素市场已经步入下沉式发展阶段，数据要素流通全链生态正在加速形成。2023年12月，北京市西城区和朝阳区先后就加快推进数据要素市场发展相关政策面向全社会征求意见，彰显了北京区级层面数据要素产业发展的积极姿态。2023年11月，天津市河北区在全市率先启动首个区属数据资产试点，打造数据产品交易和数据资产入表的多路径、全链条、一站式服务平台。河北省多个城市围绕数据要素市场和数据要素产业发力，2023年4月保定市认定首批数据服务产业创新示范基地，2023年9月张家口市印发《大数据产业发展行动计划》，2023年11月雄安新区数据交易中心正式揭幕，河北各地依托早期在数据中心建设方面的资源积累，正在加速构筑数据要素发展新优势。

京津冀加快推进公共数据开放，授权运营成为主流模式，公共数据开放利用呈现多点开花的状态。2020年以来，京津冀三地围绕公共数据开放出台了一系列政策，重点着眼公共数据的利用，北京优先在金融领域以专区形式开展探索，天津则强化数据开放利用的评价和管理，河北主推政务数据共享应用。进入 2023 年，公共数据授权运营成为各界关注的热点，京津冀各地围绕公共数据授权运营开启了新一轮创新探索。2023 年 12 月，北京印发《北京市公共数据专区授权运营管理办法（试行）》，明确采用专区形式，由政府授权运营，授权运营管理工作包括专区建设运营、数据管理、运行维护及安全保障等，具有技术能力和资源优势的企事业单位等主体可以申请授权。天津公共数据授权运营政策尚在酝酿完善中，总体更为审慎，计划采取试点方式，分区分行业逐步推进，将依据"一场景一授权"的原则，压实数据安全责任。河北省级层面以政务大数据一体化建设为主，其中石家庄于 2023 年 12 月发布《石家庄市公共数据管理规定（征求意见稿）》，明确将授权运营作为与数据共享、数据开放并列的公共数据流通方式之一，关于授权运营的具体方式尚未明确。尽管三地公共数据授权运营仍在探索过程中，实质性授权行为尚未产生，但是三地内部和三地之间近年来通过数据共享、开放等多种方式，已经取得了一系列成效，例如北京市目录区块链、天津市"城市大脑"、河北省政务数据共享交换系统等均在各自行政范围内形成了大量的数字化治理成果，三地之间则利用公共数据在信用信息互认共享、异地就医实时结算、社保经办服务等方面实现了纵深应用。

（三）京津冀人工智能产业迅猛发展，通用大模型与行业大模型交互驱动具有全球竞争力的人工智能产业集群建设

北京以通用大模型为基础，加快打造全球人工智能技术创新策源地和产业发展高地。 随着人工智能技术的不断发展，通用大模型作为基础模型，通过微调等方法，可以适应不同的应用场景和任务需求。自 2022 年 12 月以来，ChatGPT 掀起的大模型浪潮席卷全球，北京迅速开启大模型抢滩领跑，先后发布《北京市加快建设具有全球影响力的人工智能创新策源地实施方案（2023—2025 年）》《北京市促进通用人工智能创新发展的若干措施》等多项政策，着力推动创新突破和国产自主可控，对标OpenAI打造通用大模型底座。2023年5月，北京组织实施"通用人工智能产业创新伙伴计划"，构建政产学研用深度融合的协同联动产业体系，先后公布了两批伙伴计划成员名单，包括数据伙伴、算力伙伴、模型伙伴、应用伙伴、投资伙伴等不同领域主体，共有99家企业和机构入选，有力地推动了北京大模型的研发迭代与示范应用。截至2023年11月，北京15个通用大模型产品已通过中央网信办备案并正式上线，在全国占比达80%，包括百度"文心一言"、智谱华章"智谱清言"、中国科学院"紫东太初"等知名通用大模型产品。全国2200家人工智能企业中，北京市有618家，占比为28%，在全国各省市中排名第一；北京市共有57家优质专精特新企业处在AIGC产业链的关键层级，其中算力层14家、数据层11家、模型层10家、应用层22家。北京已经形成全栈式人工智能产业链，在自然语言、通用视觉、多模态交互大模型等关键算法技术方面达到国际先进水平，拥有人工智能核心企业1000多家，约占全国的30%；拥有人工智能核心技术人才4万多人，约占全国的60%；拥有专利授权数量全球排名前100的机构近30家，在全国率先形成人工智能大模型集聚区，正在加快迈向全球人工智能技术创新策源地和产业发展高地。

津冀以行业大模型为抓手，聚焦垂直领域特定业务场景推进人工智能技术创新应用。面向垂直领域的行业大模型具有专业性优势，津冀两地基于不同行业的业务场景、特定需求和数据积累，大力推动人工智能技术落地应用，赋能千行百业。天津依托国家新一代人工智能创新发展试验区建设的契机，积极推动人工智能与港口业务深度融合，探索行业大模型应用加速港口智能化革新。2023年10月，天津港集团与华为公司、天津超算中心、云从科技等共同启动港口大模型PortGPT联合研发，规划港口生产、物流服务、客户管理、客户服务、视频分析、办公辅助六大应用场景开展测试，未来还将以装卸生产自动化、物流服务便利化、运营管理数智化、创新生态体系化为导向，重点推进港口大模型研发与应用、元宇宙与数字孪生技术融合应用、传统码头全流程智能化升级等方面，聚力打造世界一流智慧港口。河北新能源汽车产业在智能化转型方面发展迅速，以长城汽车为主要"链主"的汽车产业链正带动河北跑出科技创新"加速度"。2023年10月，长城汽车与河北人工智能计算中心正式签约，在人工智能算力领域展开深度合作，河北人工智能计算中心以强大的100PFLOPS算力为长城汽车提供支持，用于满足长城汽车主机厂研、产、供、销、服等各环节的场景需求，通过数智技术助力业务提效。目前，长城汽车产业大模型已涵盖语言、视觉、语音大模型和多模态大模型，拥有业务理解能力、多模态交互能力、辅助业务人员解决复杂事项的能力等先进技术。

京津冀人工智能产业发展走在全国前列，正在通过优势互补加快建设具有全球竞争力的人工智能产业集群。作为北方经济中心，京津冀地区是人工智能骨干企业分布最为密集的地区。在全国2200家人工智能骨干企业中，京津冀地区企业数量为652家，占全国总量的29.6%，形成了一定规模的产业集群效应。其中，基础层企业占比为2.91%，技术层企业占比为14.88%，应用层企业占比为82.22%。从应用领域来看，652家人工智能骨干企业广泛分布在智能汽车、智能制造、智慧医疗、新媒体和数字内容等16个应用领域。京津冀地区同时分布着数量众多的高校和科研院所，是人工智能科技创新资源最为密集的地区，京津冀三地正积极统筹各自优势力量，致力于建设具有全球竞争力的人工智能产业集群。北京是国内乃至世界人工智能产业的策源地；天津是先进制造研发转化基地和国际港口城市，在人工智能产业发展上具有一定基础；河北则在钢铁、制药、汽车制造和现代农业发展上优势明显，能够为人工智能领域的科技创新提供应用场景。通过优势互补，三地能够实现科技创新供给和需求的有效对接。目前，京津冀三地正依托各自基础和优势，加快推进人工智能产业集群发展，完成包括科大讯飞、360

安全大脑等在内的京津冀人工智能开放创新平台对接,促进应用场景开放,构建富有活力的产业创新生态,推动人工智能与实体经济深度融合发展,打造京津冀协同发展新引擎。

(四) 京津冀算力基础设施建设加快推进,区域算力"一张网"基本成形,推动算力市场向多样化、协同化演进

京津冀依托区位特点和政策优势,加快算力一体化建设,算力供需处于国内第一梯队。京津冀作为我国八大算力枢纽之一,算力供需处于国内第一梯队,算力市场规模占全国份额的1/3以上,是我国算力产业发展的重点区域,已经形成以北京为核心、天津为支撑、河北为承接的协同发展功能格局。截至2023年10月底,河北全省投运标准机柜66万架,在线运营服务器规模达350万台,综合算力指数排名全国第4,其中算力指数排名全国第1。自2023年以来,京津冀地区共审批通过63个数据中心项目,北京在审批政策趋严的状态下,仍然通过11个新建项目,均是人工智能、智算中心、算力中心项目;河北共审批通过50个项目,环京地区是北京算力溢出需求的重要承载区,其中张家口36个、廊坊8个、保定6个;天津已经形成武清区数据中心聚集区,2个审批通过的项目均落户武清区。位于武清区的中国电信京津冀智能算力中心,规划机架安装数约4.2万个,正全力推进国内首个真"万卡"液冷算力池建设,推进京津冀人工智能算力梯次建设、算力一体化应用,打造京内1毫秒、京津冀3毫秒的低时延、大带宽、高可靠智能算力体系,能够满足京津冀地区热数据就地发生、就地加工、就地应用的需要。河北环京地区利用土地和电力供给方面的优势明显加大新型算力设施建设力度,截至2023年底,仅张家口市一地即投入运营数据中心27个、标准机柜33万架、服务器153万台,算力规模达7600PFLOPS,其中位于怀来的中国联通大数据创新产业园,总投运机柜3.22万架(折合标准机柜8.5万架),可提供2200PFLOPS的算力进行跨域融合计算,是目前京津冀数据中心集群内投运运营商等级最高、最安全可靠、网络时延最低的数据中心。

京津冀算力资源基本实现自由流动和优势互补，正加速朝算力市场多样化、协同化方向演进。随着"东数西算"工程的推进和张家口国家数据中心集群的建设，京津冀地区算力供给网络不断完善，区域内算力资源的互联互通、共建共享，重新定义了京津冀之间的时空距离，实现了区域内的资源流动和优势互补。随着数字经济和实体经济、社会生活的深度融合，尤其是人工智能大模型的快速发展和普及应用，算力需求呈现井喷式增长，计算场景也越发丰富，无人驾驶、工业控制、航空航天、气象研究等不同行业不同应用对算力精度、延迟、带宽等提出不同需求，更加灵活、高效、低时延、低碳的算力服务成为市场主流需求。据统计，目前京津冀算力的市场规模占全国的1/3以上，在全国一体化算力网络中发挥着枢纽作用。北京已经形成1.2万PFLOPS的算力供给规模，其中通用算力为8672PFLOPS、智能算力为3402PFLOPS、超级算力为340PFLOPS，呈现供给体系多样化趋势。天津市人工智能计算中心的算力规模不断扩容，算力利用率超过90%，其中来自京津冀的业务合作占比88%。京津冀在算力供给和需求方面具有良好的互补优势，三地一直致力于"一张网"算力布局的形成，使算力资源在区域内实现无障碍流动，携手下好算力"一盘棋"，通过"一张网"让产业发展、城市建设、社会治理在数字化进程中插上"算力之翼"。

（五）京津冀数字技术核心竞争力不断增强，数字技术创新成效加速向产业落地应用优势转化

北京坚定树立抓数字技术创新就是抓数字经济发展主动权的意识，数字技术前沿领域取得多项突破，数字技术势能不断转变为经济发展动能。2023年，北京持续发挥雄厚的人才优势和丰富的应用场景优势，加大在数字技术前沿领域的探索力度，硅基光电子集成芯片、通用视觉大模型SegGPT等一批具有大量原创性、引领性的重大科技成果集中亮相2023全球数字经济大会，关键算法技术如自然语言处理、通用视觉

和多模态交互大模型等已达到国际先进水平，北京智源人工智能研究院发布"悟道3.0"大模型系列，中国科学院自动化研究所发布全球首个图文音三模态预训练模型"紫东太初"，超导量子芯片样品成品率由年初的80%提升至95%，中规模超导量子芯片、百比特超导芯片平均相干时间提升了3倍，"长安链"团队推出了全球支持量级最大的区块链开源存储引擎"泓"，微芯研究院获批牵头建设国家区块链技术创新中心，高级别自动驾驶示范区3.0已启动500平方千米建设。数字技术推动北京产业集群数字化转型加速，数字交通、数字能源等数字经济新业态蓬勃发展，在线娱乐、在线体育、第三方移动支付等业务快速增长，智能网联乘用车、智能网联客运巴士、无人配送车、无人零售车等八大场景739台自动驾驶车辆开展测试，网上零售额占社会消费品零售总额的比重超过1/3，海淀区人工智能产业集群获评国家级优秀等级产业集群。

天津一手抓原始创新、一手促应用创新，聚力攻坚基础软件、集成电路等关键领域核心技术，加快抢占技术路线主导权、价值链中高端。天津坚持核心技术自主创新、产业生态开放联合，加快抢占技术路线主导权、价值链中高端，聚力攻坚基础软件、集成电路等关键领域核心技术，组建信创海河实验室，与企业携手攻关关键核心技术，部署"天河一号""天河三号"两大世界领先的超级计算机系统，首款脑机接口专用芯片"脑语者"取得重大突破，数字技术创新水平全国排名第5。天津正在加速建设"中国信创谷"，全力打造信创第一城，信创产业规模已超过800亿元，聚集的信创产业生态企业超过1000家。飞腾信息技术有限公司发挥芯片研发国家队作用，持续攻关核心技术，2023年银河麒麟高级服务器操作系统V10 SP3正式发布，并获得第25届中国国际软件博览会唯一金奖等多项殊荣，被权威机构认定连续12年保持中国Linux操作系统市场占有率第1名，同时在桌面端和服务器端两大市场均位列本土厂商第1。云账户（天津）研发人员占比超30%，申请发明专利近 200 件，2023 年实现收入超千亿元，首次进入中国民营企业 100 强。

河北发力新基建，算力指数、工业设备上云等多项指标全国领先，坚实的数字技术底座成为数字经济发展的硬支撑。2023 年，河北加快推动数字新型基础设施建设，持续夯实数字经济发展的技术底座，大力推动数字技术与实体经济深度融合，算力指数、工业设备上云等多项指标处于全国领先地位。截至 2023 年 11 月底，全省 5G 基站累计达到 16.7 万个，各设区市、雄安新区的主城区均达到国家千兆城市评选标准并具备了万兆接入条件。随着 5G 基础设施的完善和用户规模的增长，5G 创新应用场景不断增加，2023 年全省全年新建 5G 应用项目 426 个，累计达 1017 个，9 个项目入选国家 5G 工厂名录。截至 2023 年 10 月底，全省投运标准机柜 66 万架，在线运营服务器规模达 350 万台，综合算力指数排名全国第 4，其中算力指数排名全国第 1，数据港张北 2A2 等 3 个数据中心入选国家新型数据中心典型案例，数量排名全国第 1。2023 年 1—10 月，全省大数据服务产业收入 75.21 亿元，同比增长 28.92%。工业互联网融合应用的深度和广度也在不断拓展，2023 年，全省新增 5G＋工业互联网应用 170 个，累计达到 321 个，全省上云企业超 9 万家，企业工业设备上云率达到 21.2%，保持全国第 1。利用 5G＋工业互联网平台，通过大规模采用智能化生产线和机械手加工，河北远大阀门集团锻造车间员工由 60 名降至 11 名，年产量由 2000 吨增加到 5000 余吨，产品合格率由 90% 提高到 99.9% 以上。

（六）京津冀数字消费发展空间广泛拓展、消费体验全面提升，为区域高品质数字生活增添新色彩

京津冀数字消费新业态持续涌现，数字化对消费带动作用明显，三地网上零售额增速和占比不断增长。随着数字技术的深入应用和普及，数字消费已成为引领京津冀地区消费的重要引擎和拉动内需的重要动力。北京、天津加快建设国际消费中心城市，不断涌现在线文娱、线上旅游、线上交通、无接触配送、即时零售等消费新业态、新模式，各类商业综合体出现更多 AR/VR、全息投影的体验店、展示店。以自动驾驶为例，百度"萝卜快跑"成为北京亦庄不少市民常态化出行方式，截至 2023 年 9 月 30 日，订单总量已超过 410 万单，其中 2023 年第三季度提供乘车服务 82.1 万次，同比增长 73%，更多的人得以畅享出行新体验。北京着力打造全国"数字消费首善之城"，2023 年上半年限额以上商业企业触网率达 47.8%，其中餐饮企业触网率为 60.1%，全市限额以上网上零售额占社会零售总额的比重达 34.6%。天津网络消费增长较快，2023 年限额以上单位通过公共网络实现商品零售额增长 13.9%，占限额以上社会消费品零售总额的 33.0%。河北电商产业快速发展，2023 年全省网上零售额为 4654.6 亿元，同比增长 10.6%，其中实物商品网上零售额为 4214.6 亿元，同比增长 8.1%；钢谷物联、中废通、正和网络、报春电子等产业类电商平台交易规模达百亿元级；全省网商新增 10 万家，总量达 183 万家；全省开展直播 47 万场次，直播带货 383 亿元。

数字消费成为首届"京津冀消费季"亮点，带火三地数字消费节活动，纷纷推出全场景数字化融合消费新模式。2023 年 2 月底，全国消费促进月暨首届"京津冀消费季"活动在北京东城前门大街、天津南开古文化街码头、河北石家庄正定古城同步开启，京津冀三地携手推出千余项促消费活动，数字消费成为亮点，拉动三地消费多元融合、提质升级。在首届"京津冀消费季"的带动下，京津冀三地策划举办了多场新奇有趣、富含科技魅力的数字消费活动。2023 年 6 月，北京举办了 2023 数字经济体验周暨数字消费节，16 个区和经济技术开发区（经开区）分别推出代表各区特色的数字消费体验官，带领广大市民打卡数字消费新地标，通过发放数字消费卡、发布数字消费地图、电商直播消费等活动，将线上活动与线下体验相结合，从实际生活体验的角度出发通过数字技术传播文旅之美；打造首届中国数字音乐会，以更加接近年轻人喜好的 pop、Busking、虚拟人与真人合作表演等差异化方式，用数字"歌声"虚实结合唱响未来。2023 年 11 月，天津创新开展电商消费季，以"擦亮'津'字招牌 E 网'购'销天下"为主题，涵盖线上各大电商平台、直播运营商以及线下各大商场、品牌商、餐饮、老字号等，累计开展 100 余场打折促销、直播带货等促消费活动。2023 年 10 月，河北举办了 2023"三品"全国行（河北站）暨首届数字"三品"创新发展大赛，推动 5G、工业互联网、人工智能、大数据等技术在消费品工业增品种、提品质、创品牌中的深度应用。

京津冀三地运用 XR、大数据、数字孪生、人工智能等先进数字技术，构建多维互动场景，打造出一系列高能级数字消费新空间。京津冀三地积极推广运用新技术和新产品来满足多样化、多层次的消费升级需求，致力于打造数字消费新空间。北京深化"IP＋文创＋新消费"商业模式，推进"数字隆福寺"建设，围绕演艺、潮流艺术展、户外运动、电子竞技等核心元素，打造引领潮流社交和艺术生活的沉浸式体验空间，有效带动客流和销售额的双提升，截至 2023 年 8 月，隆福寺客流同比增长 72%；大兴区举办涵盖热闹市集＋互动体验＋品牌展示＋音乐现场＋露天影院＋特色餐饮＋数字科技展示等多元化业态的数字嘉年华；顺义区通过文字、视频、全息影片、裸眼 3D、模拟产线、互动沙盘等多种形式，近距离传递数字经济与实体经济融合成果。天津利用消费互联网平台积极打造津城文化旅游核心区，将游船码头、海河夜景与古文化街宫前广场、西戏楼有机融合，打造沉浸式表演感受，为京津冀乃至全国游客呈现了精彩纷呈的消费盛宴；利用 5G、AR、元宇宙等最新科技，引导全市智慧商圈、即时零售、智慧餐厅等数字生活服务体系蓬勃发展，佛罗伦萨小镇商圈和创意米兰生活广场分别被商务部评为"全国示范智慧商圈"和"全国示范智慧商店"。河北石家庄湾里庙步行街依托 AR、VR 等前沿技术，融入光影技术、IP 等元素，推出户外超高清曲面屏裸眼 3D、光影艺术馆等，增设智慧座椅、智慧灯柱等现代化设施，刷新了人们的消费认知，获评"全国示范步行街"。

京津冀加快推进数字人民币在便民惠民场景落地应用，不断丰富数字人民币服务体系，助推数字消费升级。数字人民币的普及应用是促进支付便利化、增强支付安全性的新型工具，是推动金融创新和提振居民消费的重要举措。京津冀作为数字人民币试点地区，在重点场景建设、财政补贴发放、普惠小微贷款投放等领域不断取得新突破。2023年，河北省全域开展数字人民币试点工作，围绕"衣、食、住、行、游、娱、购"等民生领域的数字人民币应用不断扩面增量，覆盖了综合性商场、餐饮住宿、医疗卫生、交通运输、文旅景区等多种业态。截至2023年11月末，全省支持受理数字人民币的商户门店有101.9万个，较年初增长77%；累计消费1154万笔、金额75.2亿元，分别较年初增长1.4倍、16.2倍；总交易4022万笔、金额520亿元，分别较年初增长1.7倍、3.8倍。北京和天津相继推出数字人民币"硬钱包"，其不仅具有"软钱包"绑定和充值等功能，还具有支付快捷、隐私安全、管理清晰等显著优势。2023年9月，北京石景山区与中关村科幻创新中心、追光人科技等8家单位签署合作协议，共同建设数字人民币科幻应用场景，为数字人民币试点开辟了全新方向。同月，在多方联动下，天津诺德京华进出口有限公司成功通过数字人民币账户签订税库银三方协议，缴纳了为员工代扣代缴的个人所得税，推广了"税收+数字人民币"新模式。

（七）京津冀数字贸易主要指标稳步增长，探索形成一系列促进数字贸易发展的新成效、新模式

京津冀三地依托自贸试验区、国家数字服务出口基地等重要载体，有效推进数字贸易发展，数字贸易规模稳步提升。伴随5G、AI、大数据、云计算等技术加速创新，数字贸易已经成为国际贸易的新赛道，是推进高水平制度型开放新高地建设的重要抓手，京津冀三地依托自贸试验区和国家数字服务出口基地等载体有效推动数字贸易发展。北京数字贸易进出口额从2018年的4053.2亿元增至2022年的4887.3亿元,年均增长4.8%,占全市服务贸易总额的比重从38.1%提升到49.3%,占比高出全国平均水平7.4个百分点,数字贸易在服务贸易中的主导地位不断显现;电信、计算机和信息服务出口在千亿元以上,分别占全市数字贸易出口的42.6%和全国同类出口的20.2%,知识产权使用费出口同比增长18.6%,增速为数字贸易各领域之首;海淀区中关村软件园通过首批12个国家数字服务出口基地复审,获评"优秀"等次。天津发挥天津经济技术开发区、中新天津生态城两个国家级出口基地对数字贸易发展主线的带动作用,在一批具有高成长、高潜力的数字贸易机构、企业及相关园区的支撑下,围绕数字技术、数字服务、数字产品、数据服务、跨境电商等"4+1"业务板块,全力推动数字贸易发展,2022年全市数字交付贸易出口额达30.3亿美元,同比增长8.3%,数字采购贸易出口额为110亿元人民币,同比增长超过15%。河北加快布局数字贸易发展,2023年12月在曹妃甸自贸片区正式设立唐山数字贸易产业园,全力打造对外贸易新引擎。

京津冀携手加强数字贸易基础支撑条件建设,围绕数据跨境开展先行先试,探索形成一系列数字贸易新成效、新模式。2023年9月,京津冀携手推出多项新举措优化口岸营商环境,三地海关协作推动三地空港"智慧口岸"建设和数字化转型,打造京津冀跨境贸易通关、物流、金融、资信等全产业链信息云平台,促进空港"通关+物流"全链条信息互联互通。2023年11月,国务院批复《支持北京深化国家服务业扩大开放综合示范区建设工作方案》,提出支持北京建设国际信息产业和数字贸易港,加强数字领域国际合作。北京积极发挥示范引领作用,从制度、规则创新制定入手,加快打造国家数字贸易示范区,数据跨境迈出实质性步伐,率先落地国家数据出境安全评估制度和个人信息出境标准合同备案制度。北京友谊医院和中国国航两家单位的数据出境项目获批成为全国前两例数据合规出境案例,诺华诚信成为全国首家通过订立标准合同实现个人信息合规出境的企业。截至2023年底,包括小米、京东、苹果等在内的117家在京企事业单位正式提交数据出境安全评估申报材料,奥迪汽车、葛兰素史克等45家单位的数据出境安全评估申请已被国家网信办受理,施耐德电气、联邦快递等39家单位获批通过安全评估。天津率先提出数据应用的"天河"模式,从技术、法律和行业三个层面构建了数据安全与信用保障体系,在技术层面搭建"天河"大数据安全可信计算平台,保障数据开发应用中的数据安全和用户隐私,筑牢数字贸易发展的安全防线。

(八)京津冀数字经济差异化优势逐步显现,三地各区(市)竞相走上特色化发展"快车道"

北京持续推进全球数字经济标杆城市建设,成为引领京津冀数字经济发展的重要辐射地,实现"一区一品"错位发展。北京全市"16+1"区结合各自定位和优势资源禀赋,因地制宜发展数字经济,基本形成"一区一品"数字经济发展新格局。海淀区作为全市数字经济创新发展"高地",着力提升数字经济创新引领水平,数字经济规模领跑全市,2023年1—11月规模以上数字经济核心产业收入约2.4万亿元,数字经济核心产业增加值占全区地区生产总值的比重超50%;软件和信息服务业起到"压舱石"的作用,2023年1—9月规模以上企业实现收入超1.2万亿元,同比增长16%,占北京全市收入比重为64%;50家企业入选"2023年北京数字经济百强"榜单;朝阳区、经开区成为两大新兴引擎区,2023年规模以上数字经济核心产业收入均超过4000亿元,其中朝阳区全面提升数字经济核心区创新能级,以数实融合推进区域经济高质量发展,在数字人、消费元宇宙等细分赛道领跑全市;经开区以建设全市高级别自动驾驶示范区为引领,并已形成信创、集成电路产业集群,全市数字经济核心产业收入排名前100的企业中,有13家位于经开区,数量仅次于海淀。东城、西城、石景山、丰台、昌平积极构建先行示范区,重点聚焦数字文化、数字金融、虚拟现实、数字资产和智能制造等领域。顺义、大兴、房山、城市副中心、怀柔、平谷、延庆、门头沟、密云等区聚力发展智能网联、数字贸易、数字医疗、数字文旅等新兴特色产业，加快塑造多个未来标杆特色品牌。

天津聚焦信创产业、高端制造、智慧港口等特色优势加快发力，各区数字经济发展特色做法层出不穷。 天津是京津冀数字经济协同发展的重要桥梁和纽带，初步构建起"滨海先行，辐射周边，以点带面，协同推进"的数字经济整体发展态势。得益于汽车生产、先进制造业基础与港口区位优势，天津集成电路、车联网、商贸物流等特色产业蓬勃发展，也是各区发展数字经济产业的重要着力点。滨海新区汇聚国家超级计算天津中心数据集成优势及滨海中关村科技园产业技术优势，打造天津市数字经济发展先行区。河北区锚定数字经济新赛道，加快布局人工智能、数据要素等领域，推动建立了天津市人工智能计算中心、数字产业发展集团、海河数据产业大厦等发展新载体。东丽、西青两区锚定智能网联汽车这一战略性新兴产业，加快推动汽车产业向新能源化、智能网联化、高端化转型升级，东丽开发区建设车路协同市民体验区，西青区推进中国智能网联汽车北方测试区建设，为天津市智能交通和自动驾驶产业配套企业提供服务与支撑。经济技术开发区着力打造"跨境电商创业新城"，推进天津机场片区建设成为"跨境电商现代物流中心"，建设集物流、技术、金融服务和邮政功能于一体的跨境电商服务平台，争创国家数字服务出口基地建设试点。

河北加快传统产业数字化转型，数字经济产业链逐步延展，各地现代产业体系建设步伐不断提速。 河北作为京畿要地，具有独特的区位优势、雄厚的产业基础、丰富的新型能源，具备良好的数字经济发展条件。全省各地因势利导加快推动数字经济产业发展，产业链布局已基本覆盖从数字基础设施、数字产业化到产业数字化等全环节。雄安新区以数字孪生城市建设为起点，筑牢数字经济基础底座，正在加快建设国家数字经济创新发展试验区。张家口聚焦大数据产业，集中在怀来、张北、宣化高标准规划建设数据中心集群与服务器制造基地，培育形成软件设计、硬件生产、数据存储、算力服务等完整产业链条。石家庄、廊坊发展电子信息产业，完善半导体材料、集成电路、卫星互联网等产业链条，推动重大项目建设，打造千亿元级电子信息产业集群。秦皇岛发展软件及电子器件产业，依托行业优秀企业打造"封装载板—关键核心器件—应用软件"产业链条，推动数字技术在智能制造、生物医药与生命健康等领域的创新应用。唐山、保定推进新型工业化，围绕"把工业立起来"的要求，全力打造新工业、大港口、高科技"三大支柱"，扎实推动制造业高端化、智能化、绿色化发展，更好地服务建设以实体经济为支撑的现代化产业体系。

（九）京津冀数字经济发展活力持续增强，一大批会展赛及投融资活动激起数字经济发展热潮的最美浪花

京津冀地区数字经济重大活动盛况空前，论坛、展会、赛事、交易轮番上演，汇聚了数字经济创新发展的澎湃动能。2023年，新冠疫情彻底散去，京津冀三地举办了包括全球数字经济大会、中国国际数字经济博览会等在内的一系列重大活动，极大地增强了京津冀数字经济发展活力。5月，第七届世界智能大会在天津举办，全球51个国家和地区的1000余名中外政要、专家学者、业界大咖参会，492家单位携千余项新技术、新产品展示成果，整个展期接待30万人次，签约重点项目98个，协议总金额约815亿元，汇聚了创新发展的澎湃新动能。7月，2023全球数字经济大会在北京开幕，来自全球40余个国家和地区的数百位嘉宾会聚北京展开观点碰撞，全球18个城市和北京共同发起《全球数字经济伙伴城市合作倡议》，举办以人工智能、开源技术、数字安全、互联网3.0、数据要素为主题的六大高峰论坛以及40余场专题论坛，还有数字经济体验周、"数字之夜"城市脉搏点亮、首届中国数字音乐会、精品主题展等特色活动，促进了企业间、产业间、区域间的深度交流与合作。9月，2023中国国际数字经济博览会在石家庄举行，围绕畅通"科技—产业—金融"循环，密集举办的各类活动达 56 场，出席的企业和机构相关负责人超过 1100 位，参赛创客团队达 745 支，首次举办产业生态大会、科技资本对接等特色活动，创新举办 9 场成果招商对接会和 6 场专业大赛，呈现了一场引领数字经济发展的精彩盛会。此外，据不完全统计，京津冀地区各部门、各行业围绕算力、数据要素、人工智能、智能制造等举办了不少于 26 项产业活动，进一步促进了各领域交流合作的深入开展。

京津冀数字经济投融资生态持续向好，人工智能成为资本市场追逐热点，投小投早投硬科技特点明显。京津冀地区从政府端发力，为数字经济发展营造良好的投融资生态，带活了资本市场。2023 年一开年，北京就围绕全市"3 个 100"市重点工程、项目召开多场专题投融资对接会，发布重点融资需求项目 116 个、融资需求约 541 亿元，全年推动签订合同约 1082 亿元、累计投放资金约 435 亿元，为北京园博数字经济产业园等重大项目提供了资金支持。2023 年 3 月，天津市发起成立天河数字产业基金，为滨海新区数字经济发展提供投融资支持，促进资金链与产业链深度融合。河北组织 300 余家投资基金参与 2023 中国国际数字经济博览会，举办创业投资助力数字经济发展论坛等系列活动，推动 80 家科创企业与 58 家投资机构现场对接，签约合作项目 10 个、金额 163 亿元。相对于政府端，资本市场对数字经济表现出同样的热情，北京成为全国人工智能投融资最活跃的城市，2022 年 8 月至 2023 年 7 月全市发生人工智能融资 314 笔，继 2022 年 12 月融资总额超 100 亿元后，2023 年 7 月再次实现超 300 亿元的飞跃式增长，其中 A 轮 96 笔、B 轮 50 笔、天使/种子轮 43 笔，资本更愿意投小投早投硬科技。值得一提的是，截至 2023 年 7 月，北京有 44 家人工智能企业进行了公开发行，其中有 10 家专精特新企业，44 家企业中 IPO 高达 35 家。2023 年下半年，北京人工智能大额投融资事件继续上演，主要集中在自动驾驶、大模型、机器人等方面，其中智谱获得美团、阿里、红杉、高瓴等多家机构全年25亿元融资，百川智能获阿里、腾讯、小米等3亿美元投资，小马智行获得沙特阿拉伯王国新未来城及其旗下投资基金NIF的1亿美元投资。

三、京津冀数字经济发展展望

2023年，京津冀数字经济发展成效明显，呈现诸多亮点，但也存在尚未形成区域数字经济全产业链协同效应、前沿领域原创性引领性技术有待突破、数字产业集群能级不高、数字经济与实体经济融合不足等一系列问题和挑战。放眼2024年以及今后一段时期，继交通一体化、生态环保、产业升级转移之后，数字经济有望成为京津冀协同发展率先取得实质性突破的新领域，努力使京津冀成为中国式现代化建设的先行区、示范区。

（一）发展环境：京津冀数字经济协同发展迎来新机遇、步入深水区

2024年是新中国成立75周年，也是京津冀协同发展10周年，同时是实现"十四五"规划目标任务的关键一年。在中央经济工作会议稳中求进、以进促稳、先立后破的总基调下，高质量发展依然是一切工作的主线，京津冀数字经济协同发展将进入全方位、高质量深入推进的新阶段，协同推进质效、政策落地传导、治理机制完善成为衡量协同发展成效的重点，预期将在定战略、强基础、促开放三个层面进一步优化区域数字经济发展环境。

战略布局层面：2014年2月26日，习近平总书记在北京主持召开座谈会，专题听取京津冀协同发展工作汇报，标志着京津冀协同发展上升为重大国家战略。在京津冀协同发展国家战略实施10周年之际，2015年2月发布的《京津冀协同发展规划纲要》也将迎来落地实施的第10个年头，进入调整完善的窗口期，同时京津冀三地即将开启

"十五五"规划的前期研究。相较于10年前，数字经济的地位和作用大幅提升，未来京津冀总体战略规划和三地发展布局中，数字经济势必成为浓墨重彩的篇章。强化区域数字经济发展顶层设计，把数字经济纳入推动京津冀协同发展总体方案，统一筹划、统一设计、统一计划、统一实施，加快出台区域数字经济协同发展专项规划和重点产业、领域支持政策，一体化谋划推进区域数字经济发展势在必行，将为京津冀数字经济的协同发展和长足进步提供强有力的战略引领。

基础支撑层面：京津冀数字经济的发展离不开强大的算力、数据、通信基础设施等关键要素的支撑。作为我国八大算力枢纽之一，京津冀地区先后建立了一大批数据中心，算力规模领跑全国，占据全国1/3以上的算力市场份额。从日常生活到工业生产，数字经济，尤其是人工智能的发展对算力基础设施的需求更加旺盛。京津冀地区未来需要总体布局数字基础设施建设，整合传统数据中心的基础和优势，统筹推进数字新基建。进一步加强区域算力合作，推动算力突破、服务升级、模式创新，逐步形成领先全球、自主可控的算力生态，加强京津冀地区算力一体化调度，形成规模化先进算力供给能力，积极引导区域数据开发、算力供给及供需市场的良好对接。重点抓好传统基础设施智能升级，加强存量数字基础设施的绿色化改造，注重虚拟新型基础设施建设，加快由以通用算力为主向通算、智算、超算一体化演进，构建大带宽、低时延、高可靠、智能化的区域新型数字基础设施，实现分布式算力基础设施的高效互联，搭建能够满足生产应用、生活消费、智慧城市建设等多重承载需求的高质量数字基础设施体系，构筑数字经济发展的坚实底座。

对外开放层面：扩大高水平对外开放是2024年中央经济工作会议部署的重点工作之一。如何发挥好北京打造全球数字经济标杆城市所形成的积极成果，以数字经济为抓手推动京津冀地区更高水平的对外开放，是京津冀协同发展的新要求。未来，亟待将数字贸易作为京津冀数字经济对外开放的优先发力点,加强数字经济区域协作和国际合作,深化京津冀三地自贸试验区合作,探索构建京津冀数字贸易港,有效联动空港、陆港、海港,增加认定一批国家数字服务出口基地,促进跨境电商、软件、服务外包等产业发展,积极对接高标准国际规则,完善数字经济领域市场准入制度,打造高水平的数字贸易服务平台,塑造数字贸易创新开放合作的新生态,不断提升京津冀数字经济的国际化发展能级。

(二)总体规模:2024 年京津冀数字经济总规模有望接近甚至超越 5 万亿元大关

综合自 2020 年以来京津冀数字经济发展的规模和增速,2024 年京津冀数字经济总规模将逼近甚至超越 5 万亿元大关,数字经济增加值占地区生产总值中的比重将进一步增长,整体处于全国数字经济发展的领先地位。

在数字产业化方面,京津冀数字经济核心产业的整体实力将进一步增强。京津冀地区将在人工智能、集成电路、区块链、信创、工业互联网、大数据、云计算等领域继续处于领跑地位。随着京津冀传统产业数字化转型步伐的加快,数字产品制造业将为区域产业整体价值链跃升作出贡献。数字产品服务业在生产性服务和生活性服务深度数字化的带动下,将依托丰富的应用场景和消费空间,创造出一系列新的需求和市场空间。作为全国软件和信息技术服务业的发展高地,京津冀数字技术应用业仍有较大发展空间,不仅将取得规模上的持续扩大,还将通过数字技术广泛赋能京津冀地区乃至全国经济发展。以数据为驱动,依托京津冀地区数量众多的互联网头部平台,以数据要素产业、互联网视听产业、数字金融为代表的数字要素驱动业将进入发展新阶段。

在产业数字化方面,京津冀数实融合发展将驶入"快车道"。京津冀将协同打造一批国际性、引领性、突破性的数字应用场景标杆项目,以新场景培育新产业、新业态、新模式,放大数字产业对实体经济发展的倍增作用。以数字经济促进现代服务业高端化协同发展，率先在医疗健康、文化教育、数字贸易、金融科技、文娱数字经济等领域，培育一批行业应用旗舰平台，形成智能应用创新生态。加快推进京津冀智慧城市群建设，打造智能示范街区，重点发展智慧交通、智慧市政、智慧养老，提升民生领域智能化服务水平。

（三）热点领域：人工智能、数据要素和数字消费继续成为京津冀数字经济发展热点

2024 年，京津冀数字经济发展还将延续 2023 年的热点。其中，人工智能将迎来更重大的技术突破和更深广的行业应用空间，而数据要素将在国家数据局及京津冀三地新设数据管理部门的带领下开展更加规范、有序、深入的探索，数字经济各领域发展的成效，最终都将在数字消费领域得到检验和升华，公众将深切感受到数字经济日新月异的变化与进步。

人工智能已经进入一个快速发展和广泛应用的新时代，2024 年只会比过去更加精彩。技术层面将继续一日千里式的创新和突破，多模态融合、具身智能、脑机接口等将不断刷新人们对人工智能的认知。人工智能的应用将无处不在，其重大价值不仅体现在前沿科学领域上，更体现在与千行百业的深度融合中，形成更加优异的产业生态、商业模型、产业链闭环。京津冀人工智能走在了全国乃至世界的前列，三地在产业基础和应用场景方面高度互补，具备发展为具有全球竞争力的人工智能产业集群的基础和条件。三地将积极整合科技创新和产业创新资源，布局基础研究、创新应用和融合发展，加快应用场景开放，从 B 端和 C 端共同发力，加速大模型轻量化应用，构建富有活力的产业创新生态，形成区域内部合理分工和协作机制，加速人工智能与实体经济的深度融合，实现基础研究、应用开发和产业发展之间的创新循环。

数据要素将在算力和算法的驱动下，与生产、分配、流通、消费和社会服务管理等各个环节深度融合，"乘"出新质生产力，充分发挥数据要素的放大、叠加、倍增作用。随着 2023 年国家数据局的正式挂牌

运行，京津冀三地将在2024年陆续迎来数据管理部门的正式揭牌，整合优化数据管理职责，协调推进数据基础制度建设，统筹数据资源整合共享和开发利用，不断提升数据要素的治理水平。京津冀数据要素市场建设将加速推进，数据交易规模将实现翻番增长，有望达到60亿元的新高度，公共数据授权运营和开发利用将深入开展。京津冀数据要素产业生态体系将更加健全，围绕重点产业领域数据产品创新利用，推动形成数据供给—数据加工—数据交易—数据应用的良性循环，在数据跨境流动方面打开新局面。京津冀作为全国数据要素化探索的先行者之一，三地将加快形成数据流通和数据协同的新模式，不断完善数据基础制度。

数字消费深刻改变着人们的消费习惯，数字技术的广泛应用为激发社会消费热情提供了新支点，给提振消费、扩大内需打开了新的想象空间，将成为经济复苏和高质量增长的重要推动力。中央经济工作会议在定调和部署经济工作时强调，培育壮大新型消费，大力发展数字消费。2024年，京津冀三地在国际消费中心城市建设的带动下，将不断提升数字消费的供给质量，支持区域内重点商圈的数字化改造，打造数字消费新地标，丰富数字消费内容供给，进一步激活区域数字消费潜力。还将发展线上线下融合消费，持续催生新的消费业态和消费模式，布局无人零售、智慧零售等新零售技术与传统零售业的融合示范，推动智慧停车、无人驾驶出租车等新型数字化出行服务，发挥技术、政策、生态在引领创造数字消费需求中的作用，给消费者带来更为便利和新颖的消费场景体验，为扩内需、稳增长、促转型以及京津冀地区经济社会高质量发展增添新的动力和活力。

（四）关键路径：合力打造具有全球影响力的京津冀数字经济产业集群

在京津冀协同发展上升为国家战略的第一个十年，交通、生态、产业三大领域是率先全面落实《京津冀协同发展规划纲要》的突破领域，取得了一系列突出成效。展望下一个十年，产业协同作为协同发展战略中具有基础性和全局性的一环，依然是京津冀协同发展需要重点发力的关键领域，合力打造京津冀数字经济产业集群是区域数字经济做强做优的最佳路径。

2023年11月，京津冀三地首次联合主办2023京津冀产业链供应链大会，首次提出了京津冀产业协同"五群六链五廊"的概念，囊括了京津冀数字产业集群发展的基础、优势和重点。"五群"，是指集成电路、网络安全、生物医药、电力装备、安全应急装备等产业集群；"六链"，是指氢能、生物医药、网络安全和工业互联网、高端工业母机、新能源和智能网联汽车、机器人等产业链；"五廊"，是指京津新一代信息技术、京保石新能源装备、京唐秦机器人、京张承绿色算力和绿色能源、京雄空天信息等产业廊道。

"五群六链五廊"是新时期京津冀数字经济产业集群发展的核心，为优化京津冀产业链、供应链、创新链协同发展提供了战略框架，成为京津冀加快发展新质生产力的"指南针"和"导航图"。2024年，京津冀将以集成电路、网络安全等产业集群演化和升级为基础，以高端工业母机、新能源和智能网联汽车等产业链延伸和完善为举措，以京保石新能源装备、京张承绿色算力和绿色能源等产业廊道优化和拓展为引领，逐步拓展产业发展空间，完善现代化产业体系，走出从"由点及面"到"由线结网"的集群化演变进程，进一步凸显各产业之间的强强联合，产业集群、产业链和产业廊道之间的联系更加紧密，加速形成具有全球影响力的数字经济产业集群，有力推动京津冀成为中国式现代化建设的先行区、示范区。

发展以"五群六链五廊"为核心的京津冀数字经济产业集群，是推进京津冀新型工业化发展的关键举措，亟待促进京津冀骨干企业对产业链、创新链、价值链的系统整合，打通产业链上下游，推动大中小企业融通发展。同时要建立集群跨区域协同培育机制，优化产业分工定位，强化区域联动和政策协同，加强产业链、供应链协作，合力补齐短板，拉长长板，锻造新板，聚链成群，扩大京津冀区域数字技术和数字产业共享与应用效应，尤其要将北京优质数字技术和资源应用于津冀的传统产业数字化，为京津冀地区协同发展注入蓬勃动力。

打造京津冀数字经济产业集群，要以区域产业合作平台为落脚点，构建以"产业链—创新链"耦合为关键的产业平台，破除区域发展体制机制障碍，有效实现区域产业协同由单个企业、单一项目对接，向产业链创新链区域联动转变。在实施层面应当充分发挥中关村引领支撑和辐射带动作用，继续推进雄安新区中关村科技园、天津滨海—中关村科技园、保定·中关村创新中心建设，构建跨区域科技创新园区链，共同梳理完善京津冀数字产业链图谱，"一链一策"制定产业链延伸布局和协同配套政策，大力扶持标杆企业，促进形成上下游联动、分工合理的数字产业带和产业集群。

（五）突破方向：京津冀数字经济有待在生态整合、一体治理、城乡共进方面催生新成效

数字经济本身具有一定的生态整合能力，而发展数字经济更是有赖于多要素的融合作用，尤其要集成高品质的人才、技术、场景、资本等要素，并为各要素在京津冀区域内的共享共用提供便利。京津冀数字经济的"量质并重"发展，关键在于创新驱动，需要在多要素的作用下，加快未来产业和新质生产力登场发挥作用。抓好人才这一关键变量，建设高水平的科研要素集聚和创新平台，通过建立数字技术创新联合体、组建创新联盟、共设研发基金等方式，提供先进的研发设施和充足的科研资源，为人才提供良好的科研和创新环境，包括跨学科研究、产学研合作和技术创新等多元化的工作与发展机会。依托北京数字经济发展先导区和示范区、雄安新区国家数字经济创新发展试验区、天津数字经济产业创新中心，共同推进数字经济关键核心技术攻关，突破"卡脖子"技术，为京津冀在全国乃至全球数字经济竞争中赢得先机。通过发挥市场基础性作用，吸引银行、风险投资基金等金融机构以及社会资金投入数字经济，形成数字经济持续的资金"造血"功能，提升企业发展积极性。在要素供给方面强化生态整合和精准匹配，尤其是从"给政策优惠"到"给场景机会"的转变，给予自主创新企业产品落地更多的示范应用空间，打通创新链与产业链融合的"最后一公里"，鼓励龙头牵引、多方参与，共同推动标杆场景落地，形成开放创新、互助共进的良性循环。

京津冀协同发展的四大任务之一是着力建设区域整体协同发展的改革引领区，京津冀数字经济协同发展走深向实的关键在于进一步提升一体化治理能力，探索独具特色、统一的区域管理体制和协调配合机制，最大限度发挥各城市比较优势。在京津冀三地党政主要领导定期对接推动机制的引领下，2023年7月京津冀协同发展联合工作办公室揭牌成立，标志着京津冀一体化治理有了更加坚实的抓手，未来需要由原来的协同协作提升到联合融合，让互相联系更紧密、沟通合作更顺畅，形成目标同向、措施一体、优势互补、互利共赢的发展格局。在执行层面，需要抓紧补足区域数字经济治理在主体、目标、内容、结构等方面的短板，建立顶层设计、规划和会商协调机制，不断推进京津冀政务信息系统整合共享，通过构建数据驱动的政务运行新机制，打造整体协同的京津冀数字政府，形成富有京津冀特色的数字治理与数字政务机制。

广袤的农村地区是京津冀区域的重要组成部分，京津冀数字经济协同发展需要充分挖掘农业农村数字化发展的潜力，以数字乡村建设为抓手，补齐广大农村地区的数字经济发展短板，通过数字经济城乡共进带动乡村振兴和共同富裕的实现。构建以数字化、智能化和网络化为特征的现代乡村产业体系，打通农产品产销供应链，完善冷链物流和直销配送体系，重点提升乡村加工企业分拣包装、冷链追溯和决策分析的能力，形成快速便捷的鲜活农产品物流圈，构建"从田园到餐桌"的全产业链、全域覆盖的经营管理体系，带动农村一、二、三产业融合发展。加快营造城乡无差别的数字消费场所，利用数字化手段将乡村地区打造成高能级的城市人群消费新空间，同时有效挖掘与释放农村居民的消费潜力。

（六）统筹发力：全面统筹京津冀数字经济发展，通过高位对接、协同互补打开新局面

数字经济突破传统价值链的强地域限制和高联通成本属性，正在改变和重塑全球生产分工模式。在京津冀协同发展的新十年，京津冀数字经济发展要发挥好北京建设全球数字经济标杆城市的溢出效应，协同天津、河北各自优势，以科技创新催生数字经济新产业、新模式、新动能，联手打造创新链、产业链、价值链，以区域一体化新质生产力协同塑造京津冀数字经济未来发展新动能，推动世界级城市群建设。

数字经济领域跨度广、融合性强，提升京津冀数字经济协同发展成效离不开三地政府间的高位对接和协作推进。2023 年 7 月，京津冀党政主要领导座谈会在北京举行，三省市党政主要领导共谋"推动京津冀协同发展不断迈上新台阶"良策，共商"携手打造中国式现代化建设的先行区、示范区"之举，不仅审议通过京津冀协同发展工作机制、相关工作规则及深入推进京津冀协同发展三年行动计划，还确定 2024 年京津冀党政主要领导座谈会将在天津市召开，建立京津冀三地党政主要领导高位对接的新机制。未来，数字经济必将成为京津冀三地高位协商的重要内容，有利于加强对京津冀数字经济发展的全面统筹，明确三地数字产业定位和区域重点数字产业的产业链各环节分工，把京津冀打造成基于创新资源、产业优势和实际需求的数字经济协同创新共同体。

在实际推进层面，必须坚定不移地强化京津冀三地互补优势，协同推进区域数字经济发展。北京应当加快推进全球数字经济标杆城市建设工作，主动融入全球，积极参与国际分工，抢占全球数字经济产业链、价值链重构的制高点和主导权，成为引领京津冀乃至全国的数字经济重要辐射地。天津应当结合自身高端制造优势，发挥信创产业的首位效应，围绕高端制造业布局工业互联网平台和智能制造工厂，依托数字化技术建设智慧港口，推动自身港口服务业转型升级，发挥好区域数字经济核心城市的关键作用。河北应当总结雄安新区数字孪生城市建设经验，进一步提升城市间的新型基础设施互联互通水平，由点及面形成局部的数字城市协同发展试点区域，补齐数字经济发展的基础设施短板，缩小城市间的数字发展鸿沟，为京津冀范围内所有城市的数字化协同发展筑牢底层基础。

（北京市科学技术研究院　张彦军、杨丽丽、李珊）

参考文献

[1] 可云. 促进区域协调发展构建高质量发展的区域经济布局[N]. 光明日报,2022－11－01(11).

[2] 韩梅. 2023京津冀协同发展十大事件[N]. 北京城市副中心报,2024－01－19（4）.

[3] 米彦泽. 发力新基建,夯实数字经济发展底座[N]. 河北日报,2024－01－12（5）.

[4] 梁倩. 打造"五群六链五廊"京津冀"三链"融合加速[N]. 经济参考报,2023－12－05（7）.

[5] 张广艳,张子涵. 数字化赋能 推动智慧港口高质量发展[N]. 滨城时报,2023－10－20（2）.

[6] 黄永旭. 京津冀协同发展深化 区域一体化再升级[N]. 中国经营报,2023－06－19（B09）.

[7] 王鹏,张路阳,来秋伶. 数字经济标杆城市建设视域下北京市数字经济发展情况分析[J]. 科技智囊,2023(5)：25－32.

[8] 三大增长极共筑"铁三角"强强联手拼经济开新局[N]. 深圳特区报,2023－03－08（A05）.

[9] 李婕. 做强做优做大数字经济[N]. 人民日报海外版,2022－

12-21（3）.

［10］程晖. 京津冀：构建"2+11"数字城市协同发展新格局［N］. 中国经济导报，2022-08-06（2）.

［11］郝东伟. 智慧农业有甜头 农民增收有奔头［N］. 河北日报，2022-07-04（5）.

地区篇

第二章　北京市2023年数字经济发展报告

摘　要　全球数字经济标杆城市建设对提升国家数字经济核心竞争力至关重要。为了推动北京市数字经济发展，打造全球数字经济标杆城市，北京市在数智基础支撑、数据要素配置、数字产业引领、数字创新策源、数字治理领先、数字开放合作等维度展开了积极行动。本章从北京市数字经济发展的总体情况入手，围绕数字产业、数字企业、数字技术和数字人才等分析北京市2023年数字经济发展成果，在此基础上剖析北京市打造全球数字经济标杆城市存在的主要问题，进而根据未来发展趋势提出对策建议。

关键词　数字经济标杆城市；数字产业；数字企业；数字技术；数字人才

数字经济作为全球经济增长和产业变革的新引擎，正在深刻影响全球经济竞争格局。近年来，随着移动互联网、大数据、人工智能等技术的不断创新，信息技术与传统产业不断融合，不仅加速了全球经济的数字化转型，也广泛渗透到了全球经济社会发展的各领域。自2021年北京提出建设全球数字经济标杆城市以来，八大任务随之明确、全面开启，六大引领工程逐步落地，北京市形成了全球数字经济标杆城市建设的阶段性发展成果。继实现开局搭梁立柱、稳步推进后，2023年呈现深入推进、全面显效的良好态势，彰显出北京数字经济发展的雄厚基础优势，不断蓄积加快发展的巨大潜能。本章将对北京数字经济发展的基本情况、数字经济和产业与企业的融合、数字技术和人才的发展情况进行分析，并探讨北京数字经济未来发展方向，以期为北京加快数字经济高质量发展拓宽思路，为其他城市推进数字经济建设提供"北京经验"。

一、北京数字经济发展的基本情况

（一）总体发展态势持续向好

1. 数字经济总量持续攀升，核心产业优势明显

数字经济已成为支撑北京经济增长的关键动能。2023年前三季度全市数字经济实现增加值14060.0亿元，按现价计算增长8.3%，占全市地区生产总值的比重达到44.3%，比上年同期提高了1.1个百分点。2022年，北京数字经济实现增加值17330.2亿元，占地区生产总值的比重达41.6%，比上年提高1.2个百分点。不仅总体表现良好，从结构上看北京数字经济也持续优化，其中数字经济核心产业增加值9958.3亿元，同比增长7.5%，占全市地区生产总值的比重为23.9%。如图2-1所示。

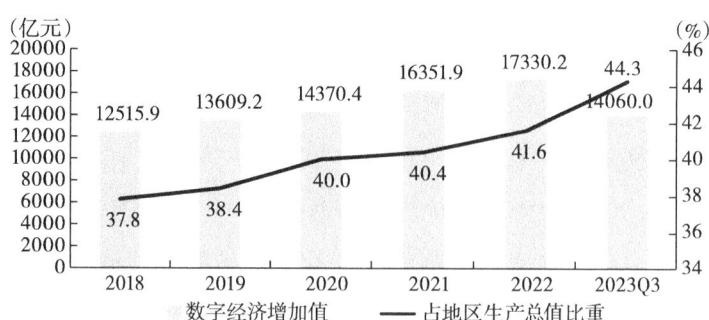

图 2-1　2018—2023Q3 北京数字经济增加值及其占比

资料来源：北京市统计局。

2. 制度体系初步构建，数字经济制度不断完善

为加快推动全球数字经济标杆城市建设，北京市出台了一系列政策，制定标杆制度，推动数字经济持续健康发展。2023年6月20日，中共北京市委、北京市人民政府印发《关于更好发挥数据要素作用进一步加快发展数字经济的实施意见》，共涉及20项具体任务，也被称作北京"数据二十条"，聚焦"率先落实数据产权和收益分配制度"，提升北京国际大数据交易所能级，建立数据交易指数，服务各行业数据流通交易和开发利用；支持建设社会数据专区，开展数据产品交易、融合应用、资产评估、托管、跨境和数据商备案等服务。2023年7月18日，《北京市公共数据专区授权运营管理办法（征求意见稿）》面向社会公开征求意见。2023年11月10日，北京数据基础制度先行区启动运行。先行区将按照适应数据要素和数字经济特征的新型监管方式建立先行先试机制，加快建设数据基础制度综合改革"试验田"和数据要素集聚区。

3. 数字基础设施建设加快推进，标杆工程夯实各领域发展

北京数字基础设施建设速度稳步提升，数字经济发展根基不断筑牢。2023年，智慧城市"七通一平"取得阶段进展，初步具备精准识别人、企、物等城市实体及城市地理空间的共性能力，"京通"提供525项服务；"京办"注册用户实现67个市级部门，"16＋1"区全覆盖；"京智"接入1471项城市运行监测指标。千兆固网累计接入156.7万用户，5G基站累计建成8万个，本地首个5.5G实验基站建成开通。完成经开区核心区60平方千米范围内专网建设，开放自动驾驶测试道路323条1143千米。全市新基建完成投资935.3亿元，同比增长25.5%，占全市投资比重的11.1%，拉动全市投资增长2.3个百分点。建成国家工业互联网大数据中心和顶级节点指挥运营中心，顶级节点接入二级节点和主动标识数量均居全国首位。数字城市操作系统创制工程完成一系列面向城市的操作系统基础应用开发工作，已实现基于物理空

间的数据驱动和基于数字空间的软件驱动。城市超级算力中心建设工程，推动超大规模人工智能模型训练平台和区块链先进算力实验平台建设。建设北京国际大数据交易所数商服务体系，与具备长期探索合作意愿的机构共建数商生态体系，推动数据要素市场建设。启动建设专属的安全可控的云计算基础设施"北数云"项目。跨体系数字医疗示范中心建设工程，开展应用场景试点工作，启动北京市电子医学影像平台试点验证工作。数字化社区建设工程，推进"回天地区"和城市副中心试点工作，探索引入社会力量参与便民生活服务场景建设。

4. 数据要素价值充分释放，数据要素市场协同发展

北京市培育数据要素市场成果初显，数据流通使用合规性与效率不断提升。北京市制订年度公共数据开放计划，市大数据平台累计汇聚近400亿条政务数据和1800余亿条社会数据，有效支撑160余项业务应用场景。北京国际大数据交易所上线全国首个工业数据交易专区，成立全国首个数据资产登记中心。国家数据出境安全评估制度在京率先落地，获批数量全国第1。贯通数据汇聚—开放—登记—交易全链条，全市无条件开放13.48亿条数据，有条件开放58.38亿条数据。国际大数据交易所首推"可用不可见、可控可计量"交易范式，完善基于自主知识产权的交易平台，上架数据产品1364个，参与主体329家，交易调用7.73亿笔。发布全球首个基于真实场景的车路协同自动驾驶数据集，向境内用户提供下载使用服务。成立全国首个数据资产登记中心，发布首份数据资产评估报告，落地全国首笔千万级数据资产评估质押融资贷款。支持设立数据跨境安全与产业发展协同创新中心，积极推进数字贸易港纳入中欧等双边、多边数字领域高层对话。

5. "一区一品"格局加快布局，区域发展体系逐步形成

北京市坚持市区两级联动，市级资源向"一区一品"倾斜，助力各区数字经济特色领域蓬勃发展。16区和经济技术开发区均已印发实施数字经济三年行动计划，目前基本形成全市"1+2+5+N"的数字

经济区域结构。"1"——海淀数字经济规模领跑全市。"2"——朝阳、经开作为两大新兴引擎区,朝阳区着力发展数据交易服务产业,推进数字贸易发展;经开区积极推进智能网联汽车产业发展,并已形成信创、集成电路产业集群。"5"——东城、西城、石景山、丰台、昌平积极构建先行示范区,重点聚焦数字文化、数字金融、虚拟现实、数字资产和智能制造等领域。顺义、大兴、房山、城市副中心、怀柔、平谷、延庆、门头沟、密云等区加快塑造 N 个未来标杆特色品牌,聚力发展智能网联、数字贸易、数字医疗、数字文旅等新兴特色产业。

(二)标杆产业与创新产业发展势头良好

1. 标杆产业示范引领,数字技术产业全国领先

2023 年前三季度,数字经济核心产业实现增加值 8226.7 亿元,增长 10.6%,占数字经济增加值的比重接近 6 成。北京数字经济核心产业新设企业共计 3 万家左右,核心产业规模以上企业 8000 多家,居全国首位。大型企业数量逐年增多,营业收入千亿元级企业 5 家,百亿元级企业 58 家,十亿元级企业 386 家。198 家数字经济企业入选国内各大榜单。34 家企业入选中国互联网综合实力百强,位居全国第 1。在制造业企业数字化、智能化转型以及金融科技发展等方面走在世界前列;全球排名前 100 的数字标杆"独角兽"企业中,北京有 8 家,市值达 19846 亿元,位居全球第 2。北京数字经济增加值从 2015 年的 8719 亿元提高至 2022 年的 1.7 万亿元,占地区生产总值的比重由 35.2% 提高到 41.6%,年均增速达 10.3%,成为推动经济增长的主要引擎之一。

2022 年北京市信息传输、软件和信息技术服务业实现增加值 7456.2 亿元,同比增长 9.8%;高技术产业投资增长 35.3%,其中,高技术制造业投资在集成电路、生物医药领域带动下增长 28.3%,高技术服务业投资在互联网相关服务领域带动下增长 41.3%。全市人工智能产业产值规模超千亿元,与区块链产业发展均位居全国第 1。大力发

展信创产业，国家网络安全产业园 3 个园区全部开园，累计落地 300 余家企业，形成基础硬件、基础软件、芯片、集成服务等全产业链生态体系。工业互联网核心产业规模超千亿元，国家级智能制造系统方案供应商数量全国第 1。

建设全球首个网联云控式高级别自动驾驶示范区，初步形成"车路云网图"五大体系，建立智能网联汽车政策先行区，开放国内首个出行服务商业化试点，目前已启动 100 平方千米的 3.0 阶段建设。编制"数字化车间""智能工厂"评价标准，"新智造 100"项目全面推开。副中心挂牌"北京法定数字货币试验区"。创建"数字+"消费新生态，推进王府井、CBD 等商圈打造示范型数字商圈试点。

2. 持续强化创新产业，推动数字经济迈上新台阶

瞄准重点领域，推动数字产业化创新发展。北京市着力加快人工智能、大数据、区块链、云计算、网络安全等新兴数字产业发展，引导支持企业加大研发投入，提升通信设备、核心电子元器件、超高清显示等产业水平。推动集成电路和工业软件产业高质量发展。高标准建设特色软件学院，创建一批中国软件名园。同时持续推进 5G 扬帆行动计划，深化"5G+工业互联网"融合应用，推动工业互联网向工业园区推广应用，打造一批 5G 全连接工厂。实施智能制造合作伙伴计划和标准领航行动，建设一批全球领先的智能工厂和智慧供应链。

3. "两手抓"，不断深化数字产业化、产业数字化

围绕数字产业化，聚焦产业互联网、人工智能和数字安全等主导产业，实现数字经济产业集群建设。以朝阳区为例，实现以互联网 3.0、光子集成电路、医药健康等前沿产业为核心的"3+X"数字经济产业集群建设。加强细分领域的发展顶层设计，朝阳区联合市科委、市经信局出台《朝阳区互联网 3.0 创新发展三年行动计划》。研究制订人工智能以及医药健康产业三年行动计划。打造互联网 3.0 标杆产业，建设北京市数字人基地和全市首个互联网 3.0 产业基地，网易（北京）数字

产业中心落地，构建起全方位、立体化的互联网 3.0 产业生态体系。设立人工智能、北京光电融合产业投资基金。推进阿里巴巴北京总部等重点项目建设，全市首个"中关村社区·数字产业创新中心"投用；华鲲振宇中国区总部、艺旗集团北京总部等一批重大项目落地。

围绕产业数字化，加快推动应用场景开放和产业转型升级。建设互联网 3.0 应用场景研究院，推动人工智能、VR、AR 等技术在消费、文娱领域的融合应用，发布了工体元宇宙、凤凰元宇宙等一批标杆示范应用场景，2023 年 6 月 15 日在工体举办的阿根廷与澳大利亚的国际足球邀请赛实现元宇宙直播首秀。推动建设智慧城市创新实验室，"城市智慧大脑""一网、一云、一数、一图、一安全"的基础设施及资源支撑体系初步形成。支持北京国际大数据交易所上线工业数据、算力交易专区，首批 20 余家企业入驻。

（三）四类数字企业共同赋能数字经济

数字经济企业聚焦数字产业化和产业数字化，加快推进数字技术创新链、价值链、产业链对接融合。数字基础类、数字赋能类、数字平台类、新模式新应用类等四大类标杆企业普遍具备自主创新能力强、初具规模、空间上分布较为集中、创新潜力突出、大多处于发展成长周期的特点。

1. 数字基础类标杆企业

重视基础理论研究、加强应用场景创新、搭建开源开放平台、开展多元合作协作、注重行业规范与自律是数字基础类标杆企业的企业优势和经营特点。北京旷视科技有限公司（以下简称"旷视科技"）是典型的数字基础类标杆企业。经过多年的发展，旷视科技将其业务领域聚焦于物联网场景，充分集聚整合资源创新资源，发挥 AI 科研与工程实力，打造出软硬一体化的 AIoT 产品体系[1]，并面向消费物联网、城市物联

---

[1] AIoT（人工智能物联网）= AI（人工智能）+ IoT（物联网）

网和供应链物联网的核心场景提供解决方案。2022年第三季度报告显示，旷视科技实现营收4.13亿元，同比增长34.78%。

2. 数字赋能类标杆企业

突出关键技术攻关、利用数字赋能优化产品、推进服务型制造转型是数字赋能类标杆企业的自身优势和运营特点。北京极智嘉科技股份有限公司（以下简称"极智嘉"）是典型的数字赋能类标杆企业。极智嘉企业前沿技术栈规模较大，专利储备较为丰富，目前已在全球提交超900件专利申请，获超350件专利授权。其核心技术集中在机器人单体智能化升级与多智能体集群调度。当前物流机器人普遍存在实施成本高、技术门槛高、操作控制困难等问题，针对产品技术痛点，极智嘉利用现代数字技术对搬运产品系统和单机操作系统进行了创新优化。优化后的产品能够让使用者零基础入门，10分钟完成流程配置，简单项目在15分钟内完成部署，复杂项目在1周内完成调试上线，真正达到了"开箱即用"的易用新高度。

3. 数字平台类标杆企业

数字平台类标杆企业具有拥有庞大平台生态系统、创新企业文化、应用先进的数字技术等特点。字节跳动为典型的数字平台类企业，在信息分发、内容创作、社交娱乐等领域都有技术创新。通过人工智能技术支持内容创作者，提供多样化的创作工具和平台，优化用户体验，提供智能搜索、语音识别等功能。通过支持和培养内容创作者，打造优质的内容生态，提高平台的影响力和价值。通过不断创新和拓展业务领域，涉足教育、游戏、电商、云服务等多个行业，实现多元化发展。

4. 新模式新应用类标杆企业

新模式新应用类标杆企业体现在拥有强大的数据采集、整合和分析能力以及丰富的行业经验、专业知识。拥有广泛的合作伙伴和客户资源是新模式新应用类标杆企业的竞争优势。以零氪科技（北京）有限公司（以下简称"零氪科技"）为例，作为一家数据驱动、AI赋能的医疗科技公司，能够为医疗产业提供大数据和人工智能整体解决方案。零氪科技的主要产品包括AI数据治理系统（Link Data），可以帮助客户整合、清洗、标准化、加密和共享医疗大数据；数据驱动的精准生命科学解决方案（Link Solutions），可以为医疗器械厂商提供临床试验设计、药物研发等服务；数字化重症患者健康管理平台（Link Care），可以为重症患者提供院内外的全流程监测、干预和随访服务。

（四）聚焦数字技术新突破

1. 聚焦底层技术，搭建高端平台

夯实底层技术支撑能力。北京市大力支持企业、科研院所、国家重点实验室等创新机构，择优推荐申报国家级重大专项。加强底层技术研发攻关，聚焦建模软件、渲染引擎、物理引擎等基础软件，重点突破光线追踪、深度学习、面部建模、姿态表情模拟、高保真视频流压缩等核心算法，攻关算力芯片、传感器、光学器件、电池等基础硬件，打通数字人自研技术链条。

加快共性技术平台建设。北京市积极布局高精度低延迟渲染云计算平台、边缘计算设施，结合5G等高性能通信网络，提升计算能力；建设并运营动作捕捉设备、XR摄影棚等数据采集设施；支持搭建数字高程模型（DEM）平台，探索开放共享真实街区、楼宇等空间数据。对符合新型基础设施支持政策的项目、产品，给予一定额度资金支持。

2. 依托研发机构，支持外资合作

放大企业科技创新引领效果。针对北京市重点发展的高精尖产业，通过企业技术中心培优、产业筑基、机制创新搭台、中试验证加速、应用场景建设等工程，构建产业科技自主创新体系。支持科技领军企业组织开展创新研发活动，围绕产业链关键环节提出创新需求，联合高校和科研院所以及上下游企业组建产业创新中心、工程研究中心、技术创新中心等形式的创新联合体。

北京市出台进一步支持外资研发中心发展的若干措施，支持知名跨国公司和国际顶级科研机构在京首次设立实体化外资研发中心或提升创新能级，支持外资研发中心承担科技研发、国际合作、应用场景示范等政府科研任务；为外资研发中心提供集专利预审、快速确权、快速维权于一体的一站式综合服务。

3. 勇于尝试新型数字科技，打造新体验

展现数字科技魅力，开启多项"首次"尝试。以 2023 全球数字经济大会新闻发布会为例，首次设置"数字之夜"城市脉搏点亮仪式，现场播放"数字之夜"城市脉搏点亮仪式视频穿插线下实景，虚实共享，在首钢园、通州运河、奥运塔、前门大栅栏 4 个点位可以现场观看极具科技感的 AR 秀场景内容演绎；同步 21 点全网播放首届中国数字音乐会，开启数字音乐盛宴，集结国内顶尖虚拟人技术团队，国内顶级虚拟偶像、虚拟主持人、艺人嘉宾等资源，上演一场跨次元数字音乐盛典，向全球展示北京名片以及开放合作共赢的国际都市活力。大会首次全面使用数字徽章，实现无纸质证件参会，打造数字参会全新体验。

4. 数字技术创新成果丰硕，多项技术实现全球领先

推动标杆技术突破创新，形成自主可控技术体系。百比特超导量子芯片、区块链专用加速芯片、RISC–V、GPU、人工智能芯片等高端芯片技术不断突破。统信 UOS 操作系统桌面端市场占有率超七成；OceanBase、GoldenDB 实现金融核心系统数据库国产化升级；建设国家通用软硬件适配中心，基于国产操作系统完成包括开源软件、商业软件、硬件外设在内的适配产品各千余款。研制国内首个 6G 新型空口基带试验平台，上线首个超导量子计算云平台。"悟道3.0"发布国际首创支持 9 种语言的多模态大模型。构建了国内唯一自主可控、开源开放的软硬件一体化区块链技术体系——长安链，成功研发海量存储引擎 Huge，中

文名"泓",该引擎可支持 PB 级数据存储,是目前全球支持量级最大的区块链开源存储引擎。

(五) 积极培养、引进数字人才

1. 政策积极扶持,各区不断响应

积极培养数字技术人才。2023 年 7 月 7 日,北京市发布《北京市数字技术技能人才培养实施方案》(以下简称《方案》)。在培养数字技术领军人才方面,鼓励各单位设立"首席数据官",聚焦数字技术领域科技前沿,举办高级研修项目。在提升产业工人数字技能方面,完善企业员工职业技能培训体系,持续壮大具备数字技能的现代化产业工人队伍。探索举办数字技术技能竞赛、数字技术创新大赛,加大数字技能职业培训力度。《方案》明确,在北京市实施数字技术工程师培育项目,针对工程类技术技能人才,分职业、分方向、分等级实行规范化培训、社会化评价,在岗或拟从事数字技术技能的各类从业人员、普通高校和技工院校全日制毕业学年学生均可参加。预计每年培养具有良好科学素养、精于实操应用、能够解决复杂问题的数字技术技能人才 1 万人。

北京各区陆续推出有关人才培养、人才激励等方面的政策。大兴区在《大兴区数字经济创新发展三年行动计划(2021—2023 年)》中,主要关注人才的引进,广泛吸引海内外数字经济领域高层次人才来大兴区创新创业,重点探索外籍人才管理新机制并健全人才评价机制。西城区在《北京市西城区加快推进数字经济发展若干措施(试行)》中指出,要开展"数字英才"培育行动,并做好人才优质服务的供给工作。

雄安新区作为北京城边冉冉升起的一颗新星,将纳入北京高水平人才高地建设,设立北京海外学人中心雄安中心,开展专家人才走进雄安、走进城市副中心活动,加大"人才京郊行"项目对城市副中心的支持力度。同时,为了实现人才的配套研究设施和通勤,加快建设雄安新区中关村科技园,实现京雄高速全线通车。

2. 数字经济人才引进创新举措,建设数字人才高地

北京坚持首善标准,吸引广大科技创新人才及高水平创新团队加入各类科研机构的前沿研究工作。一方面,陆续推出适应科研规律的改革举措,持续深化科技领域"放管服"改革,始终坚持"市场化、法治化、国际化"和"简约"原则,有效激发了科研人员的积极性和创造性,为解决"卡脖子"难题的科研工作在科研经费、团队管理等方面"松绑",同时扩大用人自主权,组建跨机构、大协同、高强度的科研团队,为科研团队提供了自由探索的研究空间。另一方面,面向全球吸引集聚战略科技人才,会聚了一批突破关键核心技术制约和"卡脖子"问题的世界顶级科学家及人才团队,不断提升科研环境,出台科技人才住房、医疗、子女入学等人才配套保障制度,保障科研人员心无旁骛地进行科学研究。根据新型研发机构类型和实际需求给予财政科技经费稳定支持,探索实行"负面清单"管理,推出基础研究税收试点、科技成果"先使用后付费"、职务科技成果单列管理等试点政策。

二、北京数字经济发展存在的主要问题

(一)数据要素的价值还未全面释放

虽然北京强调要持续优化数字经济发展营商环境,进一步为数字经济企业在京发展做好服务,但是数据要素市场的培育和数据要素生态体系的完善仍处于起步水平,目前在数据要素运营上面临未建立长效化的机制和没有统一的安全与技术标准等问题。

目前,北京在数字要素建设、数字经济发展等方面已经取得了很好的成绩。但是,如果要实现进一步的提升,攻坚克难,还有一些"硬骨头"要啃。比如,如何更快地提升北京大数据交易所的能级,进一步提升数据场内交易规模,有效释放数据要素价值,更好地提升数字政府治理水平等。

（二）数字人才配套和结构性问题存留

尽管北京数字经济领域的人才数量位居全国前列，但依然存在高质量人才供给不足和结构短缺的问题。在产业数字化方面，虽然北京工业制造业的服务数字化发展十分迅猛，但是针对第一产业的数字化人才渗透有待加强。在数字经济投资方面，北京证券交易所的注册成立代表着北京市要求进一步完善数字经济投融资服务体系，北京国际大数据交易所的成立代表着北京市迈出数据要素交易的一大步。这些急需发展的数字经济领域需要相应的人才支撑，北京市人才结构必须不断作出优化调整。

北京市人才留用政策与其他地区相比优势欠缺。人才留用政策内容涵盖多个环节，要想政策效应最大化并实现预期人才目标，必须使不同环节制定的上下衔接政策形成闭环，打出组合拳效果。但从现实情况来看，目前北京各区"人才新政"的内容主要集中在引才政策上，涉及留才环节的政策并不多，对相关政策的落地重视度不够，出现人才"引得进、留不住、用不好"的现象。北京"落户难""住房难"问题降低了人才的归属感，甚至"逃离北京"选择其他城市生活。北京当前缺少数字经济领域的第三方信息供给渠道，这种信息不对称既包括企业与人才由于信息差导致的"人不尽其用"，也包括信息披露和信息传递方式等限制而引发的"人岗不相见"。此外，企业需求最为旺盛的青年人才往往因为无成果、无头衔等因素难以享受政策优惠，致使政策导向与实践结果脱节。

数字经济领域的人才培养及其发展环境仍需优化。如何将教育和人才培养改革与北京的数字经济发展需求相结合是未来有序开展数字化转型课题的应有之义。各行各业对数字经济融合型人才的迫切需求给就业市场带来了巨大的影响和冲击，而教育培训工作支持不力，政策层面提供的数字经济教育培养表现出滞后性和匮乏性，北京市目前缺少关于数字经济领域的人才培养及其发展环境的整体计划。此外，除了要满足对于专业高级数字技术人才培养的需求，还要重视数字经济领域的职业教育和掌握中低技能的劳动者，使各个群体建立起对数字时代的就业需求和所需技能的清晰认知。

（三）数实融合体系不健全，数字经济行业赋能有差距

北京市数字经济与实体经济融合的制度体系与监管标准尚在孕育阶段，目前存在以下问题：一是现有数字经济与实体经济融合的指标体系不统一，数字经济与实体经济各有一套自成体系的测算指标，不利于科学有效地评估二者的融合水平。二是现有政策架构未能为数字经济与实体经济提供绿色融合环境。虽然为构建数字经济与实体经济融合体系提供了可行路径，但需要在具体工作中落实好由谁牵头制定标准、由谁负责落实监管等细节性举措，保证融合发展的可行性。三是中小企业"不能转、不想转、不会转和不敢转"造成数字化转型困难，进而影响数实融合的速度。

另外，北京市不同行业的数字化转型程度和数字化水平有较大差距，数字经济对不同行业的赋能作用存在明显差异。从制造业来看，北京数字产品制造业增加值占数字经济的比重不足5%，数字制造企业技术合同成交额仅占北京市制造业成交额的0.3%，新晋"独角兽"企业中，半导体、芯片等研发制造企业较少，工业数字化水平仍有提升空间。信息服务业头部企业的带动作用逐渐减弱，中小微企业发展较慢，或成为行业发展短板。金融经济、电子商务、在线教育等领域的数字化渗透率高，而部分传统的制造业、服务业数字化发展水平相对较低，尤其是仍有大量中小微企业和传统行业企业与数字经济结合较少，其发展进程有待进一步提速。

（四）数字技术需要进一步突破前沿

创新优势发挥不足，关键"卡脖子"技术研发仍需突破，原创性、引领性的关键核心技术仍需进一步攻关。目前，虽然北京市大力推进核

心技术研发工作并取得了一定成果，但在部分核心技术，如芯片技术、光刻机、人工智能算法、生物智能、软硬件等研发上仍存在短板，与国际顶尖前沿存在差距，也在一定程度上钳制了制造业产业升级进程。北京市作为国际科技创新中心，在数字技术方面具有领先优势。但科技创新联合攻关的积极性、主动性等还未全面调动，大量创新联合体仍基于原有的合作团队进行开拓。在技术联合攻关中，存在资源配置及联合攻关后成果转化的问题，企业特别是央企和国企在联合攻关中未充分发挥主力军作用。因此，在国外技术专利壁垒高筑、数字经济发展迫切需要的背景下，北京市在未来需要围绕重点领域，从制度、设备、人才等诸多方面继续加大研发力度，力争成为国际领先的"北京队"，凝心聚力实现重大技术突破。

三、北京数字经济发展趋势及建议

（一）加快推进数字产业化，探索数字治理新模式

加快推进数字产业化发展。数字产业化是数字技术与实体经济深度融合过程中的产业化，可以分为政府引导的数字基础设施产业化、传统企业的数字产业化、创新平台企业的数字产业化、新个体经济的数字产业化等。传统企业的数字产业化任务往往集中在数字科技部门，这些部门将会逐渐找到运营产业云、产业数据资产、产业互联网等模式的新路径，并开始显示出巨大的价值创造能力；创新平台企业的数字产业化重点体现在数字生产性服务业的快速发展，如同2C的大型平台经济企业一样，在2B领域也将涌现大量新型的产业数字服务平台企业。从个体层面来看，数字产业化空间也巨大，面向数字艺术、新电商、社交等数字空间服务市场，将会涌现大量的数字自由职业者。

探索面向"实体+数字"空间的新治理模式。随着数字空间在数字经济中地位的逐渐明确，如何打造跨数字空间和实体空间的治理新模

式成了一个热点领域。要充分利用治理科技（GovernTech）手段，建设基于云计算、大数据、区块链、人工智能等技术的治理平台，形成一个政府搭台、多方唱戏的系统，政府、企业、社会在统一的技术平台上形成一种多方协同的治理模式。有效市场和有为政府，既需要一个先进的技术底座，如区块链基础设施等，也需要法规标准、激励措施，充分发挥政府有序引导和规范发展作用，守住安全底线，明确监管红线，打造安全可信、包容创新、公平开放、监管有效的数字经济运营环境。

（二）大力培育数字企业，完善标杆企业评价机制

建立健全数字经济标杆企业培育长效机制。研究和建立相关指标体系，开展标杆企业的发展监测和跟踪工作，持续关注新业务布局和投融资表现，及时分析上报。完善企业服务机制，突出专精特新、企业技术中心、小巨人、独角兽、隐形冠军等对数字经济标杆企业的激励和培育作用。优先保障空间需求、加大财税金融扶持力度，确保对数字技术创新和应用创新的支持，鼓励企业开展产学研协同创新，提高核心技术自主可控能力，打造具有国际竞争力的数字产业品牌。

完善数字经济标杆企业发现机制和评价标准。依托基金投融资风向标作用和行业协会推荐，结合"独角兽"榜单和专精特新企业清单，完善数字经济标杆企业发现机制。运用"数字化成熟度模型""数字化水平评测指标"等国内主流数字企业评价方法，从企业的战略布局、数字创新、人才与技能、大数据与人工智能、数字化应用等多个维度，构建数字经济标杆企业的入库和成长评价标准，动态调整清单企业。在此基础上，通过对评价标准各项指标进行年度评分、业内专家评定等相关措施，对标杆企业分级分类，精细化管理，结合不同类型企业特点、优势和发展中的瓶颈，给予相应支持。

（三）强化数字技术空间布局，加大数字技术研发投入

加强前沿技术项目布局工作，出台基础研究领先行动方案和关键核心技术攻坚战行动计划。一是推动基础和前沿技术项目空间布局，加大数字经济重点园区统筹规划建设力度。探索建设北京市算力调度服务平台，适度布局商业化算力中心。二是围绕北京市高精尖主导产业需求，加快形成重大项目群。持续开展6G通信、量子科技、算法、区块链、生物与信息技术融合、互联网3.0等领域技术攻关，支持悟道、长安链等迭代升级；推动构建CPU、操作系统、数据库等基础软硬件技术体系，打造结合"软件框架+芯片"的AI产业生态。

加大科技基础研发与成果转化资金支持力度。一是在支持基础前沿研究和共性服务平台建设的基础上，不断优化数字营商环境，支持科技领军企业牵头组建体系化、任务型创新联合体，并探索面向产业发展的科技成果转化机制支持政策。二是对成果转化落地企业给予适当科研设备进口免税、减免租用科研办公场所而产生的税费以及人才引进等方面政策支持。

（四）完善数字人才培育、引进、保护制度

建设和完善数字经济多层次人才培育体系。健全高校数字人才培养体系，汇聚多方优质资源完善现有学科体系，加强数字产业领域新学科与交叉学科建设，明确高职高专院校、普通高等学校不同层次的人才培养目标，采取产学结合的方式解决校企人才输送低效问题。集聚优质师资力量，编制各类数字经济人才培养标准，增设数字经济及其外延专业，细化培养方案。

强化人才交流机制，拓展全球数字人才引进新路径。制定国内外数字人才引进规划和需求清单，不断扩大国内外高素质数字人才引进规模，以灵活多样的方式吸引高层次人才来京。一是加大数字经济产业人才政策宣传力度，以实地宣讲、新媒体传播等多种方式帮助企业了解和应用人才优惠政策。二是将数字经济人才列入北京市急需紧缺人才引进指导目录，借助高层次数字经济产业平台聚拢高层次人才。三是充分利用"两区"和"先行先试"的优势，建设具有国际竞争力的人才体制

机制,在全球范围吸引"高精尖缺"人才。

完善数据产权保护机制。研究跨渠道、跨平台、跨设备的版权溯源机制、维权机制和多元共治的著作权保护体系。探索数字人二次创作、周边衍生品权利保护。充分运用作品登记、版权认证等工作机制,为数字人以及与数字人相关的软件、真人形象、真人声音等构成的作品、表演或者录音录像制品提供优良版权服务。

优化人才服务。创新校企合作模式,在数字人细分领域,鼓励企业、高校、科研院所等联合开展产教融合试点建设,培养产业急需的复合型、应用型人才。完善领军人才落户、子女入学、技术入股等方面的配套措施。

(五)打造京津冀数字经济共同体,加快构建现代化首都都市圈

构建京津冀协同创新整体格局。协同推动京津冀国家技术创新中心建设。引导创新主体在京津冀共建重大科研基础设施、产业技术创新平台。鼓励科研机构和企业共同组建产学研创新联合体、联合实验室,打造一批有自主知识产权和国际竞争力的创新型领军企业。围绕"北京智造"优势产业,与津冀共同梳理、完善产业链图谱,"一链一策"制定产业链延伸布局和协同配套政策。建设京津冀燃料电池汽车示范城市群,共建京津冀工业互联网协同发展示范区、京津冀生命健康产业集群。

创新区域一体化发展体制机制。出台京津冀一流营商环境建设行动方案。深化京津冀政务服务协同,扩大政务服务"跨省通办"范围。推动京津冀自由贸易试验区、综合保税区联动发展,深化制度集成创新和成果共享。以大兴国际机场综合保税区为试点制定跨省域行政事权管理方案和利益共享机制。

建设"轨道上的京津冀",加快轨道交通三期项目建设和市郊铁路项目谋划,推进城际铁路和城市轨道交通"网状融合"。以"轨道上的京津冀"区域交通设施一体化桥梁,打造环京地区通勤圈、北京—雄安新区功能圈。依托京津、京开等高速公路，从不同方向打造高质量发展经济廊道。以首都机场和大兴国际机场为"双支点"，推动国际性综合交通体系建设，推进世界级机场群与港口群直连直通和联动发展，完善重要交通节点之间以及周边重要功能区之间的直连直通。

（六）充分激活数据要素潜能，探索建设公共数据平台

完善数据资源统筹机制，探索数据资源市场化的有效模式。率先开展国家数据基础制度先行先试，探索打造数据训练基地。依靠北京国际大数据交易所进一步完善数据产品交易规则和业务规范，建立数据确权工作机制。研究制定数据出境安全评估制度落地政策，鼓励制造业企业应用智能生产设备及信息化管理系统建设数字型总部。鼓励央企、国企、互联网平台企业以及其他有条件的企业和单位，在北京成立数据集团、数据公司或数据研究院。

打造一体化公共数据运营平台。通过广集建议解决技术方面的问题，如技术的标准问题、安全问题和运行问题等。探索统一的标准，尽快实现统一标准下的产业化运行，制定标准规范体系和规则规范体系。坚持统分结合，总结出几种通过实践检验的模式，真正实现从传统的土地财政向未来的数据财政转型，为我国经济社会高质量发展持续赋能。

（七）布局未来数字基础设施建设，促进智慧城市发展

以先进数字基础设施提升北京数字政府治理能力。完善高品质通信基础设施体系，推进"双千兆"计划，超前布局5.5G、6G未来网络。提升算力资源统筹供给能力，统筹各类政务云、公有云、私有云等算力中心资源，支持海淀区建设北京人工智能公共算力中心、朝阳区建设北京数字经济算力中心。加快布局智慧城市共性基础设施，建立智慧城市感知设施"一套台账"，加快打造"码链一体""一网通办"服务平台。

（八）激活新型数字消费潜力，鼓励数字产业在京发展

打造消费新地标。补充新建商业综合体，各区块至少有1条商业步

行街，支持重点商圈按照北京市商业消费空间布局专项规划进行改造提升。以环球影城和欢乐谷为"双焦点"，继续二期建设，调节门票、配套设施价格区间，匹配更多消费者。推动建立北京特色直播电商基地，鼓励电商平台在北京设立研发中心。鼓励企业依托人工智能等技术搭建虚拟现实数字生态，扩大其在远程医疗、教育技术等场景的应用。激活科幻消费潜力，推广"中国科幻大会"等品牌活动，与影视、阅读、研学等场景深度结合。

大力推广绿色消费。扩大新能源汽车、新能源公共交通使用，建设新能源交通配套基础设施，落实新能源消费者需求，营造便利的新能源汽车使用环境。构建高质量充电基础设施体系，重点覆盖居住区、办公区，促进充电基础设施投资多元化。加快推动废旧家电回收处理体系建设，依托产品销售和维修服务网络等优化回收渠道，组织开展"小旧家电回收进社区"活动，发挥生产企业作用。

（九）持续建设北京 CBD，增加数字企业融资选择

推动 CBD 商务金融创新发展。在城市副中心建设全球绿色金融和可持续金融中心、全球财富管理中心。加快发展绿色金融，建立完善环境社会治理（ESG）相关标准体系，推动有条件的金融机构不断提高环境信息披露水平。鼓励国际领先的绿色标准认证和评级机构在京发展业务。

降低数字企业融资难度。寻找多元化融资渠道，推动完善北京证券交易所功能，争取落地北京证券交易所政府债券交易和房地产信托投资基金（REITs）发行交易功能，建立京津冀 REITs 产业联盟，推动更多优质项目在北京证券交易所落地。

（十）以论坛和外贸为媒介，加强国际合作

以论坛和外贸为媒介，推动国际交流迈上新台阶。高水平办好中关村论坛，持续发挥好面向全球科技创新交流合作的国家级平台作用，持续扩大国际科技交流合作，链接全球创新资源。提升金融街论坛全球影响力，形成顶尖投资人云集、投资机会富集的国际性平台。把北京文化论坛打造成推动文化创新的一流平台，塑造为具有中国风韵、国际影响的文化品牌。探索依托怀柔科学城打造国际性的自然科学论坛，依托北京绿色交易所打造国际性的气候变化和碳减排论坛，依托未来科学城打造国际性的能源转型发展论坛。

促进外资外贸高质量发展。制定北京市外商投资条例。成立北京市重大外资项目专班，积极争取将符合条件的重大项目纳入国家专班调度，促进航空维修、医药和医疗器械、金融等领域外资重点项目加快落地。扩大汽车、摩托车等出口资质企业的规模和数量，加强新能源汽车国际市场开拓。以国家进口贸易促进创新示范区为引领，优化机电设备、优质消费品、关键零部件等产品进口。支持引导跨境电商海外仓、独立站等新模式加速发展。

(北京市社会科学院　王鹏；中山大学　王晓彤；中国社会科学院大学　王小琬)

参考文献

[1]陈晓红,李杨扬,宋丽洁,等.数字经济理论体系与研究展望[J].管理世界,2022(2).

[2]吴静,刘昌新.健全数字生态,释放数字经济新动能[EB/OL].人民网,2021-05-17.

[3]刘振飞.北京应加速形成具有国际竞争力的数字经济产业集群[N].北京日报,2023-01-19.

[4]国务院关于数字经济发展情况的报告,2022-10-28.

[5]北京市政协委员刘振飞:发挥数字科技平台作用,打造强有力数字经济产业集群[EB/OL].新华网,2023-01-19.

[6]北京打造中国数字经济发展样板[N].北京日报,2022-04-17(1).

[7]科技部.关于促进新型研发机构发展的指导意见,2019.

[8]中国信息通信研究院.中国数字经济发展报告(2022年)[R],2022.

[9]工业和信息化部办公厅.中小企业数字化转型指南,2022.

[10]中智咨询.2022人力资源数字化转型白皮书,2022-07.

[11]中共北京市委办公厅,北京市人民政府办公厅.北京市关于加快建设全球数字经济标杆城市的实施方案,2021.

[12]北京市人民代表大会常务委员会.北京市数字经济促进条例,2022.

[13]北京市经济和信息化局.2022年北京人工智能产业发展白皮书,2023.

[14]王鹏,张路阳,来秋伶.数字经济标杆城市建设视域下北京市数字经济发展情况分析[J].科技智囊,2023(5):25-32.

[15]北京市经济和信息化局.北京市促进数字经济创新发展行动纲要(2020—2022年),2020.

[16]北京市经济和信息化局.北京市数字经济全产业链开放发展行动方案,2022.

[17]谢辉,仝海威,鲁亚,等.北京蓝皮书:北京数字经济发展报告(2022—2023)[M].北京:社会科学文献出版社,2023.

[18]中共北京市委办公厅,北京市人民政府办公厅.关于进一步推动首都高质量发展取得新突破的行动方案(2023—2025年),2023.

[19]李帆,胡春,杜振华.北京市数字人才政策发展现状及对策建议[J].人才资源开发,2022(19):10-11.

[20]提升专业技术人员数字素养[N].中国组织人事报,2023-07-17.

[21]北京计划每年培养1万名数字技术技能人才[N].工人日报,2023-07-16(2).

[22]曹政.2025年北京数字人产业规模将破500亿元[N].北京日

报,2022-08-06(1).

[23]从六大领域透视首都高质量发展[N].北京城市副中心报,2023-01-17.

[24]新闻发布会现场问答实录[J].中小企业管理与科技,2023(5):12-18.

[25]徐恒.加快推进新型工业化 做强做优做大实体经济[N].中国电子报,2023-03-03(2).

[26]"数据要素20条"推动数字经济发展[N].首都建设报,2023-07-10.

[27]刘苏雅.新一代信息技术专利数量居全球首位[N].北京日报,2023-09-07(2).

[28]曹政.2030年数据要素市场规模将达2000亿元[N].北京日报,2023-07-06(3).

[29]曹政."数字北京"向未来[N].北京日报,2023-07-05(4).

[30]杨春立,宋重阳,盛坤.工业元宇宙与数字虚拟人发展概览[J].数字经济,2022(12):30-35.

[31]北京数字产业集群加速发展——北京建设全球数字经济标杆城市2023系列报道[EB/OL].新华网,2023-06-26.

[32]北京市人力资源和社会保障局关于印发《北京市数字技术技能人才培养实施方案》的通知,2023.

第三章 天津市 2023 年数字经济发展报告

摘　要　天津市数字经济虽然在新基建、数据要素创新应用、数字社会治理等方面取得了一系列新成绩、新进展，但当前仍存在关键核心技术未突破、高质量制度供给不充足和政策落实不到位、数字技术对实体经济的赋能潜力发挥不充分、数据要素市场不活跃等困难与挑战。天津市推动发展数字经济应聚焦发力于"双碳"目标、组织机制创新、稳经济促就业三个维度，以"放管服"改革为突破口，强化优质制度供给与落实，以数实融合为导向促进科技成果落地转化，构建多层次战略布局，深度发掘数据资源价值潜力。

关键词　数字经济；碳达峰碳中和；组织机制；稳经济；促就业

一、天津数字经济建设取得的新进展

（一）数字经济成为拉动天津经济发展的主导力量

1. 数字经济综合发展水平迈进全国第一梯队

国家网信办发布的《数字中国发展报告（2022 年）》数据显示，从全国范围来看，天津市数字经济的综合发展水平位列全国第 8，处于全国第一梯队。2023 年 7 月 28 日，天津市委网信办、市发展改革委、市工业和信息化局、市政务服务办共同召开的《天津市互联网发展报告（2022）》新闻发布会数据表明，2022年，天津数字经济总规模超过8700亿元，全市软件与信息服务业收入达2722亿元，人工智能产业核心业务规模达到140亿元，智慧农业、智能制造、数字商务发展势头强劲。其中，市域范围内，农业领域的生产环节信息化率已达30.5%，西青区和津南区顺利通过国家数字乡村建设试点地区的终期评估。

2. 数字经济的发展根基进一步巩固

天津市把握数字经济发展的战略机遇，充分发挥数字技术的放大、叠加、倍增作用，完善大数据存储与超算中心相结合的新一代信息网络，依托京津冀大数据综合试验区建设，构建完善的大数据发展和产业支撑体系。加快培育数据要素市场，依托中新天津生态城北方大数据交易中心建设，构建全国领先的跨行业、跨区域的"数据汇津"流通交易生态系统。在工业领域，全市工业企业上云数量突破9000家，智能工厂和数字化车间总数达316家。在服务业领域，开通网络售卖业务的餐饮企业占比已经超过80%，网上零售交易水平在全国位列第10。

3. 数字经济的企业类创新主体持续增长

以机器人为代表的重点企业发展势头迅猛。截至2023年3月，天津汇聚机器人相关高新技术企业近200家，整体产业规模近180亿元；承担国家重点研发计划项目近10项，拥有相关专利近5000件。天津市高新技术企业和国家科技型中小企业均突破10000家，雏鹰、瞪羚、科技领军（培育）企业分别超过5600家、440家、300家，重点产业链上高新技术企业占比达45.1%，营业收入超1.37万亿元，占规模以上工业企业营收比重超56.0%。

（二）新型数字基础设施建设再上新台阶

1. 数字经济基础设施承载力稳步提升

近年来，天津持续加大资源投入，全力畅通数字基础设施大动脉，整体建设水平位列全国第7；每万人拥有5G基站的数量达26.1个，位列全国第 3；千兆宽带接入用户占比达 20.04%，位居全国第 7；重点网站 IPv6 支持水平位居全国第 5。除此之外，天津持续发力全国一体化算力网络京津冀国家枢纽节点建设，已经投用的商业数据中心规模超过 5.3 万标准机架，目前已有 8 家数据中心入选国家绿色数据中心，全市智能电表覆盖率已达 100%。在第 24 届国际超算排名 Graph500 发布的榜单中，天河新一代超级计算机斩获大数据图计算能效（Green-Graph500 Big Data）榜单和小数据图计算能效（GreenGraph500 Small Data）榜单两项全球第一。天津高度聚焦信息化建设，力图通过信息化驱动引领现代化进程，市域数据资源的整合与集成进程不断加速，截至 2022 年底，全市人均数据生产量位居全国第 3，数据开放水平已经进入全国第一梯队。

2. 数字新基建推动数字经济"加速跑"

天津市将新型基础设施建设作为培育新动能、推进高质量发展的重中之重，在信息基础设施、融合基础设施和创新基础设施方面持续加大投入，积累了新优势。截至 2023 年 10 月，天津市 5G 基站累计建成 6.3 万个，入选全国首批千兆城市，5G 全连接工厂重点项目超 20 个，加快建设国家级车联网先导区，西青区完成 408 个路口基础设施智能化改造提升，积极抢占数字经济产业发展新赛道。天津港码头，全自动无人驾驶的人工智能运输机器人进行集装箱货物自动装卸。天津经济开发区，智能工业无人机从全自动机场起飞巡检，实时数据同步回传。中新天津生态城，1200 多个摄像头、感应器等物联设施不间断运行，全场域链路互联超 4.9 亿条数据。以特高压、5G 为代表的新型基础设施建设，正在加速推进天津传统基础设施向数字化、智能化转型升级，为数字经济发展注入了强大动力。

3. 新型基础设施助推数字产业集群发展

天津市培育京津冀特色化数字产业集群，布局建设全产业链协同创新的京津冀数字经济"虚拟"产业园，探索搭建跨地域云空间，增强互联网技术基础核心和普惠金融服务核心功能。用好龙头企业，促进上下游企业共同补链、强链，推动算力产业、工业互联网等成龙配套建设。结合制造业高质量发展需要，推动"天河工业云"向工业互联网平台演进升级，发展国内领先的工业互联网平台，以数字技术赋能制造业转型升级，以制造业升级带动数字产业发展。提高国家超级计算天津中心的数字经济产业聚集能力，大力发展软件开发、软件测试、系统租赁、系统托管等信息技术外包业务，促进外包服务的高端化发展。在国家超级计算天津中心，新一代超级计算机已实现1秒钟内百亿亿次的运算，每天执行的计算任务超过1.5万项。算力的高速运行，推动着数字经济脉动的"加速跑"。

（三）数字化治理为数字经济发展提供强劲助力

1. 数字监管与服务网络不断织密织牢

数字技术推动了社会治理的数字化转型，数字化社会治理全方位支撑数字经济建设。统计数据表明，目前天津市网民数量已经超过1100万，移动电话用户总数已经达到1810.1万，公众对数字交通服务的综合满意度高于全国平均水平4.9个百分点。天津数字生态文明建设位居全国第5，"城市大脑"的应用场景已经达到50个，包括"银发"智能服务、"智慧矛调"在内的智能应用7×24便民服务。"津心办"作为天津百姓的常用App，能够快捷实现市级功能事项1086项、479个便民服务事项"掌上办"；与"津心办"相似的"津治通"数字治理综合应用平台已将252个街道（乡镇）连接编织成"一张网"。目前，天津"一件事一次办"的办事场景已经上线运行23个，市级行政许可事项网上审批和"零跑动"事项比例已经提升到87%，即办件占比提升至38%。

2. 数字化治理推动政务服务能力不断提高

2022年度天津市政务新媒体影响力位列全国第10，数字治理生态排名全国第 4。关键技术创新推动了数字化的发展进程。2022 年，天津市信息和通信技术（ICT）相关产业研发人员、ICT 相关产业研发经费投入、电子信息领域高新技术企业情况均位列全国第 6。在累计引进的 44.3 万名各类人才中，新一代信息技术、人工智能等新兴产业从业人员占比为 26%，扎实推进了天津网络和数据安全保障体系建设。2022 年，天津深入开展"清朗""净网"等系列专项行动，依法关闭违法违规账号 1341 个，发布科普、辟谣稿件 3000 余篇。2022 年 8 月 28 日，"2022 年中国网络文明大会"在天津开幕，全力打造网络文明理念宣介平台、经验交流平台、成果展示平台和国际互鉴平台，并正式发布《共建网络文明天津宣言》。政务服务"好差评"系统 2022 年全年共归集评价 1951 万次，实现差评整改率 100%、差评回访率 100%。

（四）数字人才引进创新举措成效显著

1. 实施"海河英才"行动计划升级版，持续优化创新生态

为了适应科研生态的新形势和新要求，相继推出符合科研规律的改革举措，持续深化科技创新领域的"放管服"改革，充分利用"市场化、法治化、国际化"手段，最大限度地激发科研人员的积极性和创造性，在"简约化"和"松绑式"管理原则指导下，积极探索新方法、新方式为重点科研难题的研究团队解除经费管理、团队建设等方面的非必要性约束，尽可能地解放科研团队的用人自主权，促进科研团队的跨机构融合、大尺度协同，鼓励自由探索。截至 2022 年 12 月，"海河英才"行动计划累计引进人才 44.5 万人，平均年龄 32 岁，战略性新兴产业人才占比为 26%；十大产业人才创新创业联盟辐射高校院所 80 家，聘请院士专家 75 位，凝聚 2000 余家头部企业，会集工程师 3.5 万名；设立博士后工作平台 495 个，累计招收博士后 6500 余人，出站博士后留津比例超过 60%。

2. 创新改革人才服务，提升人才引聚能力

在选人用人环节，突破视域局限，放眼全球吸引集聚科技创新人

才，会聚组建了一批具有突破关键核心技术和解决"卡脖子"问题的世界级科学家及人才团队，竭尽所能持续优化科研硬环境，同时，在人才住房、医疗、子女教育等软环境方面加大投入力度，解除科研人员的后顾之忧，使其能够全身心投入科研工作。探索赋予新型研发机构经费使用自主权，在基础研究税收、科技成果转化等方面探索试行新政策。截至2022年12月，天津市累计引进外籍"高精尖缺"人才5000人。"中国城市人才吸引力排行榜"显示，天津连续2年位居"硕士及以上"人才流入城市第8。2023年1月，举办海外赤子回国创业金融服务对接会活动，成功引进一批海外高端人才和项目来津发展。2023年2月，打造大健康领域海外人才聚集地和开放合作示范区，筹建"天津市留学人员创业园"，创建海外人才和创新创业项目的高质量载体。

（五）数据要素的创新运营取得新突破

1. 创新数据治理体制机制助推数据要素价值释放

天津市率先在省级层面出台数据交易专门制度文件《天津市数据交易管理暂行办法》。北方大数据交易中心于2022年5月起试运营，于2023年5月17日正式揭牌成立。深化政企数据融合应用，打造云账户公司"养老保险状态"信息核验数据应用试点，促进数据要素价值充分释放。天津市数据资源得分全国排名第9。截至2022年底，全市人均数据产量位居全国第3。信息资源统一共享交换平台为230余个场景提供数据共享服务。数据开放水平位列全国第一梯队。天津市围绕数据知识产权存证、登记、评估、流通、金融、保护六个方面开展了一系列探索，将知识产权与数据要素不断创新融合，在天津市知识产权交易平台的基础上迭代升级，创新推出数据知识产权交易平台及数据知识产权一体化综合服务平台，为数据生产、流通、使用提供全过程一体化综合服务，与各类数据服务机构深化合作，有效促进数据要素的供需对接和交易流通，完善数据知识产权市场交易服务机制，激发市场主体活力，助力数字经济高质量发展。

2. 探索开放公共数据激发数据要素价值潜力

2021年8月9日，天津市政府印发《天津市加快数字化发展三年行动方案（2021—2023年）》。此后，天津市制定落实一系列试点措施，持续培养壮大数字经济增长点，引领促进数字经济增量提质。在数据开放方面，2023年3月2日，天津市信息资源统一开放平台公布2023年度公共数据开放计划清单，公共数据的无条件开放进入快车道，公共数据运营模式创新、公共数据深度开放、数据交易畅通高效，数字经济的关键资源可得性和高品质得到进一步保障。2023年7月14日，天津首个数据知识产权交易平台、数据知识产权一体化综合服务平台上线仪式在科创中国知识产权服务中心举行。作为天津首个服务半径辐射全市范围的数据知识产权服务平台，其以赋能实体经济为核心目标，以无场景不交易为基本原则，为数据资源持有方、数据加工使用方、数据产品经营方提供公开挂牌交易场所，推动数据知识产权市场化、规范化运作。

二、天津数字经济发展面临的困难和挑战

（一）关键核心技术亟须加力突破

多年来，天津市凝心聚力、坚持不懈地推进核心技术研发攻关，取得了一系列可喜成果，但在芯片、光刻机、人工智能算法等一些核心技术上仍存在明显短板，与国际最前沿相比尚有差距迫切需要追赶，在客观上造成了对智能制造、智慧城市等前沿领域的支撑力度不足。天津作为全国先进制造研发基地，在数字技术创新及产业化应用方面具有先发优势。但是，在科技创新领域的联合攻关方面，积极性和主动性未能充分调动激发，相当数量的创新联合体的成员主体仍是原有团队，外源性成员占比仍然较低。数字技术联合攻关项目中，存在资源配置失当和创新成果转化困难等问题。企业作为创新主体的地位未能得到强化，央企

和国企在联合攻关中的主力军作用尚未充分发挥。这种情况下,为了尽快打破国外设置的技术专利壁垒,加速数字经济发展进程,天津需要围绕重点领域,从软环境、硬环境、制度、引才等多个方面持续加力,培养壮大数字技术领域的天津力量,在关键核心技术领域实现重大突破。

(二) 高质量制度供给和高水平政策落实亟须强化

不断涌现的数字技术创新和商业模式创新,既为数字经济相关制度规范的更新迭代夯实了新基础,也对其提出了新要求。目前,适应新型创新生态和产业环境的体制机制与标准规范并未及时因时因势而调整,变革与更新的步伐未能与时俱进,导致某些管理方法已经明显落后于时代发展的新要求,与创新活力迸发的数字技术发展节奏不相适应。例如,天津市各区相继出台了落实《天津市加快数字化发展三年行动方案(2021—2023年)》的相关行动计划与方案,但政策的精细度和可执行性仍存在很大差别,促进数字经济长期发展的长效配套机制不健全、不完善,导致各区在政策落实上存在困难,政策的预期效果难以完全实现。此外,未能对数字经济发展建设过程中出现的问题进行系统性梳理,各区之间的成功经验未能相互借鉴,资源和力量在大量的重复试错过程中不断被消耗,导致了政策效能和资源能力的非必要性衰减。

(三) 数字技术深度赋能实体经济的潜力亟须充分挖掘

数实融合重建了各个产业发展的技术根基。数字技术更新了现代生产生活的技术基础,原有传统产业的资源和结构被数字化重构,以量的增长、质的提升、韧性的增强等方式,形成生产生活的新面貌。在数据要素基础上形成的数字经济,是继农业经济、工业经济之后的主要经济形态,产业数字化的发展过程,就是数字技术作为要素融入所有产业的过程。数实融合已经成为各行各业的必选项。天津在推进数实融合发展过程中发现了一些新问题。一是现阶段数字经济与实体经济融合的指标体系尚未统一,数字经济与实体经济的两套测算指标是相互独立的,这对数实融合水平评估的科学性和有效性产生了不利影响。二是天津市不同行业之间的数字化水平差异很大，数字技术对不同行业赋能的深度和效能距离预期目标尚远。制造业的统计数据表明，天津数字产品制造业增加值占数字经济的比重依然较低，数字产品制造企业技术合同成交额占全市的比重仍然低下。相较而言，数字化程度较高的行业分布在金融服务、电子商务和在线教育等领域，而传统制造业、一般性生活服务业的数字化发展水平相对较低，大量的小微企业及传统行业企业与数字经济的结合较少，不紧密、不深入。

（四）复合型数字人才缺口亟须补齐

人才既是数字经济的核心要素，也是推动数字经济发展的重要力量。技术困境的突破，发展步伐的加快，最根本的是突破人才困境。现阶段，天津市数字经济人才的供给量不能满足数字经济发展的现实需要，尤其是精通新兴技术的复合型人才相对更显稀缺，现有的人才培养方式和人才培养方向不能很好地对接行业企业的实际需求，院校向企业输送人才的模式和效率均有较大的改进空间。数字经济的高速发展，对人才的需求将进一步增长，金融、城建、医疗、公共管理等领域对数字人才的需求更为旺盛。现行的人才培养模式下，更多地培养了某一领域的专才，复合型数字技术人才的供给不力，这对突破"卡脖子"技术的助力不足。

（五）数据要素市场活力的激发有待加强

数字经济的发展离不开数据要素的高效配置，完善、健全的数据要素市场是数字经济高质量发展的重要基础。现阶段，天津市基于公共数据对外平台积极促进数据要素的市场化流通，但数据交易和数据融通仍然存在以下五个问题。一是数据监管的标准不统一。例如，国家和行业两个层面的能源数据管理就缺乏统一的规范化标准，不同标准之间的兼容性和通用性存在很大缺陷，各部门根据自身需求自建了信息化系统，但未考虑数据的通用与融合等一系列问题，导致数据共享难度大，数据融合与数据互动有困难。二是数据安全问题尚未妥善解决，数据泄露事件时有发生，导致一些企业在数据开放共享方面存有顾虑。三是数据披露的相关机制与法律法规制度不健全、不完善、不规范。四是共享数据的实用性有待进一步提高，数据与实际需求之间不能紧密匹配，数据价值与预期之间存在明显差距。五是数据出境后可能遭遇篡改、破坏、泄露、非法利用等风险，亟须借助区块链等先进加密技术进行保护，筑牢数据出境安全网、防护墙。

（六）中小企业数字化转型进程尚需提速

企业是数字经济体系的细胞级组分，数字经济的承载和依托都离不开企业。中小企业占市场主体的绝大部分，提供了半数以上的就业岗位，理应成为数字经济高质量发展的重要组成部分。为了推动、促进中小企业的数字化转型，天津市制定并发布一系列相关政策予以支持，助力企业特别是科技企业的培育和成长。即便如此，中小企业在数字化转型的过程中仍相继暴露出"不能转""不想转""不会转""不敢转"等问题，由此引发各类困境。一是中小企业的数字化转型需要资金投入，但融资困难的状况未能从根本上得到解决，因而使得中小企业数字化转型进程中的资金支持力度较弱。二是专精特新中小企业培育难度大，存在研发投入多、研发成果转化周期长、投资回报见效慢等常见问题，导致企业基于数字技术获得竞争优势的进度较慢，成长步伐不够快。三是企业间的协同度不高。大、中、小企业之间的联系往往是松散耦合而非紧密耦合状态，大企业在数字化发展过程中，未能给予中小企业资金、技术、管理等方面的支持，导致整条产业链的综合竞争力无法快速提升。

三、推进天津数字经济发展的建议

国内多地在数字经济建设方面的探索和实践经验表明，数字经济对

"双碳"目标的实施、组织机制的创新、稳经济促就业等方面均有增强和赋能效应,数字技术对产业转型升级具有支撑引领作用,数字经济是社会经济全场域突破和高质量发展的重要抓手。对于天津而言,发展数字经济,应充分参考借鉴各地有益经验,紧紧围绕"双碳"目标、组织机制创新、稳经济促就业三个维度,从高站位布局、"放管服"改革等六个方面寻求创新突破,保障数字经济又好又快地健康发展。

(一) 聚焦三个维度实现重点突破

1. "双碳"维度的全局性统筹与多层次推进

在"双碳"维度,需要加强全局性统筹和组织协调,加快推动大项目建设。强化顶层设计和政策引领,加快数字化与低碳发展向社会经济生活各个领域的渗透与融合;在国家"东数西算"战略的指引下,支持鼓励本市企业在西部省份建立灾备中心和数据存储基地;积极参与全国统一碳排放交易市场建设,探索建立碳排放指标体系,检测评估数字经济背景下相关项目对GDP和节能降碳的贡献。"双碳"目标的实现有赖于社会各领域、多层次的共同努力,是一项系统工程,需要从个人、产业、城市等不同角度协同共进。就个人角度而言,要选择绿色低碳的生活方式,如共享服务、二手物品再利用等,既能提高资源使用效率,又能降低个人支出。就产业角度而言,需要借助数字技术实现绿色化、智能化转型,在节能降耗的同时提高资源的投入产出效率。就城市角度而言,作为全国先进制造研发基地,天津应该加强绿色低碳技术攻关突破,积极参与国际碳市场和数字丝路等领域的合作,向全球展示绿色制造、智能制造的天津样本。

2. 组织机制维度的系统性创新

在组织机制创新方面,必须建立数字化社会治理模式,以更好地适应和匹配数字经济的发展水平。借助先进数字技术,优化变革社会治理组织架构,调整完善制度规则体系,从而"击穿"传统的组织边界,重构价值创造逻辑和价值分配格局，从更高的维度推动社会整体利益的跃迁。一是不断深化供给侧结构性改革，基于深度协同的科技创新合作机制，催生高水平的科技创新成果，赋能产业发展，驱动产业升级，打造繁荣开放的科技创新生态系统，加大基础研究对应用研究的支持力度。二是在智慧城市的运营上，推动参与主体的多元化，多元主体参与智慧城市运营的范围要覆盖到数据资产、智慧应用、基础设施、信息安全等重要核心领域，从而营造更具包容性和多样性的智慧城市生态圈。三是进一步发挥好政府和市场的作用，政府引导调节，市场创新，二者协力推动数字经济规则制定、功能设定与实现、数字生态优化等重要工作，从体制机制上大胆创新突破，促进数据资源流通和数据价值实现，加快数据要素市场的完善和可持续发展。

3. 在稳经济促就业维度丰富消费场景和完善就业服务

数字经济背景下的消费模式变革，以及工业互联网的快速发展，促使劳动力向数字化相关行业流动。天津是高素质技术技能人才培养创新高地，更应该制定完善的数字职业培育方案，完善职业教育体系建设，创建更多、更好的数字技术应用场景，为数字技术人才创造优质的成长空间。加强产教协同、深化校企合作，强化数字技能培训，调整、完善人才培养方案，搭建虚拟技术、云计算、大数据等通用技术平台，多元化、综合性地提升学生等就业群体的数字能力。完善职业与劳动保障的制度和体系建设，遵循《关于维护新就业形态劳动者劳动保障权益的指导意见》，加快推进数字新职业领域的国家职业标准和技能等级认定工作，促使职业教育和职业管理规范化、标准化。加强数字技术与金融产业的融合，加速数字经济与实体经济的融合，加大金融对实体行业生产运营的支持力度，并通过减税降费等措施切实支持中小企业运用数字技术，打造数字化价值创造场域，创造数字化消费场景。

（二）加快数字经济高质量发展的建议

1. 基于高站位布局谋划实现高水平重点突破

天津市面向数字产业关键共性技术和数字经济发展重点需求，制定并颁布了多份数字技术研发整体规划和制度文件。一是从数字经济发展全局的角度，出台了《天津市加快数字化发展三年行动方案（2021—2023年）》，将前沿数字技术研发纳入数字经济发展规划，以数字化转型整体驱动生产方式、生活方式和治理方式变革；印发《天津市数字经济领域技术技能人才培育项目实施方案》，为天津市数字经济技术的复合型人才培养提供法治保障和依据。二是从科技创新与数字技术研发的角度出发，天津市积极统筹布局"从0到1"基础研究和关键核心技术攻关。从完善新型基础设施建设、强化数字科技创新攻关、培育数据要素市场、营造良好数字生态等方面明确重点任务，构建支撑城市数字化发展的"四位一体"保障体系。

2. 以"放管服"改革为突破口强化制度供给与落实

在科技领域持续全面深化"放管服"改革，以此作为抓手和突破口，在"市场化、法治化、国际化"原则的指导下，开展高质量制度设计和落地实施。可从以下三个方面入手：第一，积极探索优化数字技术创新治理结构，实施市场化的运行机制，使整个创新体系能够与国际接轨，将更多的课题选立与经费使用自主权下放给科研机构，使其在人才引进和团队建设方面能够更多地进行自主自治，将天津打造为科研高地、人才高地、体制高地；第二，摸索建立颠覆式技术和高潜力非共识项目的发现机制，设立颠覆性技术创新基金，探索央地和社会资本共同支持颠覆性技术研发的新模式；第三，提高新型研发机构科技研发合同管理的个性化水平，以增强管理和服务的针对性和有效性，常规和非常规评估的重点应集中在原创价值、科研投入、成果转化、人才集聚和培养等方面，探索设立新型研发机构战略指导联席会，从宏观层面统筹安排各新型研究机构的重点工作和预算管理。

3. 以数实融合为导向促进科技成果落地转化

数实融合的数字技术创新研发指导思想，能够有效提高科技成果与实体产业技术需求的契合度，有利于数字技术对实体经济赋能作用的深度发挥。随着数字经济核心技术的研发突破，成果的产业应用属性进一步提升，能够进一步促进重点产业布局，推动数字技术产业创新与天津市重点产业布局交融并进。天津市数字经济产业创新中心致力于服务和发展人工智能、大数据、云计算、区块链等数字经济产业，与天津市国民经济和社会发展"十四五"规划中的重点发展战略与产业方向密切协同。数字技术的创新研究形式，既要符合数字经济高端引领作用的要求，又要满足深度赋能传统产业的功能预期。以科研立项、重点委托等不同形式深度发掘研究机构、高校、企业等创新主体的研究潜力，使其产出一系列前瞻性的研究成果，再由企业或孵化平台等承接转化落地。

4. 以灵活自由的创新环境培养吸引数字人才

一是瞄准数字经济的重点产业领域，面向全球吸引集聚战略科技人才，集中资源，机动灵活地会聚一批突破关键核心技术制约和"卡脖子"问题的世界顶级科学家及人才团队，以"传、帮、带"等方式培养并形成一批能够代表我国引领科技前沿的"天津尖兵"。二是突破体制机制限制，组建跨机构、大协同、高能级、能攻坚的实力型科研团队，赋予科研人员更大的人财物自主权、支配权、技术路线决定权，聚焦数字技术领域的战略需求，探索实施"揭榜挂帅"机制，鼓励跨平台合作，支持科技创新的自由探索模式。三是持续优化科研环境，营造自由灵活的科研氛围，在不断升级科研硬环境的同时，强化科研软环境建设，从科技人才住房、医疗康养、子女入学等各个方面进行全方位配套，解除科研人员的后顾之忧，以使其心无旁骛地投入科研工作。

5. 构建多层次战略布局深度发掘数据要素价值

一方面，投入资源构建涵盖国家战略、基础研究、产业融合等多个重要方面的数字前沿技术领域战略格局，进一步加强国家级重点实验室、新型研发机构、高等院校等创新主体之间的深度合作，强化底层技术的研发攻关，借助产业创新中心加大技术突破力度。通过技术集成创新和产业融合应用，深度发掘数据资源价值潜力，为构建模型、迭代算法、智能计算等夯实数据基础和提供进阶路径，推动新型业态和产业数字化发展。另一方面，探索形成多元化的数字前沿技术研究范式，鼓励各类研究机构自荐自主探索研究选题，支持产学研协同创新，在不同的技术路径和研究模式下挖掘蕴藏在数据资源中的科学价值和市场价值。

6．"点面结合"布局研发领域与企业帮带

天津市重点谋划"1+3+4"现代产业布局，全力打造12条重点产业链，因此，在研究领域上，宜将重点目标与核心资源聚焦在人工智能、量子信息、区块链、光电子、生命科学等领域，以带动其他领域的产业技术研发创新，借助重点领域关键技术研发，促进产业链全面升级，从研发和产业交叉的角度实现"以点带面"的发展格局。在空间规划上，也要注重"以点带面、点面结合"，发挥基础技术和前沿技术重大项目群的协同带动效应，促进全市各区之间创新要素的高效融通，加快优质创新生态建设。天开高教科创园加紧建设创新成果转化示范区和产业集群引领示范区，积极承接天津大学、南开大学等高校外溢的科研成果。在津高校和科研院所在基础研究领域发挥主力军作用，积极参与构建由科技领军企业牵头的创新联合体；入驻规划园区的各类新型研发机构与园内企业共建协作平台，逐步带动形成规模化的特色产业集聚区。总之，无论是研究领域布局，还是空间规划，抑或企业联动，都需要"以重点带动一般，以大带小"，实现引领者与协同者之间的良性互动和正向循环。

（天津社会科学院　秦鹏飞）

参考文献

[1]广东省政务服务数据管理局. 广东省数据要素市场化配置改革白皮书(2022),2022.

[2]山东高速集团. 山东高速零碳服务区白皮书,2022.

[3]孙坚,曹允春. 以数字经济提升就业质量[N]. 中国社会科学报,2022-08-10.

[4]王婧媛. 推进数字化绿色化协同转型发展[N]. 河北日报,2023-02-17.

[5]曾梦宁. 数字经济这十年:全"数"前进 汇聚更大动能[J]. 中国金融家,2022(8):52-53.

[6]孟若冰. 加快推进网络强市数字天津建设[N]. 天津日报,2023-08-10.

[7]万红,苏晓梅. 我市加速构建区域互联互通"一张网"[N]. 天津日报,2023-10-31.

[8]吴学高,窦洪源. 天津青年人才"引育用留"工作的成效、问题与对策[J]. 求知,2023(8):38-41.

[9]富子梅,靳博. 天津滨海新区 新基建拓展新空间[N]. 人民日报,2020-06-25.

[10]孙冰. 解码经济大省们的数字经济计划[J]. 中国经济周刊,2022(23):28-30.

[11]孟若冰. 打造"新底座" 构建新格局[N]. 天津日报,2021-08-28.

[12]张伟. 北京市"十四五"国际科技创新中心建设规划发布[N]. 中国高新技术产业导报,2021-11-29.

第四章　河北省2023年数字经济发展报告

摘　要　数字经济事关国家发展大局，促进数字经济和实体经济深度融合，是经济高质量发展的关键所在。发展数字经济已成为河北省高质量发展的新动能和加速器。本章立足当前新发展阶段，总结了河北省数字经济发展现状与面临的困难挑战，并就推进河北省数字经济高质量发展，提出培育壮大电子信息技术产业，营造良好数字生态；持续深化产业数字化转型，充分发挥数据驱动、智能融合在数字经济中的作用；强化人才支撑，提升科技创新能力；培育发展数据要素市场，释放数据价值等对策建议。

关键词　数字经济；数字河北；高质量发展

进入数字时代，数字经济日益成为继农业经济、工业经济之后的主要经济形态，代表着新的生产力和新的发展方向。党的二十大对加快发展数字经济作出进一步部署，要求加快发展数字经济，促进数字经济和实体经济深度融合，打造具有国际竞争力的数字产业集群，加快建设数字中国。2023年2月，中共中央、国务院印发《数字中国建设整体布局规划》，提出"2522"整体框架布局，指出建设数字中国是数字时代推进中国式现代化的重要引擎。河北省委、省政府紧紧把握中国式现代化的战略部署，科学谋划、系统部署，扎实推进中国式现代化的河北场景。2022年12月，河北省委经济工作会议部署"实施八项行动"，明确提出"建设数据驱动、智能融合的数字河北"任务，强调要实施数字产业集群发展行动，打造"东数西算"的重要枢纽节点，做强做优做大数字经济，促进数字经济与实体经济深度融合发展。2023年7月，河北省委网络安全和信息化委员会第二次会议作出部署，明确要求推动数字赋能，实施数字产业集群发展行动，推进电子信息与制造业深度融合，促进传统产业向高端化、智能化、绿色化方向转变。

一、河北省数字经济发展现状

我国数字经济发展已进入"快车道"，全国新一轮竞争格局正在加速形成。河北省经济发展正处在转变发展方式、优化经济结构、转换增长动力的攻关期，迫切需要进一步释放数字经济对经济发展质量、效率、动力的变革作用。党的十八大以来，河北省出台一揽子政策举措，优化数字经济发展环境，不断推动数字经济与实体经济深度融合。数字经济正日益成为河北省经济高质量发展的重要引擎。

（一）数字经济贡献日益提高

近年来，河北省大力推进数字产业化和产业数字化，数字经济引领作用不断增强。

2021—2023年度"中国国际数字经济博览会"新闻发布会上发布的数据显示，河北省数字经济呈稳步上升趋势，数字经济规模从2020年的1.21万亿元增长到2022年的1.51万亿元。其占地区生产总值的比重也由2020年的33.4%提升到2022年的35.6%（见表4-1）。其中，2022年度，河北省国家高新技术企业从3174家增长到1.24万家，高新技术产业增加值年均增长10%，高端装备制造、电子信息等战略性新兴产业规模壮大，河北省电子信息产业实现营业收入2938.7亿元，同比增长16.8%。2023年前5个月河北省电子信息产业主营收入同增长8%，数字经济发展势头良好，新动能加速成长。

表4-1 河北省数字经济规模（2020—2022年度）

年度	数字经济规模（万亿元）	占地区生产总值的比重（％）	同比增速（％）
2020	1.21	33.4	10.5
2021	1.39	34.4	15.1
2022	1.51	35.6	—

为抢抓数字化变革新机遇，推进数字河北建设，2023年1月，河北省人民政府办公厅印发《加快建设数字河北行动方案（2023—2027年)》，提出"到2027年，全省数字经济迈入全面扩展期，核心产业增加值达到3300亿元，数字经济占GDP比重达到42%以上"。发展数字经济已成为河北高质量发展的新动能和加速器。

作为数字之城的雄安新区，也高度重视数字经济发展。2022年，河北雄安新区管理委员会印发《关于全面推动雄安新区数字经济创新发展的指导意见》，提出雄安新区"到2035年数字经济占比达到80%的建设发展目标，打造数字经济高质量发展的全国样板"的目标要求，并力争"十四五"期间实现数字经济核心产业增加值占地区生产总值比重达30%。雄安新区在2019年被列入6个国家数字经济创新发展试验区之一，重点探索数字经济生产要素充分流通机制。为更好地探索数据要素流通机制，推进数据要素化，雄安数据交易有限公司于2023年10月正式揭牌，助力雄安新区打造全国数字经济创新发展引领区。

中国电子信息产业发展研究院发布的《2023中国数字城市竞争力研究报告》数据显示，河北省石家庄、唐山、保定、邯郸、廊坊和沧州6个城市入围数字城市百强榜，其中石家庄和唐山分别列第25位、第54位。

（二）数字基础设施建设日趋完善

河北省注重增强数字网络基础设施的普惠性、可及性，增强算力基础设施建设。

一是5G网络建设加快。截至2023年7月底，河北省5G基站累计达15.1万个，同比增长94.1%，居全国第6位。5G移动电话用户达3424.7万户，居全国第7位。

二是积极创建"千兆城市"。2022年，河北电信公司新建千兆端口16.7万个，累计达27.6万个，实现了县城以上区域的千兆全覆盖，城区千兆端口占比达90%。河北移动公司千兆平台能力已经实现城区和乡镇的100%覆盖。河北联通公司加快重点区域千兆网络部署，2022年底10GPON端口占比达48.7%，完成12个"千兆城市"建设。助力张家口市、雄安新区获评全国"千兆城市"。截至2022年底，雄安新区每万人拥有5G基站数达26.76个；10GPON端口占比达65.67%，获批建设河北雄安新区国际互联网数据专用通道。

三是提升网络性能，深入推进IPv6规模部署。截至2022年底，河北省IPv6用户数达8100万，居全国第5位。2022年3月，雄安新区作为全国首个提出建设全域纯IPv6的城市，成功获批IPv6国家综合试点城市，并入选国家2022年IPv6规模部署和应用优秀案例。

四是建设张家口数据中心集群，形成强大算力规模。随着全国一体化算力网络京津冀枢纽节点加快建设，河北人工智能计算中心建设完成并即将投运，张家口数据中心集群建成规模在10个国家数据中心集群中居首位。中国移动、中国联通、中国电信、阿里巴巴、腾讯、秦淮在内的众多龙头企业纷纷落户张家口市，目前已建成16座数据中心，服务器达132万台，居河北省首位。张北云计算基地、怀来数据中心基地被评为国家新型工业化产业示范基地。截至2023年7月，河北省在线运营服务器规模达322万台，算力排名全国第4。

（三）数字支撑作用不断增强

随着5G应用进入规模化发展阶段，河北省加快推进数智融合应用，赋能传统行业数字化改造和转型升级。

一是创新场景，打造以5G应用为主的示范项目。制订出台《河北省5G应用"领航"行动计划（2022—2024年）》，截至2023年3月底，河北省在制造业、港口、工业园区等地部署5G行业虚拟专网累计达691个。形成长城精工5.5G汽车制造柔性产线、黄骅港5G智慧港口创新应用、唐山首钢京唐5G+智慧钢铁等693个5G典型应用示范项目。其中，长城精工是我国首个5.5G柔性工厂试点，运用了联通和华为联合为其打造的"5G-A超可靠低时延汽车柔性产线"技术，率先实现了汽车制造核心生产环节的5G应用，并在"2023工业互联网大会"上发布，为行业转型发展打造创新样板；同时积极推进了工业运营技术（OT）和信息技术（IT）融合创新，使长城精工自动化在生产过程中减少故障率，提高生产效率、产品质量的同时，有效降低成本。

二是加快打造"1+21"工业互联网平台体系，推进企业级、行业级、综合性工业互联网平台建设，建设河北省工业互联网公共服务平台，支持行业龙头企业搭建企业级工业互联网平台，培育一批行业级、区域级工业互联网平台。截至2023年8月，全省累计培育各级各类工业互联网平台329个，连接工业设备超过1000万台（套）。工业互联网标识解析二级节点高质量建设运营，接入国家二级节点6个，累计标识注册量4.3亿个、标识解析量12亿次。河北支持有条件的省内平台争创国家"双跨"工业互联网平台，雄安联通"格物Unilink工业互联网平台"、河钢数字"WeShyper工业互联网平台"入选2023年国家"双跨"工业互联网平台名单。河钢数字碳中和数字化平台获国内钢铁领域首家德国技术监督协会南德符合性认证，中信戴卡入选世界经济论坛"灯塔工厂"。科大讯飞羚羊、用友精智等国家工业互联网"双跨"平台在河北落地，将助力河北中小企业数字化转型。在保定、唐山、邢台、秦皇岛、沧州、廊坊、衡水等地推动开展工业互联网一体化进园区"百城千园行"活动，全面推进工业互联网一体化进园区，促进中国电信等企业与传统行业合作，加快数字化、智能化转型升级。

三是积极推动企业上云,引导企业积极进行数字化、智能化提升。河北省出台《河北省企业上云三年行动计划(2018—2020年)》,为全省上云企业提供资金补贴,以推动互联网与先进制造业深度融合。2023年9月,国家工业信息安全发展研究中心发布的《河北省工业互联网平台应用数据地图(2022)》显示,2022年河北省工业互联网平台应用普及率为18.2%,全省企业工业设备上云率提升至19.7%。位居全国第1。截至2023年8月,河北省累计上云企业超过8.5万家,2023年第一季度,企业工业设备上云率为20.6%,关键工序数控化率为61.6%,两项数据均排名全国前列。

(四)数字经济产业集群加快发展

依托京津冀大数据综合试验区建设及"中国国际数字经济博览会"平台优势,河北省加快推进数字经济产业集群建设,初步形成了石家庄新一代电子信息产业集群、廊坊信息技术和人工智能产业集群、张家口大数据产业集群,产业集聚效应日益凸显。

一是强化数字经济产业集群政策引领。2023年1月,河北省印发《加快建设数字河北行动方案(2023—2027年)》,提出实施产业集群发展壮大工程,到2027年,"雄安新区建成全球数字城市新标杆,石家庄建成全国一流的新一代电子信息产业基地,张家口建成全国一体化算力网络关键节点,廊坊、保定、秦皇岛等地建成特色鲜明、生机勃勃的数字产业集群"。2023年5月,习近平总书记视察石家庄中国电科产业基础研究院并作出指示,为河北省电子信息产业发展指明了方向。信息智能产业是河北省"十四五"规划确立的发展十二大主导产业之一。2023年4月,河北省人民政府办公厅印发《加快河北省战略性新兴产业融合集群发展行动方案(2023—2027年)》,提出重点布局建设"986"产业集群,2023年生物医药、新一代信息技术、新能源汽车和智能网联汽车3个产业集群营业收入率先突破千亿元级;全省规模以上高新技术产业增加值占工业增加值的比重达到22%。2023年9月,河北省相继出台《关于促进电子信息产业高质量发展的意见》《关于支持第三代半导体等 5 个细分行业发展的若干措施》以及支持石家庄等 5 市电子信息产业发展的若干措施，将打造特色突出、优势互补、联动发展的"一核、两区、多点支撑"的电子信息产业发展格局。

二是数字产业集群体系不断健全。石家庄市新一代电子信息产业集群以鹿泉区为核心，辐射高新区、正定县等区域，聚集了中电科 13 所、54 所、海康威视、华为、远东通信、中瓷电子、同辉电子、银河微波、森思泰克等一大批优势企业，已形成以集成电路、现代通信、汽车电子和信息软件服务业为主的产业体系，2022 年营业收入达 872 亿元，预计 2023 年将超千亿元。廊坊市信息技术和人工智能产业集群以三河燕郊高新区、廊坊开发区、广阳区、固安高新区为主要聚集地，汇聚了维信诺、翌光科技、华为、润泽等一大批知名企业。固安新型显示产业集群成为"国家火炬特色产业基地"。张家口围绕张家口国家数据中心集群建设，构建形成"一带三区多园"空间布局，阿里巴巴、腾讯等 16 个数据中心投入运营，投运服务器 132 万台，国网冀北电力交易中心 5G 虚拟电厂项目、张家口"源网荷储一体化"碳中和示范项目等一批智慧化项目落地，数据中心集群建设初具规模。

二、河北省数字经济发展面临的困难和挑战

近年来，河北省数字经济发展成效显著。但与数字经济强省相比，河北省数字经济发展总体水平还不高，存在数字经济核心产业规模小、制造业数字化水平较低、科技创新能力薄弱、数字化人才短缺、新业态新模式发展缓慢等问题。

（一）数字经济核心产业规模小，数字生态环境不佳

数据通信和电子设备制造、软件和信息技术服务业等是数字经济核心产业最主要的构成部分和核心增长动力。

首先，相较于北京、上海、江苏、浙江、广东等数字经济强省（市），河北省电子信息产业发展起步晚，没有在互联网高速发展的浪潮中形成优势信息产业集群，未培育出像华为、腾讯、科大讯飞、阿里巴巴等拥有关键核心技术的互联网领军企业。中国互联网协会发布的《中国互联网企业综合实力指数（2023）》数据显示，河北没有一家企业进入中国互联网企业百强。河北省工商业联合会发布的2023年度河北民营企业百强名单中钢铁行业公司占比较大，计算机、通信和其他电子设备制造行业仅有1家公司上榜。可见，河北省依靠钢铁产业发展的结构还未发生根本性改变，富有活力与竞争力的信息产业生态有待形成。

其次，尽管近年来河北省数字经济核心产业增加值呈现稳步增长的趋势，但相较于数字经济强省，差距还很大。从各省工信厅公布的2022年数据来看，河北省电子信息制造业主营业务收入为2203.7亿元，而江苏省和广东省的电子信息制造业主营业务收入分别达4.2万亿元和5万亿元；河北省软件主营业务收入不到江苏省和广东省的3%。

再次，电子信息产业链条短，信息化和数字化发展水平还有待提升。电子信息产业集群发展的支撑结构体系还不完整，部分电子信息产品行业存在产业链短、重要配套环节缺失的问题。比如，中电科13所旗下一家从事碳化硅外延片的企业发展势头迅猛，但上游材料供给成了发展"瓶颈"，产业链的不完整限制了企业发展。国家网信办发布的《数字中国发展报告（2020年）》显示，河北2020年在全国信息化发展水平排名中位居第17。《数字中国发展报告（2022年）》公布的2022年度全国数字化综合发展水平排名前10中，河北未入榜。

最后，数字经济相关政策与京津衔接不畅，激发数字经济的活力不足。比如，人防工程和费用影响张家口数据中心建设问题，河北省人民防空办公室认为数据中心不属于工业生产厂房及其配套设施，为民用建筑，应按照规定配建防空地下室，交纳人防费用；参考天津人防政策和所批数据中心项目，则将数据中心机房楼定义为工业建筑，无需配建防空地下室。

（二）制造业数字化水平较低，中小企业数字化转型困难

河北省制造业企业信息化建设主要集中在自动化生产线改造、财务、办公、采购、销售等单项应用上，处于集成提升阶段以上的企业比例仅为12.6%。即便是能够集成提升的制造业企业，也面临数字化转型打通IT与OT之间技术标准边界、实现IT与OT融合的挑战。制造业企业不同生产设备的自动化水平、软硬件平台、通信协议等均不相同，这为工厂现场级的运营技术（Operational Technology，OT）设备统一整合、接入管理带来困难。

一方面，对于中型企业而言，普遍尚未构建完整的ERP系统，更多地聚焦在人、财、物领域的狭义内部管理数字化建设层面。在车间现场级信息化系统和数字化应用建设层面处于起步阶段，系统间集成、数据共享能力较弱，部门间隔阂较为明显。对于小微企业而言，由于其业务相对不成熟且不稳定，大多直接采用SaaS服务，以支撑企业采购、营销、客户管理、在线办公等方面的内部管理信息化需求，数字化转型直接赋能生产业务作用甚微。

另一方面，以5G为代表的新基建与实体经济深度融合不平衡、不充分，河北方案项目不够多，进而产生的引智入冀项目的带动效应和示范标杆的引领作用不明显。同时，有些企业担心数据泄露、网络安全等问题，不愿意推进生产流程数字化。这些都导致多数中小企业数字化改造动力不足，生产环节的数字化、网络化、智能化程度不高。

（三）科技创新能力薄弱，高层次人才匮乏

创新能力薄弱是制约河北省产业升级和技术进步的重要短板。囿于河北经济发展水平较低，多年来河北在研究与试验发展（R&D）经费投入上一直低于国家平均水平。

根据国家和河北省分别发布的《2022年全国科技经费投入统计公报》《2022年河北省科技经费投入统计公报》，2022年，河北省共投入R&D经费848.9亿元，R&D经费投入强度为2%，在全国排名第17，不及国家平均水平（2.54%），北京则是高达6.83%。战略性新兴产业科技创新能力不强，掌握关键核心技术的企业数量不多，科技创新龙头企业带动力不强，创新集成研发能力较弱。专精特新企业科技创新能力还不强，拥有自主知识产权和核心技术的企业还比较少。

技术市场成交额是体现科技成果转化能力的重要指标。河北省市场监督管理局发布的数据显示，2022年度河北省每万人口发明专利拥有量为6.97件，而同期北京每万人发明专利拥有量高达218.3件。从技术市场成交额来看，河北与北京、天津相比差距依然较大（见图4-1），河北的科技成果转化能力有待提升。

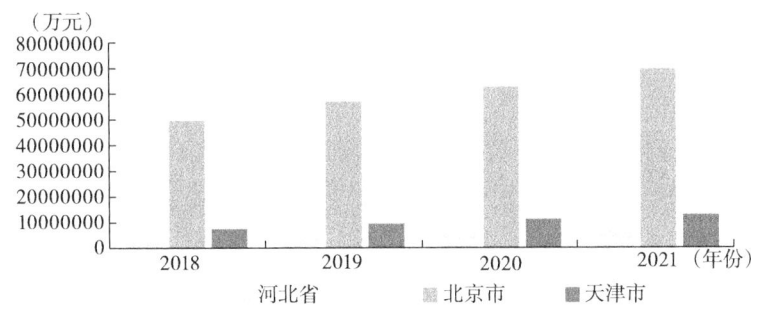

图4-1 京津冀技术市场成交额（2018—2021年）

资料来源：知网经济社会大数据。

人才是科技创新的第一生产力。河北的经济发展和公共服务水平与北京、天津差距较大，虹吸效应导致河北优秀人才流失，同时高端人才难招留到河北。囿于河北省内高校和研究机构影响力不够，电子信息行业人才培养仍需提升，电子信息行业发展出现重引进轻培育、高端人才储备不足、人才流失等情况。掌握IT和OT的复合型人才相对稀缺，阻碍了企业数字化转型进程。

三、河北省数字经济高质量发展对策建议

在数字经济发展的新赛道上,营造良好数字生态是建设数字河北之"道",数据驱动、智能融合是发展数字经济之"术",坚持问题导向,补齐数字经济发展短板,是河北推动数字经济高质量发展之"路"。推进河北数字经济高质量发展对策建议如下。

(一)培育壮大电子信息技术产业,营造良好数字生态

一是用好政府产业基金政策,加大对科技型企业的融资支持力度。引进和培育知名专业基金管理机构,做好风险防控和激励约束机制,规范发挥好政府产业基金的融资、培育战略性新兴产业作用。建议参考杭州市做法,完善产业投融资环境,统筹整合各类政府基金,围绕产业链关键环节以市级为单位设立战略性新兴产业引导基金,采取差异化的多种投资模式和市场化的运作方式,实施科学的收益分配和投资让利机制。同时,建立包容普惠的金融扶持机制,为处于不同发展阶段的科创型公司提供多元融资渠道,培育壮大电子信息产业发展,吸引社会资本投资信息产业项目,同时提升社会资本对河北省电子信息产业长期投资的信心。此外,健全国有资本投资安全退出和监管机制,建议参考合肥"引进项目—国资投入引领—项目落地—股权退出—循环支持新项目发展"的产业运作模式,充分发挥政府产业基金做产业、聚生态的以投带引作用。

二是引育并重,打造电子信息产业发展新高地。依托中电科54所和13所,大力发展培育创新平台和新型研发机构,做大做强光电、集成电路、卫星互联网等高新产业,壮大卫星导航与位置服务产业,超前布局区块链、太赫兹、量子通信等未来产业。完善重点产业链图谱绘制,按照"招龙头、补链条、聚集群"的思路,依托石家庄、张家口、秦皇岛、廊坊、唐山、雄安新区等地的数字产业园、数据中心和产业基

地以及正定"中国国际数字经济博览会"品牌，进行精准招商，加快引进一批优势电子信息企业，形成"龙头企业拉动、配套企业跟进、产业集群发展"态势，做大做强集成电路、网络通信产业、大数据全产业链等数字产业集群。同时加快培育电子信息领域国家级专精特新"小巨人"企业，引导现有电子信息企业做大做强，抓好在建项目落地达产，确保企业"留得住、干得好、做得大"，将河北打造成全国一流的新一代电子信息产业基地。

三是强化与京津政策协同，加大对电子信息产业的支持力度。电子信息产业的发展会涌现出许多新经济、新业态。各地各级部门对其监管应持积极稳慎态度，在风险可控的情况下进行政策评估，最大限度地保障企业发展利益不受损，尽可能通过政策实施让企业实现降本增效，以优化产业发展的外部环境。加大河北与京津在科技创新和政务服务方面的政策协同，突破行政区域壁垒，释放人才、技术等协同创新要素活力，形成合力效应，打造高质量的京津冀协同创新高地。

（二）持续深化产业数字化转型，发挥数据驱动、智能融合作用

一是推进IT与OT融合，完善新型基础设施建设。以"端（智能终端设备/物联网）—边（边缘计算）—云（云计算）—网（5G和高速光纤网络）—智（行业智能）"为代表的新IT技术，正加速推动数字化时代基础设施的代际革命，实现全产业链、全价值链、全场景的智能化，成为转型升级的引擎。企业进行数字化转型过程中，"新IT"数字基础设施成为重要选择，只有打牢企业的"新IT"技术底座，不断进行技术迭代更新，才能持续为企业创造商业价值。持续坚持"三面向三提升"（面向全域，提升覆盖广度；面向园区，提升覆盖深度；面向产业，提升覆盖精度），在建设"千兆之城"的基础上，引导建设"双千兆乡镇""双千兆产业园区"，夯实产业数字化的新型基础设施，更好地服务企业数字化转型。建议推广数实融合最佳实践，发布一批可复制、可推广的典型工业应用场景，培育一批工业互联网标杆示范项

目，支持建设一批行业级、区域级和企业级的工业互联网平台，打造一批可复制推广的工业互联网平台解决方案，推进 IT 和 OT 融合创新。

二是充分发挥工业互联网平台作用，提升"工业互联网平台＋园区"赋能水平。首先，充分发挥"河北省工业互联网公共服务平台"作用，为企业及时推送工业互联网平台应用、企业数字化转型的相关政策及信息，推动工业互联网平台进园区、进集群、进企业。其次，推进 5G 全连接工厂、工业互联网平台、标识解析等与各工业园区深度融合，探索平台企业与产业园区联合运营等模式，打通数据壁垒，发挥平台在延伸数字化产业链中的作用，提升"工业互联网＋园区"赋能水平，推动工业园区和产业集群数字化转型与智能化发展。最后，深化研发设计、生产制造、经营管理、市场服务等环节的数字化应用，培育发展个性定制、柔性制造等新模式，加快产业园区数字化改造。同时出台扶持政策，鼓励中小企业充分利用工业互联网平台的云化研发设计、生产管理和运营优化软件，实现业务系统向云端迁移，降低数字化、智能化改造成本。

三是发挥先进企业示范带头作用，深化"上云、用数、赋智"行动。充分发挥先进企业的示范作用，推动传统产业数字化转型，持续调整优化产业结构。梳理总结钢铁、生物医药等主导产业可复制、可推广的数字化转型经验模式和典型案例，带动产业链、供应链上下游中小企业"链式"数字化转型。充分发挥河钢数字、中信戴卡、科林电气等"链主"企业"头雁"效应和新型实体企业数字化转型"领跑"效应，以数智化手段推动产业链上下游协同发展，以工业互联网的部署、连接及实施为导向，共建和推广工业互联网开放平台，完善制造业创新基础设施，促进大、中、小企业融通发展。引导并支持"链主"企业、新型实体企业、平台企业、数字科技企业以融合应用为抓手，打造一批中小企业用得起、养得起的小型化、快速化、轻量化、精准化、数字化系统解决方案和产品，形成可复制、可推广的数字化转型模式。

(三）强化人才支撑，提升科技创新能力

一是完善激发科技创新人才活力的制度体系，着力构建统一领导、科学决策、高效运行的党管人才领导体制和运行机制。参照海南等地的典型经验，成立人才工作委员会、省委人才发展局等牵头抓总机构，统筹全省人才政策、项目、资金、力量等资源，健全人才工作运行体系。由工信厅、发展改革委等经济综合部门加快制定方案，编制数字经济"高精尖缺"人才目录和数据库，健全"柔性引才"机制，建立人才工作条线"枢纽"机制及基于大数据的人才工作平台，为集聚数字经济高层次人才搭建"绿色通道"，充分挖掘、调动各职能部门、产业行业和企业力量，进一步增强地方人才工作协同合力，健全全省"大人才"工作格局。

二是引才育才并举，推进人才与产业发展深度融合。在要打造成全国数字高地的雄安新区，进一步深入实施"雄才计划"一揽子工程，围绕北京非首都功能疏解布局人才链，加大两院院士、相关产业领军人物、创新团队引进力度，吸引高层次人才参与雄安新区的建设。在石家庄、张家口、廊坊等地打造电子信息、数据中心、人工智能等数字经济产业集群的城市，围绕各市产业特点、企业发展实际情况、人才缺口实际需求，聚焦基础前沿、关键核心和短板问题，创新实施科技项目"揭榜挂帅"，组建产业人才引进服务团，吸引高端人才；同时，大力发挥企业在数实融合人才培养中的作用，加快推进产教融合，鼓励校企合作，面向数字经济发展需求，采用订单制、现代学徒制等培养模式，培育高层次研究型和高技能人才，打造实战型人才队伍。以此推进人才与产业发展深度融合，形成"以产业引人才，以人才兴产业"的良好局面。

三是强化数字经济科技创新，用好京津技术溢出效应，打造京津冀新一代信息技术产业创新生态链。2023年5月12日，习近平总书记在石家庄主持召开深入推进京津冀协同发展座谈会时强调，"河北要发挥

环京津的地缘优势，从不同方向打造联通京津的经济廊道，北京、天津要持续深化对河北的帮扶，带动河北有条件的地区更好承接京津科技溢出效应和产业转移"。河北省要根据在京津冀区域的功能定位，统筹完善京津科技成果转化对接机制，协同谋划数字经济产业发展布局，打造数字经济创新链、产业链、金融链、人才链共生融合发展的数字化生态体系，提升区域内数字经济产业链整体竞争力。此外，要强化企业科技创新主体地位，用好科技特派员制度，加强企业主导的产学研深度融合，以国企领军企业、河北头部企业、专精特新"小巨人"企业为主导，联动上下游高校、科研院所，在重点产业链优先建设产业科技创新中心、京津冀协同技术创新中心以推动创新链向前端移动，加大科技创新源头供给力度，打造具有竞争力的产业链创新高地，为产业链升级提供技术支撑。

（四）培育发展数据要素市场，释放数据价值

一是发挥政府主导作用，推进数据要素市场化。借鉴广东经验，探索建立政府首席数据官制度，选取试点城市推进数据开放共享和开发利用。统筹分散在工信、政务服务中心、网信办等不同部门的数字化发展相关职能，协调推进河北省数据要素基础制度建设。统筹数据资源整合共享和开发利用，推动公共数据汇聚共享利用，释放数据价值潜能，激发公共数据应用价值。同时要加强数据安全与隐私保护，参考北京"数据二十条"，建立健全数据生产流通使用全过程的合规公证、安全审查、算法审查、监测预警等制度。

二是发挥市场主体作用，推动数据资源开发利用。引进培育一批优质数据服务商，支持市场主体依法依规开展数据采集，聚焦数据标注、清洗、脱敏、脱密、聚合、分析等环节，提升数据资源处理能力。围绕数据流通交易上下游产业链，培育第三方数据服务机构，依法依规开展数据加工业务。推动建立数据资源产权、交易流通、跨境传输和安全保护等基础制度与标准，规范数据流通交易。探索构建以促进产业发展为

导向的数据产权确权框架,兼顾不同类型数据的管理和使用需求,因类施策。

[中共河北省委党校(河北行政学院)　王丽]

参考文献

[1]许艳静,刘英茹,兰晓君.河北省数字经济发展水平测度及其影响因素统计分析[J].内蒙古统计,2023(4):1-4.

[2]陈华,邓寒梅,李志男,等.河北省科技创新与成果转化现状研究[J].中国高校科技,2023(9):83-88.

[3]河北省发展和改革委员会等五部门.关于破解瓶颈制约助推数字经济健康发展的若干政策,2021.

[4]河北省人民政府.加快建设数字河北行动方案(2023—2027年),2023.

[5]河北省人民政府.河北省数字经济发展规划(2020—2025年),2020.

[6]河北省政府新闻办"2023中国国际数字经济博览会"记者见面会文字实录[EB/OL].河北省人民政府网,2023-09-01,http://info.hebei.gov.cn.

[7]张腾扬.河北数字经济蓬勃发展[N].人民日报,2023-09-08(15).

[8]方素菊.筑牢"数字底座""新基建"提速提效[N].河北日报,2023-06-09(5).

[9]赵晓慧,李代姣,王守一.河北省数字产业化和产业数字化取得积极成效[N].河北经济日报,2023-08-10(1).

[10]赵晓慧.到2027年数字经济占GDP比重超42%[N].河北经济日报,2023-02-01(1).

[11]曹月玲,高媛媛.河北省数字经济与实体经济深度融合对策研

究[J]. 经济研究导刊,2021(13):39-41.

[12]刘昊. 数字经济时代我国体育旅游产业发展的创新路径研究[J]. 当代体育科技,2023,13(30):74-77.

[13]加快河北省战略性新兴产业融合集群发展行动方案(2023—2027年)[J]. 中小企业管理与科技,2023(8):9-13.

[14]杨桂琴,霍垒杰,鲍增军. 推动河北数字经济高质量发展对策研究[J]. 中小企业管理与科技,2023(10):140-142.

[15]马爱平. 数字化时代基础设施迎来代际革命[N]. 科技日报,2023-04-21(3).

[16]钞小静,王灿. 打通"信息大动脉":以数字基础设施助力数字中国建设[J]. 治理现代化研究,2023,39(4):41-48.

[17]杜欣. 释放数字新动能推动数字河北建设[J]. 共产党员(河北),2023(3):18-19.

[18]贡宪云. 河北重点布局建设"986"产业集群[N]. 河北日报,2023-04-15(2).

[19]米彦泽. 数字河北畅享智慧[N]. 河北日报,2023-03-08(1).

[20]中华人民共和国国民经济和社会发展第十四个五年规划和2035年远景目标纲要[N]. 人民日报,2021-03-13(1).

[21]蔡秀萍,杨晓冬,肖潇. 海南乘风起 人才踏浪来:海南以人才发展引领自贸港建设[J]. 中国人才,2021(10):54-60.

[22]习近平在河北考察并主持召开深入推进京津冀协同发展座谈会[J]. 中国产经,2023(9):32-39.

[23]习近平:强化协同创新和产业协作[J]. 中国人才,2023(6):1-2.

[24]以更加奋发有为的精神状态推进各项工作 推动京津冀协同发展不断迈上新台阶[N]. 人民日报,2023-05-13(1).

专题篇

第五章 场景驱动型数据要素价值化生态系统：理论与机制

摘　要　数据要素作为推动经济高质量发展的新引擎，需要运用整体观和系统观构建数据要素的价值化生态系统，这是推动数据要素市场化配置、释放数据要素价值的核心问题。对数据要素价值化面临的理论和实践挑战，如何把握场景驱动创新范式跃迁机遇，加快建设数据要素生态系统成为关键突破口。本章梳理数据要素价值化和市场化配置相关理论研究，建构了场景驱动数据要素价值化生态培育和市场化配置的理论基础。场景驱动型数据要素价值化生态系统理论揭示了多元主体参与数据要素价值化过程的生态系统基本架构和多元主体生态联动机制，为政产学研多元主体理解和应用场景驱动数据要素市场化配置的理论逻辑与过程机制、推进数字经济高质量发展提供崭新的理论框架。本章既为进一步探索创新数据要素价值化过程中多元主体围绕海量场景推进协同共创、提升数据要素市场化效率和效能提供重要理论参考；也为国家和区域进一步加强数据要素监管与治理、打造数字驱动型区域创新生态系统、激活数字创新生态活力、赋能数实深度融合提供实践启示。

关键词　数字经济；数据要素；市场化配置；生态系统；场景驱动创新；CDM 机制

党的十八大以来，党中央、国务院高度重视大数据和数字经济的发展，深入实施网络强国战略、数字中国战略、国家大数据战略。互联网、大数据、云计算、区块链等数字技术不断创新迭代和应用，以数字化重塑实体经济的业务模式，推动我国数字经济发展取得卓越成效，总体规模连续多年位居世界第2。2022年1月《"十四五"数字经济发展规划》指出，要"坚持以数字化发展为导向，充分发挥我国海量数据、广阔市场空间和丰富应用场景优势，充分释放数据要素价值，激活数据要素潜能"，第一次对数字经济做出国家级专项规划。党的二十大报告中进一步提出，要"加快发展数字经济，促进数字经济和实体经济深度融合，打造具有国际竞争力的数字产业集群"，为新时代中国数字经济发展提出了新目标新要求。

在此背景下，北京、河北、天津、浙江、上海、广东、贵阳等地政府相继推出一系列政策措施，旨在促进数据要素的价值化实现，打造数字经济高地。然而，在以市场化形式推进数据要素资源化、资产化、资本化最终实现价值化的过程中，仍存在一些问题，如数据权属难以确定、缺乏标准定价和交易规则等，严重限制了数据要素的价值释放。2023年12月，新成立的国家数据局牵头起草并面向全社会发布的《"数据要素×"三年行动计划（2024—2026年）（征求意见稿）》指出："近年来，我国数字经济快速发展，数字基础设施全球领先，数字技术和产业体系日臻完善，为更好发挥数据要素作用奠定了坚实基础。但与此同时，也存在场景释放不够、数据供给不足、流通机制不畅等问题，为此，通过实施'数据要素×'行动，发挥我国海量数据规模和丰富应用场景优势，推动数据在不同场景中发挥千姿百态的乘数效应，促进我国数据基础资源优势转化为经济发展新优势。"

本章针对数据要素市场化配置中的突出问题，提出要基于场景驱动创新和生态系统理论，从"权属—主体—价值实现"三位一体整合式创新视角来打破数据要素市场化配置的"瓶颈"。通过构建多元主体参与数据要素价值实现过程的创新生态系统，深入分析数据要素的价值实现机制，探讨如何准确界定数据要素权属，激发多元主体围绕海量应用场景深度参与和协同推进数据要素科技创新，加速数据要素的市场化配置和价值化实现，为推动数字经济与实体经济深度融合提供理论支持和实践解决方案。

本章的创新之处在于，首先，通过扩展数字化和市场化背景下数据要素参与多主体生态系统的实践研究范畴，深入探讨基于数据价值化的生态系统构成及其运行机制。其次，通过将场景驱动创新理论融入"收—存—治—易—用—管"的数据要素全生命周期管理过程，解析场景驱动数据要素市场化配置的理论逻辑，进一步构建数据要素的价值共创机制，并结合深圳数据交易所等典型实践探索，提炼了多维场景驱动的数据要素市场化配置新模式——CDM 机制。最后，为数字经济相关部门推动制度创新、优化数据要素市场化配置的顶层设计、建设面向数据要素价值化的新型生态，加速数实深度融合，支撑高质量发展提供了重要的决策参考。

一、数据要素相关研究进展概述

数字经济背景下，数据要素成为推动社会经济高质量发展的核心动力和关键性引擎。目前，国内外学者针对数据要素、市场化配置以及价值化实现的研究主要聚焦于数据要素定义、分类，数据要素价值化作用机理、实现路径和数据要素权属界定等方面。

（一）数据要素价值化机理

中国信息通信研究院在《中国数字经济白皮书（2020）》中归纳了数据要素价值化的概念。当前，针对数据要素价值化的研究呈现经济、管理、法律和公共管理多元视角交叉的趋势。

从要素理论层面，数据作为新型生产要素贯穿数字经济时代产业发展全流程，通过与其他传统生产要素的不断融合、迭代，可以形成新要素组合和要素结构，加速数据要素红利释放。林志杰等从生产要素融合的视角出发，认为数据价值化过程可以驱动传统生产要素与数据要素优化重组，实现数据要素全方位赋能经济社会发展。

具体来说，数据要素价值化过程与劳动和资本要素的融合主要体现在两个方面：一方面，数据收集、存储、处理、分析等一系列劳动与数据相结合能够形成新知识，并将新知识应用于企业管理和决策；另一方面，"倒逼"数据成为生产要素数字基础设施，促使数字技术发展以资本投入为基础，数字技术与资本相结合形成数字化资本。由此可见，数据作为"黏合剂"全面融入劳动与资本等传统生产要素，能够有效促进要素之间的连接和流通，并打造各类生产要素一体化的要素体系。在要素体系内，要素通过协作性和联动性不断发挥要素组合和要素结构的乘数效应与网络效应，进一步释放数据生产力。叶秀敏等将数据要素价值化定义为生产要素复用过程，即将实物生产资料数字化，形成具有通用性资产性质的数字化生产资料，通过生产资料所有权和使用权的分离，将数字化生产资料使用权共享给其他市场主体。尹西明等以价值协同为出发点，指出数字技术汇聚而成的数据要素资源及其颠覆性力量加速了社会、经济、政治等多领域的系统性变革，对数据要素价值化问题解决方案的探究是亟待解决的难点。穆荣平从数据要素价值化对新发展格局的影响视角出发，指出数据要素是加快企业转型、加速技术经济与发展范式跃迁、全面提升国民经济循环效率的新动力，全球新冠疫情等"黑天鹅"事件更加凸显了释放数据要素以及加速企业、产业和政府治理数字化转型的紧迫性与重要性。

（二）数据要素价值化实现路径

关于数据要素价值化实现路径，何玉长等从数据产品生产视角将数据价值化的实现列为数据挖掘和整理，数据结构化、规范化，数据联通、集成，形成数据库与数据服务软件等过程。考虑到数据所具有的虚拟替代性和多元共享性等特征，何伟认为通过与企业业务流程融合，参与产品全周期生产过程，数据要素可以推动企业发展模式创新，具体可以细化为思维模式创新、组织模式创新、研发模式创新和生产模式创新；李海敏将研究视角细化到政务数据层面，认为市场化运营或价值化实现可分为信息化建设项目、企业参与公开数据开发以及契约式、孵化式开发模式等形式。

也有学者认为，无论任何属性的数据，其流动方式主要包括主动共享、自留使用和数据产品交易3种方式，市场主体对这3种方式的选择取决于供求双方是否存在竞争、风险偏好、数据时效性等因素。尹西明等从数据要素价值化动态机制载体视角出发，提出一种基于数据银行的运行机制，尝试对数据要素价值化过程进行分阶段研究，但未将多元主体参与纳入数据要素市场化配置和价值实现过程，缺乏对这一过程涉及的数据权属"瓶颈"问题的讨论。

针对数据权属问题，现有学者普遍认为数据要素特有的公共物品属性以及源于数据集合过程信息熵减所带来的经济价值，使其不同于传统财产权类型。赵瑞琴等从静态视角出发，提出数据所有权在法律逻辑上是绝对的、排他的、永续的，但在实践中分析是动态分离的，占有权属于产生信息的微观个体，而使用权、收益权和处分权属于收集、存储和处理信息的主体。

由此来看，数据要素在参与市场化过程中的权属关系会根据生态角色转换而变动。张钦昱从数据权利主体的视角出发，论述了包括国家数据主权、政府公共数据权、企业数据控制权及用户数据私权在内的数据权利构成；申卫星提出应分别赋予数据生产者和数据处理者所有权和用益权，以形成二元权利结构。

部分学者认为，不应赋予数据处理企业数据所有权，由于数据要素复制成本极低，平台企业很容易通过合同、协议等方式将数据所有权低价甚至免费流转到自己手中。所有权可能会造成数据壁垒和垄断，阻碍数据可获得性，导致数据市场扭曲。当然，由消费者个人掌控数据所有权，有利于开展交易但创新性受限，在一定程度上会限制数据要素流转和交易。若由平台机构掌控，社会总经济效益可能达到最优，但垄断和滥用会反噬交易规模。而且赋予个人数据所有权，对个体数据隐私和安全的保障力度相对有限。因此，应赋予数据生产者不同级别的数据控制权，赋予数据产品持有者有限制的占有权。

由对上述文献的梳理可知，现有研究针对数据要素市场化基本流程、特点及影响因素进行了积极探讨，但鲜有学者从数据要素全周期流转过程和创新生态系统视角研究多元主体如何在数据要素市场化配置过程中围绕数据权属授权、让渡和流转以及基于数据使用权收益分配中发挥主体角色与功能。

（三）数字经济和场景驱动相关研究

场景驱动的创新范式是数字经济时代的产物，数据和数字技术的应用实现了更高效的需求整合，呈现了更具象化的场景任务，顺应了数字经济时代的发展需求，通过非线性思考的方式越过技术发明与应用间的鸿沟，是推动数实融合、建设数字中国的重要抓手。现有关于数字经济和场景驱动的研究大多以"产业数字化"和"数字产业化"为背景，从数据要素、数字技术与场景之间互通共促的关系展开。

一类研究聚焦场景对数据要素和数字技术的研究。尹西明等提出了"产业数字化动态能力"这一创新范式，认为企业应当从多元化应用场景入手，提高数字化场景整合能力，进而推动产业数字化技术能力和管理能力双核协同，培育强势的产业数字化动态能力，该观点阐明了场景驱动的创新在企业数字化转型中的重要作用。尹本臻等指出数字经济时代场景探索存在滞后问题，应当加大场景创新的探索力度，并通过场景创新促进产业数字化和数字产业化。另一类研究聚焦数据要素和数字技术如何赋能场景挖掘与构建。技术是场景驱动创新的核心要素之一，数据要素和数字技术是其重要的组成部分。钱菱潇等基于具体的绿色创新场景探讨了如何应用新兴数字技术打造场景内容，实现数字经济与绿色发展的协同增效，从具体场景案例阐述数字技术如何支撑场景创新。邹波等提出了数字经济场景化创新，强调了数据要素对场景化创新的支撑作用以及数字技术对场景化创新的驱动作用。缪沁男等以钉钉为例，提出服务型数字平台"需求确定—业务布局—赋能实现"的逻辑路线，揭示了数字技术赋能场景与生态的动态演化规律。

数字产业化的过程中需要将数据要素转化为场景生产力，进而创造和孵化场景；而产业数字化要将数据要素及数字技术应用于场景，充分释放数据的要素价值，提高场景效率。数据、技术、场景的融合是探究数据要素市场化配置的前沿问题。将前沿的数字技术和"国家—区域—产业"的重大需求场景紧密结合有利于进一步拓展技术的应用领域，进一步催生更符合人民福祉的需求。现有研究更多单独讨论数据要素，或者从数字技术的视角出发，探讨场景应用中的数字技术与数字技术驱动的场景创新。

然而，鲜有学者结合场景驱动创新这一新范式，探讨其如何为数据要素市场化配置提供新动能。数据要素需要结合数据使用的真实场景，才能有遵循地对低价值密度的数据进行高效治理、价值释放和价值沉淀，从而最终释放数据价值。因此，本章以场景驱动的创新为理论基础，针对数据要素市场化配置的相关理论研究缺口以及数据要素市场化配置中缺少场景设计、难以有效激发市场价值活力的难题，结合数据要素市场化配置的典型实践，探讨并提炼了场景驱动数据要素市场化配置新模式。

二、数据要素价值化生态系统构成与运行机制

数据权属、参与主体及其角色定位是进一步推进数据要素市场化配置和数据要素价值化的重要保障与功能前提。而数据要素价值化高效率、高价值和低成本的实现以及赋能产业数字化是一个复杂的系统性和

动态性过程，需要应用整体性和系统整合性思维，通过创新生态系统视角，系统构建数据要素价值化过程多元主体激励相容、高效协同和市场化共生共创的生态。对此，本章在尹西明等学者相关学术研究的基础上，进一步构建"权属—主体—价值实现"视角下数据要素价值化生态系统，旨在为实现激励相容和高效融通共创的数据要素市场化配置提供理论框架与实践方法，如图5-1所示。

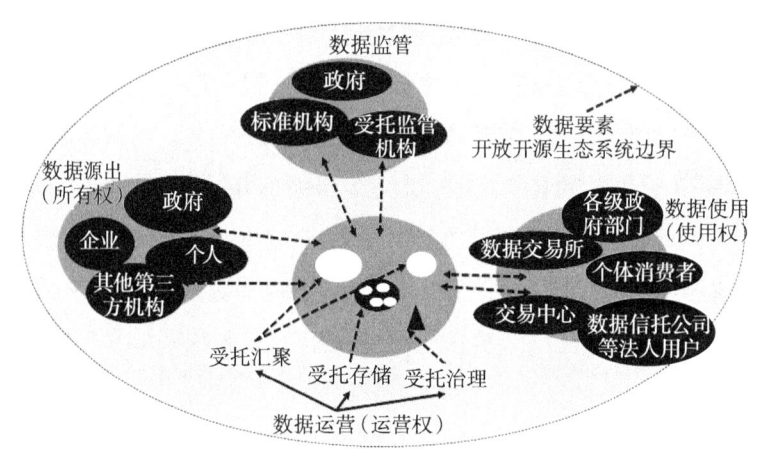

图5-1 数据要素价值化生态系统架构

资料来源：尹西明、林镇阳、陈劲等（2022）。

（一）数据要素价值化生态系统核心主体

1. 数据源出方

数据源出方包括个人、企业和政府，它们在参与数据生成环节时成为数据要素生产循环过程中的初始经济主体。个人的参与主要涉及个人信息数据和消费数据，企业的参与主要涉及企业生产数据和用户数据，政府的参与主要涉及公共数据和政务数据。数据的生成是在多个经济主体对信息获取需求和主体数据需求的基础上，针对数据目标进行主动或被动的生成与采集，以便将其投入下一步数据生产环节。

2. 数据运营方

数据运营方主要承担对未经加工的数据进行存储、清洗、转化、分析和挖掘等一系列增值化处理的责任，以提升数据的标准、结构和价值。参与数据运营的主体包括企业、平台和政府，其中平台是主要的数据运营实体。利用强大的数据加工技术，平台致力于构建数据运营的全周期环节，包括受托汇聚、受托存储和受托治理等多个方面。

3. 数据使用方

在生产循环过程中，数据要素通过持续的流通和碰撞不断创造新的价值，数据流通阶段是实现数据要素价值不断发现和品质增值的过程。由于数据主体拥有的加工数据是有限的，因此需要通过数据主体之间的数据使用和流通，以满足各经济主体的需求，实现数据要素的社会价值。数据使用方涵盖了个体消费者、数据信托公司等法人用户以及政府等复合主体，它们在数据流通中都扮演着重要的角色。在数据流通过程中，这些数据使用者通过交易所或者交易中心获得免费或付费使用数据的权利，同时需要遵守数据流通的规范和准则。

4. 数据监管方

目前，我国的数据要素市场处于探索阶段。在这一阶段，不仅需要充分发挥市场在资源配置中的决定性作用，还需要将政府、受托监督机构等多方监管角色有机融入数据要素市场的运行过程。这不仅是解决数字经济高质量发展和数据安全二元悖论的关键机制和核心环节，也是进一步实现数据要素资产化和数据高效流通的必要步骤，从而完成数据要素的资产化、价值化，并构建可行的产业链和价值链的路径。

（二）数据要素价值化生态系统主体联动过程机制

数据要素价值化生态系统是指数据要素价值化过程中各方主体及其联动作用，核心便是数据要素价值不断熵减的过程，即从低价值密度大数据中，结合数据使用的真实场景，进行高效数据治理、可靠价值增值和可信价值沉淀，形成具有高价值密度的数据产品，并最终释放数据价值的过程。本章构建"权属—主体—价值实现"三维视角下数据要素价值化生态系统主体联动机制，如图5-2所示。其中，横轴表示数据要素价值化过程，纵轴表示数据权属流转过程，曲线表示在数据要素参与市场运作过程中权属变更所带来的熵减以及价值实现过程。

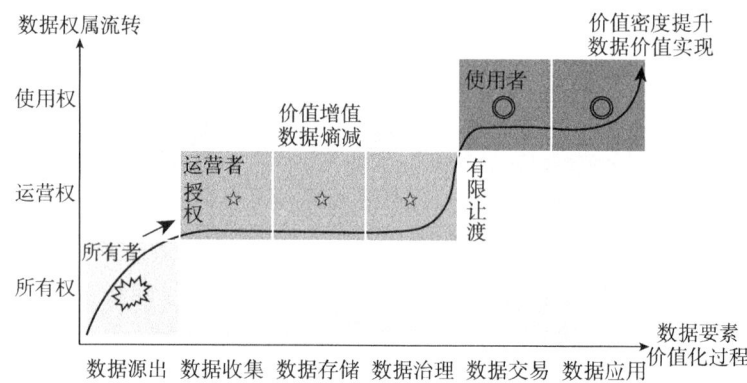

图5-2 数据要素权属流转与价值实现动态过程机制

资料来源：尹西明、林镇阳、陈劲等（2022）。

数据要素生态系统的最终目标是实现数据熵减和价值实现。在维持高效稳定运营的基本原则下，数据所有权、运营权和使用权的分离以及有限权利的让渡成为关键。在所有权、运营权和使用权三权分立和流转的视角下，数据运营权是从数据所有权派生出来的，涵盖了数据的收集、存储和治理。数据运营权扮演着连接数据源到价值变现、协调数据所有权和使用权的"桥梁"角色。所有权是运营权的母权，可以通过法定或约定方式、有偿或无偿授权获得。数据运营权的确定基于数据使用者与数据源出者的法律关系，其中包括数据必须来自真正的所有权人、数据获取必须得到所有权人的许可或存在法定事由、数据完成采集并形成具有财产价值的数据集合。

数据要素市场化流转和权属转化的过程与市场主体及生态角色的划分相互融合、交叉。数据运营平台具备数据收集、数据存储和数据治理的功能，确保相关生态圈和数据处理链条的完整、高效和合规运行。在数据应用和数据交易作为赋能经济和社会发展的重要环节中，除传统的撮合交易功能外，数据交易平台还可以提供受托存储、受托分析和受托融通服务。在这个过程中，平台企业获得数据运营权，既能拥有数据支配权利，又具备独立的财产权利机能，可全面促进数据的流动和使用。

三、场景驱动数据要素市场化的理论逻辑与过程机制

（一）场景驱动数据要素市场化配置的理论逻辑

1. 场景驱动数据要素市场化配置的典型特征

场景驱动的数据要素市场化配置要求充分结合国家和区域的发展实况与相关场景，在使命的驱动下因地制宜地构建数字基础设施，从而发挥海量数据的规模优势，充分释放数据生产力，实现数据要素的多维价值释放。数据要素市场化配置的主体包括政府、企业、数据交易平台、个人等多元主体，承担"收、存、治、易、用、管"等多重功能，需要数据创新人才、数据基础设施、数据相关制度等多要素协同发展。不同应用场景下所使用的数据类别层级不同，参与数据要素市场化配置的主体不同，所面临的核心问题也存在差异。因此，需要数据交易主体结合具体的应用场景，瞄准特色场景中数据要素市场化配置过程中的个性需求、识别场景中的痛点问题，进而明确场景设计的重点任务和建构方案，推动数据要素配置进程中多层次、多主体、多功能以及多要素的融合，最终实现创新应用。场景驱动的数据要素市场化配置具有统筹整合、精准配置、快速转化和跨场景应用的多元特征。

（1）统筹整合

场景驱动的创新符合使命驱动的创新理论，重视使命和战略的引领，对场景需求和任务痛点的识别能力更强。在战略指引下，数据要素的供给和分配更具统筹性。以"低碳减排"这一重大场景应用为例，需以"双碳"目标为使命牵引，既要解决降碳问题，又要协同保障经济高质量发展，通过数字化手段转型发展的同时要降低数据基础设施的碳排放。基于此重点任务，"双碳"目标下，数据要素市场化配置应当

充分发挥政府、产业、企业和个人的主体作用，充分收集来自各级部门、各类格式、不同时空维度类型的数据，实现全量存储、全面汇聚、高效治理、全场景应用的数据要素价值化流程。场景驱动的创新强调统筹整合，需要不同创新主体共同参与，在保证数据安全的情况下共享数据，协同研发，共同解决数据融通难的问题。

（2）精准配置

场景驱动下，数据要素配置的目标任务和需求分解更为准确。一方面，场景构建、核心问题识别、具体任务设计由数据要素提供具象化支持；另一方面，数据要素服务于场景，最终拉动技术的创新应用。二者协同，数据要素配置更精准。例如新华三以场景驱动数据治理，其中开展了以交通拥堵为导向的数据治理，提出"只需调用和融合出行数据，而无须融合每一辆车的数据"，诠释了场景驱动下数据要素的配置"用哪治哪""治哪融哪"的精准性原则。

（3）快速转化

场景中数据要素市场化价值的需求，要求数据与需求、愿景、使命间建立更紧密的对接，并实现更顺畅的数实融合和数据的快速应用与价值释放。在场景驱动的创新范式下，需求是场景生成的源动力。因而，数据要素价值化的前提是准确识别把握场景的复杂综合性需求问题。例如博世底盘控制系统南京工厂数字孪生平台，其在建设之初就面向实现全链数字化的场景。在此基础上，面向场景需求实现数据向生产力的低成本和快速转化。平台深度融合了智能工厂运营中涉及的人、机、料、法、环各环节，采集工厂内部边缘侧的各类工业数据，打通各种数字化系统间的数据管道，并借助超宽带 UWB 等技术获取人员和物流设施的实时位置，提升了工厂运营关键指标，树立了中国工业 4.0 标杆。

（4）跨场景应用

场景驱动下，数据要素的市场化配置不仅以实现单一应用为目的，更应全面提升数据效能，促进数据流通，使得能被更多场景应用。以京东方为例，依托显示终端的应用场景，京东方建立了"1+4+N+生态链"的发展架构，聚集1个技术策源地——半导体显示事业，围绕"物联网、传感、MLED、智慧医工."4条主场景，实现数据的跨场景互通共用，同一类数据可面向智慧城市、智慧零售、智慧医工、智慧金融、工业互联网等N个场景问题提供多元化、差异化、精准适配的场景问题解决方案，大大提高数据和场景融合的效能。

2. 场景驱动数据要素市场化配置的共创生态

尹西明等提出了数据要素价值化生态的基本框架和建设原则，但在实践中需要进一步关注场景在数据要素市场化配置中的重要作用，以有效解决数据与场景融合的难题。因此，本章从场景驱动的理论视角梳理数据要素市场化配置的价值逻辑，进一步构建统筹数据发展与安全、融入场景的数据要素市场化配置的创新生态，如图5-3所示。从创新到场景驱动，最终走向生态时，各方都需参与数据要素生态的共享共创，并非单独一方完成所有职能，数据从所有权到运营权，再到使用权在让渡和交易的过程中包含大量不同环节，需要多元角色参与构建场景驱动数据要素市场化配置的共创机制。

场景驱动数据要素市场化配置既符合场景驱动的内涵特征，又包含数据要素市场化配置的理论实践，其核心在于以"公共—产业—企业—用户"等不同维度场景下数据要素市场化配置的重点和痛点为抓手，由数据源出方、数据"收—存—治—易—用"的各个主体共同构成数据要素市场化配置的生态底座，由数据监管主体发挥顶层设计与监管功能，保障数据要素安全交易、顺畅流通。其中，政府、企业、个体等作为数据源，供给海量数据；数据交易所（数交所）、企业、数字交易中心等在"收—存—治"阶段发挥主要作用，共同将数据激活，转变为知识状态；数交所、企业、各级政府、个体等结合场景需求与痛点参与数据的交易和使用过程，充分激活数据的场景价值；政府、标准机构、受托监管机构等在此过程中承担监管职能，保障数据交易流通。通过多元主体的生态价值共创精准打通数据要素市场化配置"收—存—治—易—用—管"的各个核心环节,最终实现生态价值共创。

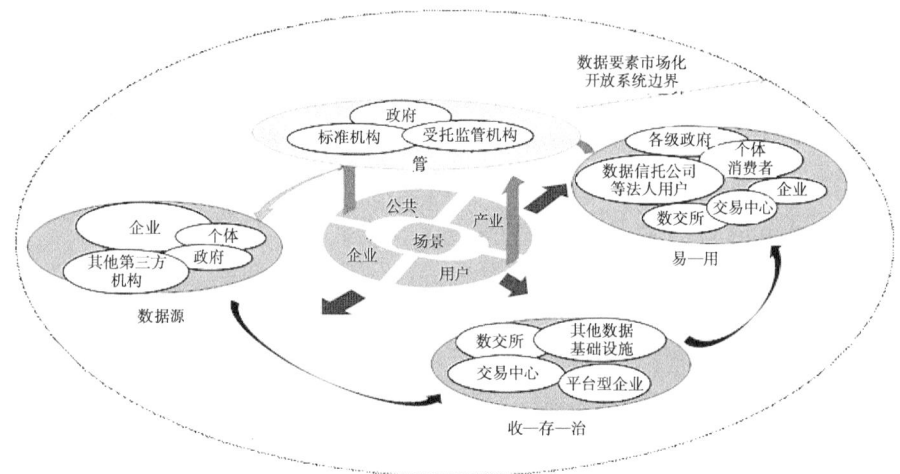

图5-3 场景驱动数据要素市场化配置的共创生态架构
资料来源:作者绘制。

现有数据要素市场化配置以场外点对点交易为主,数据要素的场外交易比例远大于场内交易比例,企业参与场内交易动力不强、动机不足、机制不清。然而,场外交易需要数据供给方与需求方点对点或多方撮合交易,存在对接难、交易标准分散、交易匹配性差的难题,需要以明确的场景问题为支撑。因此,需要进一步激活场内交易。在此过程中,强化数据交易所在数据要素价值化共创生态中的主导地位并发挥其场景—数据匹配作用,引导多元数据交易主体进一步参与场内交易并激活数据要素市场化配置的生态共创机制。

3. 场景驱动数据要素市场化配置的过程逻辑

(1) 公共场景

面向公共场景,以经济社会的可持续发展为使命,面向国家和民生发展的重大场景需求。公共场景使用教育医疗、水电煤气、交通通信等公共数据,具有一定公益属性,主要由公共企业、事业单位运营,如上海和福建通过成立数据集团支持本地公共数据运营。公共数据的配置具有明确的授权机制，其难点不在于确权，而在于如何瞄准智慧城市、智慧教育、智慧医疗、智慧交通等公共场景的流程痛点，打破数据在"政—企—民"间的信息孤岛和数据分割，以数据赋能公共场景搭建落地。公共场景中主要由政府及公共事业单位产出数据源，由数据交易所、数据交易中心、数商企业或城市大脑等相关数据基础设施作为数据收集、存储、治理的主体，最终交由政府和公共事业单位交易使用，并在此过程中由政府、标准机构、受托监管机构全程监管数据要素市场化配置的过程，实现数据交易合规合法。

以智慧城市为例，智慧城市是全局优化的过程，重在以城市居民为中心，打通数据壁垒，实现高密级数据可用不可见、低密级数据对居民开放可视化。杭州城市大脑以交通领域为突破口，利用数据改善城市交通，如今已覆盖警务、交通、文旅、健康等11个大系统和48个应用场景。通过"一张网""一朵云""一个库""一个中枢""一个大脑"拉动数据在市、区、部门间流动，在中枢、系统、平台、场景中互联，在政府与市场中互通。杭州城市大脑通过全面打通各类数据和各类场景，打破信息孤岛和数据壁垒，实现经济最优、治理最优、民生最优的公共场景全局优化。

（2）产业场景

面向产业场景，企业需要充分激活产业供应链上下游的数据要素，面向智慧家居、智能制造、智慧零售、智慧居住等多元产业场景，解决产业的共性问题和需求痛点，以数据赋能新产业的培育、新业态的激活，把握产业发展的前瞻性趋势，其内核是解决产业数据价值化痛点。在产业场景中，数据要素配置的重难点在于数据的收集、流通和使用。首先，产业数据来源广、数据量大且数据权属不清，这为产业数据的收集带来难度。其次，产业链上下游间在有利益竞争关系时如何开放和交易数据促进数据的流通也是一大难点。最后，如何使用数据切实解决产业数据价值化的痛点和需求是产业维度数据要素价值化的重点。产业场景由产业链上下游所有企业和用户作为数据源，主要使用产业的单个企业数据、企业间协作以及用户产生的数据。由企业、数交所、数据交易中心等作为数据市场化配置的主体，最终解决产业痛点，盘活产业数据资产。

以智慧居住产业为例，贝壳植根于产业场景本身，针对"假房源"的产业场景痛点，将房地产领域这种非标长周期的、复杂性的服务解构为20余个标准化的数据场景环节。企业借助人力、数字技术和工具系统在不同的环节交由不同的人员来处理，如交易员、带看员、录VR和AR视频的人员等，并对他们进行不同的教育，通过实行类似于贝壳分的信任激励机制，使得房地产中介的经济过程变成了具有标准化数据支撑的服务过程。借助收集的门牌号码、户型、朝向、区位条件等多维数据，贝壳找房以真实房源数据搭建楼盘字典，沉淀数据资产，打通多元服务居住场景。与此同时，贝壳找房不断迭代升级技术与设备，以楼盘字典Live让楼盘字典活起来，实现了VR采房、VR看房、AI讲房的智慧新居住模式，真正在场景驱动下激活了房源数据价值，颠覆了产业潜规则，有效驱动了居住行业的数字化转型，实现产业数字化和数字产业化的高效协同，构建中国居住服务的新生态。

（3）企业场景

面向企业场景，需瞄准企业运行的各个场景，如研发、生产、采购、销售、管理、财务等，重在激活整合企业内部及与外界交易的数据，场景驱动的核心在于用数据赋能企业业务增长和组织运行的重要环节。企业场景主要使用企业数据，其更加灵活，企业可自行决定、自行管理或授权第三方企业开展数据要素市场化配置。由于企业所处的行业、自身体量，开展的业务存在差异，数据要素市场化配置的过程和重难点也各有不同。制造企业的数据在要素价值化过程中没有交易的过程，重在如何使用数据降本增效，体量较大的企业数据量大且庞杂，数据治理难度大，可能需要与第三方数字技术厂商合作搭建数据中台，提高数据治理效率。企业场景下主要由企业作为数据的源出者，企业自身、数字技术服务企业、数据交易所等机构作为数据市场化配置的生态共创主体，共同优化配置企业的制造数据、采购数据、销售数据、产线设备互联数据等，解决企业业务运营的实际痛点，激活企业数据价值。

以三一重工为例，在生产环节，针对优化生产节拍的场景，三一重工利用树根互联的根云平台汇聚工厂里数千个数据采集点收集的工业大数据，在场景驱动下为每道工序、每个机型甚至每把刀具匹配最优秀参数；针对优化园区水电量的场景需求，通过"三现四表互联"将场内设备和厂外设备搬到云平台，基于场景数据对高能耗设备重新排产，降低能耗成本，提升了三一重工智能制造的能力。

（4）用户场景

面向用户场景，数据要素市场化配置的核心是利用数据解决用户痛点，结合用户的个人信息与非个人信息，如基本信息、访问足迹、消费数据、浏览记录、个人存储数据和元宇宙交易数据等，充分解决用户衣食住行方面的难题。在用户场景下，数据要素市场化配置的重难点在于数据隐私保护、数据使用门槛和管理效率优化。用户场景下，主要由用户或其他用户产生数据源，企业、数据交易所、数据交易平台等通过推出数据应用和数据产品等解决用户痛点，有效面向用户完成数据要素配置。

针对用户需求，盒马依托阿里巴巴集团强大的用户消费行为数据深入洞察新一代高质量"懒宅用户"对生鲜产品的需求痛点，运用数据进行更精准的采购管理、上架管理、库存管理以及精准的广告投放和推送，实现购物便捷、送货快、商品丰富度高，通过全渠道的数据采集分析精准为消费者提供高性价比的产品和服务，提升用户零售体验。

（二）场景驱动数据要素市场化配置的典型实践与机制

1. 场景驱动数据要素市场化配置的实践探索——以深圳数据交易所为例

数据交易所作为数据要素市场化配置的重要基础设施，在数据交易市场中发挥重要作用，能够促进所在省域内城市的全要素生产率提高和经济增长。传统的数据交易市场存在数据源企业汇聚一大批原始数据，但交易过程中的使用方对如何高效治理和使用数据尚未形成广泛能力的问题，使得数据供需不匹配，数据交易门槛高、成效不及预期。因此亟须培育面向数据应用和价值释放的场景创新新型主体。而数据交易所/中心作为数字经济时代围绕场景开展数据供给与需求匹配机制探索的典型新质主体，已经成为国家和各地推进数据场景匹配（Context-Data-Match，CDM）机制探索和生态建设实践的重要载体。2015年4月14日，贵阳大数据交易所正式挂牌成立，成为我国第一个地方政府批复成立的数据交易所，之后各省市相继成立数据交易所或数据交易中心。截至2022年底，全国范围内由地方政府发起、主导或批复成立的数据交易所已有39家。

其中，深圳数据交易所（以下简称"深数所"）于2022年11月15日正式揭牌，截至2023年2月28日，深数所数据交易成交规模已突破16亿元人民币，交易场景超过75个，市场参与主体有660余家，覆盖20余个省（自治区、直辖市），完成场内首笔跨境交易，入选深圳发展改革十大亮点，成为全国数据交易所中交易规模最大、数据市场化生态参与主体最多、开发应用场景数量最多的数据交易所，成为场景驱动数据要素市场化配置机制创新和实践的引领性典型案例。

深数所是在2021年设立的深圳数据交易有限公司的基础上成立的，成为加快落实中央《深圳建设中国特色社会主义先行示范区综合改革试点实施方案（2020—2025年）》文件精神、深化数据要素市场化配置改革任务，打造全球数字先锋城市的重要实践。深数所以建设国家级数据交易所为目标，按照场景驱动的创新设计顶层逻辑，开展数据要素市场化配置机制探索，推动场景与数据深度融合，加速数字产业化、赋能产业数字化。自成立后，深数所在全国范围内首创供需匹配图谱，以场景高效匹配数据，聚集数据要素生态主体，构建了数据要素跨域、跨境流通的全国性交易平台，进一步以数据要素生态服务融通场景与数据，大幅提升了应用场景创新能力与数据要素市场化配置效率，取得了阶段性的卓越成效。并且，借助 CDM 机制探索，深数所打通了数据要素市场，以场景驱动数据要素市场化配置，初步构建了高效运转、持续运行、不断进化的数据要素生态飞轮。本章基于对深数所的参与式跟踪访谈和研究，提炼出了深数所场景驱动数据要素市场化配置的创新模式，如图 5-4 所示。

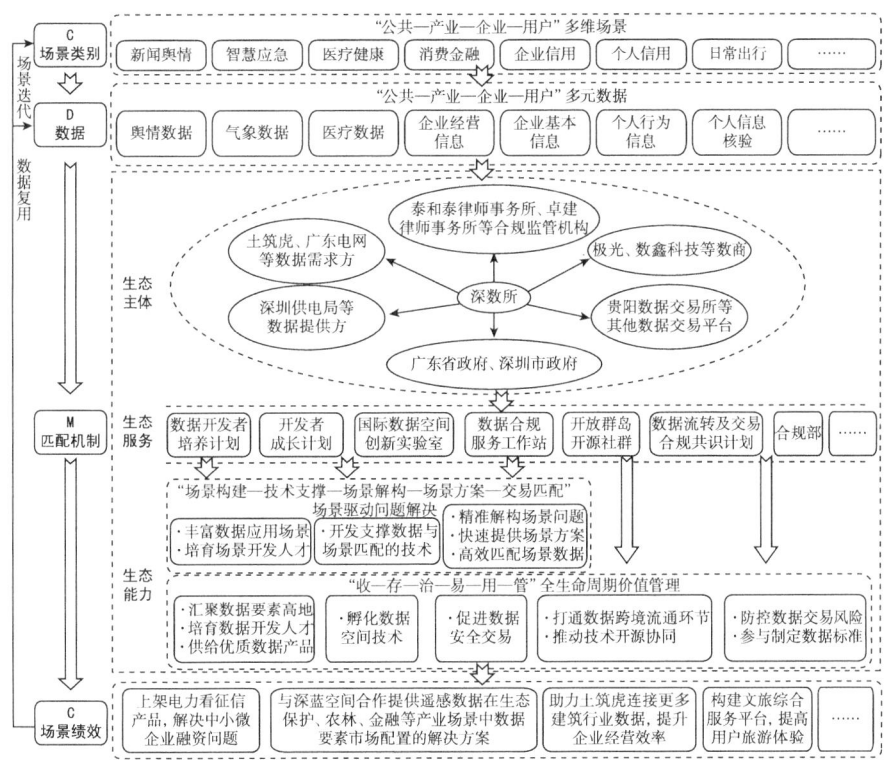

图 5-4 深数所场景驱动数据要素市场化配置创新模式
资料来源：尹西明、钱雅婷、王伟光（2023）。

具体而言，在生态主体汇聚上，深数所广泛对接政府、数商、其他数交所等多元数据要素生态主体，主要通过提供数据交易服务对接数据供需双方，提升数据收集、存储、治理、交易、使用、监管的全流程配置效率。围绕金融科技、数字营销、公共服务等 61 类重要应用场景，深数所聚集数据交易主体，汇集数据大类，产出数据产品，打造数据资源和数据产品的聚集高地。应用场景广泛覆盖的重点在于围绕场景重点，连接更多跨地区、跨行业、跨平台的数商和其他数字化领域专业机构，打造高质量数据要素生态圈。截至 2023 年 2 月 28 日，深数所引入备案数商 117 家、数据提供方 127 家、数据需求方 419 家，建立 3 个品牌数据专区，推出超 50 种重点领域的数据产品，联动 13 家数字化领域专业机构、89 位数据领域资深专家，触达 1000 家以上市场主体。深数所的合作数商具有高度整合场景的数据库和数据产品，为数据资源与数据产品聚集、数据要素市场化配置打下坚实基础。如"坤舆数聚"作为深数所首批数据商的重要成员，已是国内首家时空大数据数商，公司自身整合了国内外的一大批优质时空数据，如高分辨率卫星遥感数据、气象预报数据、物联网传感数据等，并与国内外权威机构和部分企业合作，在能源、农业、交通、旅游等场景下开发了一批批解决行业痛点的数据产品。深数所联合这些已具备数据要素化、资产化能力的数商，鼓励更多数据源出方共同构建更丰富的高质量数据源，在场景驱动下以更低的成本和更高的效率为不同场景汇聚更完备的数据要素和数据产品，以多元生态主体合作共创推动数据要素生态建设与价值激活。

在生态服务与生态能力上，深数所通过部署数据开发者培养计划配套开发者成长计划、国际数据空间创新实验室、数据合规服务工作站、开放群岛开源社群、数据流转及交易合规共识计划、设计合规部等生态计划，从场景创新与数据要素市场化配置两方面布局数交所生态能力，推动高质量数据精准赋能高价值场景，解决公共、产业、企业、用户等多维场景痛点。

一方面，深数所通过数据开发者培养计划配套开发者成长计划、国际数据空间创新实验室、数据合规服务工作站联动场景与数据，提升场景培育、解构与场景—数据匹配能力，形成了"场景构建—技术支撑—场景解构—场景方案—交易匹配"的场景驱动问题解决的路径。"开发者培育计划"通过模拟数据交易市场，为广大开发者、高校、学生、企业开发者提供基于数据安全可信的环境，构建基于开发者自身认知的行业应用孵化场景，并从中探索优质的数据产品，助力深数所培育数据开发稀缺人才，丰富数据场景应用，解构数据要素业务需求。国际数据空间创新实验室致力于成为国内首个数据空间技术体系孵化基地，通过孵化并构建自主知识产权、安全、可信、可控、可追溯的数据流通技术体系，推动数据、技术、场景融合应用。数据合规服务工作站主要提供数据合规和数据交易服务，筛选优质数据产品上架深数所，并匹配行业需求方的业务诉求。当数据需求方购买数据时，由工作站明确数据应用场景，进而通过深数所为该企业寻找合适的数商并为其提供匹配合适的数据，协助企业基于业务场景有序、高效地开发利用数据资源。

另一方面，深数所通过开放群岛开源社群、数据流转及交易合规共识计划、设立合规部等生态计划，既提高了数据交易撮合功能，也使深数所利用自身资源完成了数据要素"收—存—治—易—用—管"的全生命周期价值管理。开放群岛开源社群围绕技术开源协同、行业标准制定、数据要素场景落地等具体场景目标开展隐私计算、大数据、区块链、人工智能等前沿技术探索，为打通数据、平台、机构间的孤岛，实现数据跨地区、跨地域、跨平台的交易流通提供数字技术保障。在数据监管方面，深数所除了与政府部门、律师事务所及其他合规机构合作，还对内设立合规部，建立完善数据交易规则制度和管理规范，对外发起数据流转及交易合规共识计划，成立了由13位数据流转及法律合规领域具有卓越影响力的专家组成的专家委员会，为数据交易的合规性提供政策依据、法律保障以及操作指南，助力深数所防控数据交易风险，并参与制定数据标准。基于场景驱动数据匹配与要素市场化配置机制最终实现场景绩效的逻辑闭环，深数所开拓了场景驱动数据要素市场化配置的高能激活路径，为突破场景与数据难以有效融合的"瓶颈"问题提供了实践启示。

2. 多维场景驱动的数据要素市场化配置新机制

基于深数所的数据要素市场化配置逻辑，本章针对数据要素市场化配置供需匹配机制难的问题提出"公共—产业—企业—用户"多维场景驱动的数据要素市场化配置的 CDM 机制。CDM 机制的核心逻辑在于激活场内交易，数据交易所不仅需提供交易撮合服务，更需发挥场景嵌入的核心职能。在场景驱动顶层逻辑下由职业经理人寻找实际场景，并将场景内的需求解构为需求清单，再联合数字技术服务、数据产品供给等多类数商角色共同把经授权的数据转化为场景化数据产品，以一个专业平台链接海量数据，联动数据要素生态，实行一个平台、一个标准，完成场景—数据最优匹配，如图 5-5 所示。

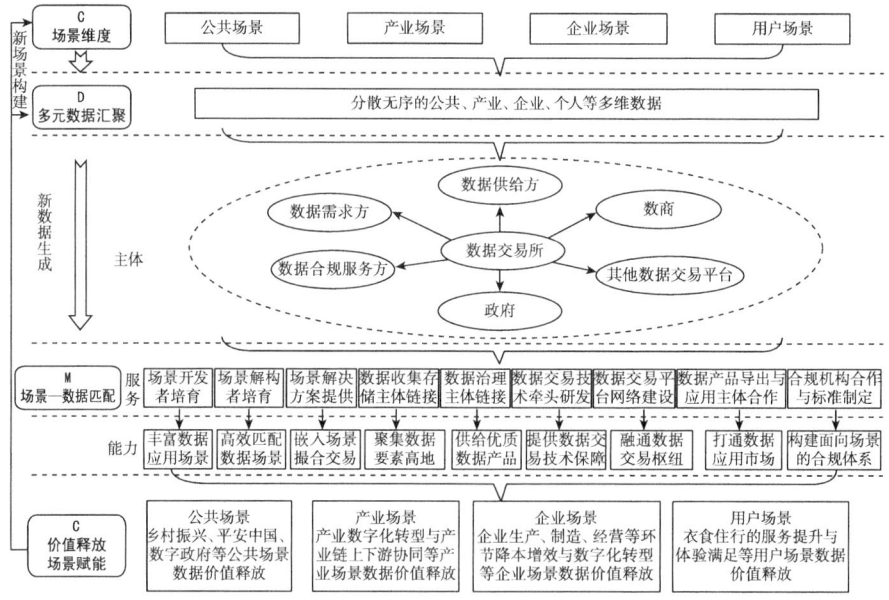

图 5-5 场景驱动数据要素市场化配置的 CDM 机制

资料来源：尹西明、钱雅婷、王伟光（2023）。

在 CDM 机制下，数据交易所基于公共、产业、企业、个人等多维场景汇聚分散无序的多元数据，通过与政府、数商、数据供需双方、合规机构、其他数据交易平台等生态主体合作，共同构建以数据交易所为中心、政府与多元数商共同赋能参与、合规机构保障、数据供需主体精准对接与场景价值满足的全要素价值共创生态。在此生态中，政府除提出公共维度场景问题外，还主要提供数据要素市场化配置的政策指引与监管规制，负责供给数据和数据产品的数商只需结合自身专业技术和业务场景打造并提供优质且匹配场景的数据产品与数据服务，保障有效数据的供给质量与数量。律师事务所等机构主要开展数据合规业务，发挥监管功能，为统筹数据安全与发展提供坚实保障。数据交易所作为生态中心，围绕多维场景与多元数据匹配提供数据要素生态服务，构建场景驱动数据要素市场化配置的体系能力。一方面，通过培育场景开发者、场景解构者并提供场景解决方案，为丰富数据应用场景、高效匹配数据场景、嵌入场景撮合交易提供有力抓手。另一方面，持续提供数据要素市场化配置全流程支持，通过链接数据收集、存储、治理主体聚集数据要素与优质数据产品，牵头研发数据交易技术提供技术保障，打通数据"收—存—治"三大环节；通过汇聚各类数据要素市场交易主体建设数据交易平台网络，融通数据交易枢纽；通过导出数据产品并与应用主体建立长远的合作关系打通数据应用市场；通过与合规机构合作并参与制定数据标准发挥数据监管职能，构建面向场景的合规体系。最终通过多维数据价值释放，充分赋能公共场景、产业场景、企业场景、用户场景。基于 CDM 机制，数据价值在多次复用、多元融合与高效匹配中充分激活，并进一步生成新数据，构建新场景，数据要素市场化配置生态更加繁荣。

　　面向公共、产业、企业、用户多维场景，数据交易所需进一步探索具体业务场景的场景—数据匹配机制。面向公共场景，由政府和公共事业单位向数商企业统一授权公共数据，如上海、贵阳、贵州将公共数据统一授权给云上贵州，北京市统一授权给金控。由政企合作面向公共场景问题开发数据产品，经过筛选后公开上架数据交易所，由数据交易所为该数据产品快速匹配多元场景，结合业务找到该数据产品需求企业并最终促成交易，实现场景—数据的多元匹配，打造公共数据在场景下的合规交易模式，解决公共难题。

面向产业场景，由企业与上下游合作机构深耕产业数据，开发基于场景的数据产品。在此基础上，企业与数据交易所合作，共同拓宽产业数据产品的应用场景，并将其投入场景试点探索产业数据产品在不同应用场景下的合规交易模式，由企业、数据交易所合作共创，打造具有国际竞争力的数据产业集群。

面向企业场景，针对企业业务痛点开发利用数据，通过场景—数据匹配使企业积累的海量数据得到合规有效开发，提升企业经营效率。企业既可以基于制造、生产等场景购买数据交易所的数据产品，既可以由场景驱动数据高效配置，降低企业生产成本；又可以面向业务维度接入数据交易所，依托数据交易所为企业用户匹配更多数据，提高企业业务收益。

面向用户场景，针对个人用户在数据分析开发的高门槛痛点，借助个人信息受托机制，由数据交易所联合数商开发面向用户的公共数据产品，让数据最大限度地普惠群众。用户只需通过数据交易所便能以较低的门槛购买所需的数据产品和服务，促进数据价值在用户层面的释放，推动用户积极参与数据要素的市场化配置，培育繁荣的数据要素市场主体。

四、小结

数据要素作为数字经济的微观基础和创新引擎，促进数据要素市场化流通和价值化实现是大势所趋，对新发展阶段畅通国内大循环、推动双循环新发展格局的形成和加快经济高质量发展具有重大意义。

本章针对数据要素价值化面临的理论与现实挑战，基于"权属—主体—价值实现"三维视角，引入创新生态系统和场景驱动创新理论，系统探讨了多元主体参与数据要素价值化过程的生态系统构成,深入剖析场景驱动数据要素市场化配置的理论逻辑,提出数据要素主体生态共创的基本逻辑,梳理了多维场景驱动数据要素市场化配置的过程机制。进一步地,结合数据交易所的典型实践探索,提炼了场景驱动数据要素市场化配置的 CDM 机制,打开了场景驱动数据要素市场化配置的过程"黑箱"。CDM 机制要求数据交易所从场景解决方案的角度出发,汇聚链接多元数据要素市场主体,在交易职能中进一步嵌入场景,将场景—数据匹配作为数据交易服务突破点,打通数据要素"收—存—治—易—用—管"各流程环节,实现数据价值释放与具体场景赋能,解决数据与场景难融合的问题,最终推动数字经济与实体经济深度融合。未来应加强顶层设计,培育多层次、跨区域、多主体高效共创的数据要素价值化生态系统,不断完善市场化机制和数据治理体系建设,构建具有中国特色、世界领先的数据要素价值化生态系统,探索形成数据要素市场化配置机制与价值化实现的中国方案。

(北京理工大学 尹西明、武沛琦、钱雅婷;清华大学 陈劲)

参考文献

[1]马建堂.建设高标准市场体系与构建新发展格局[J].管理世界,2021,37(5):1-10.

[2]赵滨元.数字经济核心产业对区域创新能力的影响机制研究——数字赋能产业的中介效应[J].科技进步与对策,2021(网络首发):1-7.

[3]梅春,林敏华,程飞.本地锦标赛激励与企业创新产出[J].南开管理评论,2021(网络首发):1-31.

[4]魏江,刘嘉玲,刘洋.数字经济学:内涵、理论基础与重要研究议题[J].科技进步与对策,2021,38(21):1-7.

[5]尹西明,林镇阳,陈劲,等.数据要素价值化动态过程机制研

究[J].科学学研究,2022,40(2):220-229.

[6]李直,吴越.数据要素市场培育与数字经济发展——基于政治经济学的视角[J].学术研究,2021,64(7):114-120.

[7]李海舰,赵丽.数据成为生产要素:特征、机制与价值形态演进[J].上海经济研究,2021,40(8):48-59.

[8]林志杰,孟政炫.数据生产要素的结合机制——互补性资产视角[J].北京交通大学学报(社会科学版),2021,20(2):28-38.

[9]谢康,夏正豪,肖静华.大数据成为现实生产要素的企业实现机制:产品创新视角[J].中国工业经济,2020,38(5):42-60.

[10]黄鹏,陈靓.数字经济全球化下的世界经济运行机制与规则构建:基于要素流动理论的视角[J].世界经济研究,2021,40(3):3-13,134.

[11]叶秀敏,姜奇平.论生产要素供给新方式——数据资产有偿共享机理研究[J].财经问题研究,2021,33(12):29-38.

[12]尹西明,陈劲,海本禄.新竞争环境下企业如何加快颠覆性技术突破——基于整合式创新的理论视角[J].天津社会科学,2019,39(5):112-118.

[13]穆荣平.国家创新体系与能力建设的有关思考[J].中国科技产业,2019,33(7):20-21.

[14]陈劲,尹西明.范式跃迁视角下第四代管理学的兴起、特征与使命[J].管理学报,2019,16(1):1-8.

[15]陈劲,李佳雪.数字科技下的创新范式[J].信息与管理研究,2020,5(Z1):1-9.

[16]何玉长,王伟.数据要素市场化的理论阐释[J].当代经济研究,2021,32(4):33-44.

[17]何伟.激发数据要素价值的机制、问题和对策[J].信息通信技术与政策,2020,46(6):4-7.

[18] 李海敏. 我国政府数据的法律属性与开放之道[J]. 行政法学研究, 2020,8(6):144-160.

[19] 李平. 开放政府数据从开放转向开发:问题和建议[J]. 电子政务,2018,15(1):85-91.

[20] 赵瑞琴,孙鹏. 确权、交易、资产化:对大数据转为生产要素基础理论问题的再思考[J]. 商业经济与管理,2021,41(1):16-26.

[21] 张钦昱. 数据权利的归集:逻辑与进路[J]. 上海政法学院学报(法治论丛),2021,36(4):113-130.

[22] 尹西明,陈劲. 产业数字化动态能力:源起、内涵与理论框架[J]. 社会科学辑刊,2022(2):114-123.

[23] 尹本臻,王宇峰. 京沪场景革命对浙江数字化改革的启示[J]. 信息化建设,2021(7):25-27.

[24] 尹西明,苏雅欣,陈劲,等. 场景驱动的创新:内涵特征、理论逻辑与实践进路[J]. 科技进步与对策,2022,39(15):1-10.

[25] 钱菱潇,王荔妍. 绿色场景创新:构建数字化驱动的发展模式[J]. 清华管理评论,2022(3):34-41.

[26] 邹波,杨晓龙,董彩婷. 基于大数据合作资产的数字经济场景化创新[J]. 北京交通大学学报(社会科学版),2021,20(4):34-43.

[27] 缪沁男,魏江,杨升曦. 服务型数字平台的赋能机制演化研究——基于钉钉的案例分析[J]. 科学学研究,2022,40(1):182-192.

[28] 尹西明,林镇阳,陈劲,等. 数据要素价值化生态系统建构与市场化配置机制研究[J]. 科技进步与对策,2022,39(22):1-8.

[29] 尹西明,林镇阳,陈劲,等."权属—主体—角色"视角下数据要素价值化架构设计与机制研究[J]. 数字创新评论,2022(1):53-64.

[30] 申卫星. 论数据用益权[J]. 中国社会科学,2020,41(11):110-131,207.

[31] DREXL J. Designing competitive markets for industrial data – be-

tween propertisation and access[J]. Journal of intellectual property, information technology and e – commerce law, 2017, 8(4):257 – 292.

[32]熊巧琴,汤珂. 数据要素的界权、交易和定价研究进展[J]. 经济学动态,2021,61(2):143 – 158.

[33]魏远山. 我国数据权演进历程回顾与趋势展望[J]. 图书馆论坛,2021,41(1):119 – 131.

[34]尹西明,陈劲,王冠. 场景驱动数据要素市场化配置的理论逻辑与机制研究[J]. 社会科学辑刊(录用待刊),2023(5).

[35]陈兵,郭光坤. 数据分类分级制度的定位与定则——以《数据安全法》为中心的展开[J]. 中国特色社会主义研究,2022(3):50 – 60.

[36]尹西明,陈泰伦,金珺,等. 数字基础设施如何促进区域高质量发展?——基于中国279个地级市的实证研究[J]. 中国软科学,2023(12):90 – 101.

[37]聂耀昱,尹西明,林镇阳,等. 数据基础设施赋能碳达峰碳中和的动态过程机制[J]. 科技管理研究,2022,42(18):182 – 189.

[38]胡泽鹏. 数据价值化、全要素生产率和经济增长——基于14家大数据交易中心的分析[J]. 工业技术经济,2022,41(12):10 – 19.

[39]尹西明,钱雅婷,王伟光. 场景驱动构建数据要素生态飞轮——从深圳数据交易所实践看CDM新机制[J]. 清华管理评论,2023(5):107 – 117.

第六章　北京数据要素市场培育现状及对策建议

摘　要　数据要素是参与社会生产经营活动、为使用者或所有者带来经济效益的数据资源。伴随大数据时代的到来，全球数据爆发式增长，数据资源快速累积，成为各国新的经济发展动力。据 Statista 统计，预计到 2025 年全球数据产量将达到 181ZB。国家工业信息安全发展研究中心预测，2025 年，我国整体数据要素相关市场空间约为 1749 亿元。我国人口众多、超大规模的国内市场、巨大的内需潜力与丰富的自然资源优势等都为数据要素市场发展提供了重要的基础条件。北京作为首都应抢抓数据要素市场发展机遇，确立北京在数据要素市场体系建设中的标杆位置，加快全球数字经济标杆城市建设。

关键词　北京；数据要素；"数据二十条"

一、北京数据要素市场培育新进展

随着数字经济的加速发展，数据已成为重要的生产要素。北京市在培育数据要素市场方面具有数据资源丰富、数据要素市场规模大、发展基础好、成长速度快等优势。2022 年，北京市数字经济实现增加值 17330 亿元，占地区生产总值的 41.6%。其中，数据要素市场规模约为 350 亿元，占全国的 39%。数据要素市场发展按下了加速键，呈现出政策规范化、公共数据市场主体多元化、数据基础设施一体化、数据流通交易隐私化、数商生态繁荣化、数据流通全球化六大发展趋势。

（一）政策加速推进，引领发展规范化

北京是我国较早研究制定数据要素市场化基础制度的地区之一。2020年4月，北京市发布《关于推进北京市金融公共数据专区建设的意见》。2020年6月，北京市印发《北京市加快新场景建设培育数字经济新生态行动方案》，提出要通过实施应用场景"十百千"工程，培育形成高效协同、智能融合的数字经济发展新生态。2021年3月，北京国际大数据交易所成立。2021年7月和12月，北京市先后发布了《北京市关于加快建设全球数字经济标杆城市的实施方案》和《政务数据分级与安全保护规范》，提出通过5~10年的接续努力，成为国际数据要素配置枢纽高地。2022年5月，北京市经济和信息化局印发《北京市数字经济全产业链开放发展行动方案》，提出要以数据要素市场化配置改革为突破，推动数据生成—汇聚—共享—开放—交易—应用全链条开放发展，打造数字经济发展的"北京标杆"。2023年1月1日，《北京市数字经济促进条例》正式实施，规定了信息网络基础设施、算力基础设施、新技术基础设施等的建设要求，数据汇聚、利用、开放、交易等规则，以及数字产业化的技术、产业方向和企业发展目标。2023年6月，北京市发布《关于更好发挥数据要素作用进一步加快发展数字经济的实施意见》，提出力争到2030年，全市数据要素市场规模将达到2000亿元，基本完成国家数据基础制度先行先试工作，形成数据服务产业集聚区。北京市以北京国际大数据交易所为载体，以合规管理、促进交易为导向，在登记确权、数据定价、数据交易、数据托管等方面先行先试，打造引领全国数据要素市场发展的"北京样板"。随后北京市又密集出台了《北京市公共数据专区授权运营管理办法（征求意见稿）》《关于进一步推动首都高质量发展取得新突破的行动方案（2023—2025年）》等一系列数据要素相关法律法规，推进建立完善的工作机制，形成了强化数据要素市场化配置、促进数字经济发展的制度体系，呈现出概念界定逐步清晰、推进思路各具特色、落地方案细化创新等特点，引领数据要素市场规范化发展。详见表6-1。

表6-1 北京出台数据要素法律法规

文件名称	出台时间	概况
《北京市数字经济促进条例》	于2022年11月25日经北京市第十五届人民代表大会常务委员会第四十五次会议通过，2023年1月1日起正式施行	包括总则、数字基础设施、数据资源、数字产业化、产业数字化、智慧城市建设、数字经济安全、保障措施、附则共九部分。主要围绕夯实数字基础设施、加大数据资源开发利用、推动数字产业发展、促进产业数字化转型、推进智慧城市建设、提升数据安全保障水平等方面，提出了数字经济发展的"北京方案"。主要有三个亮点：一是提出"新技术基础设施"新提法。将新技术基础设施与信息网络基础设施和算力基础设施一起，作为数字基础设施的三个组成部分。二是提出"数据专区"新提法。在金融、医疗、交通、空间等领域设立公共数据专区，开展公共数据专区授权运营，并对符合条件的单位和个人提供可信环境和特定数据。三是提出"数字产业"新提法。提出支持数字产业基础研究和关键核心技术攻关，支持企业发展数字产业，培育多层次的企业梯队，推动数字产业向园区聚集，培育数字产业集群
《北京市数字经济全产业链开放发展行动方案》	于2022年5月30日由北京市经济和信息化局发布	包括总体要求、主要措施、组织实施三部分共11条。提出北京将利用2~3年，制定一批数据要素团体标准和地方标准，开放一批数据创新应用的特色示范场景，推动一批数字经济国家试点任务率先落地，出台一批数字经济产业政策和制度规范，加快孵化一批高成长性的数据服务企业，形成一批可复制、可推广的经验做法，在全国率先建成活跃有序的数据要素市场体系，数据要素赋能经济高质量发展作用显著发挥，将北京打造成为数字经济全产业链开放发展和创新高地
《关于更好发挥数据要素作用进一步加快发展数字经济的实施意见》	于2023年6月20日由中共北京市委、北京市人民政府发布	包括总体要求、数据产权和收益分配制度、数据资产价值实现、公共数据开发利用、数据要素市场、数据服务产业、数据基础制度、安全监管治理、保障措施九部分共22条，被称为"北京数据22条"。主要有五个亮点：一是确定了北京数据要素市场规模。力争到2030年，北京市数据要素市场规模达到2000亿元。二是扩大了公共数据专区授权运营模式应用范围。推广完善金融等公共数据专区建设经验，加快推进医疗、交通、空间等领域的公共数据专区建设。三是探索数据跨境流通模式。积极参与RCEP、CPTPP、DEPA等数据跨境流通国际规则制定和合作，并将在海淀区、朝阳区、北京大兴国际机场临空经济区分别建设北京数字贸易港、北京商务中心区跨国企业数据流通服务中心和数字贸易试验区，探索数据跨境流动模式。四是提出"数据服务产业"新提法。数据服务产业包括数据生产服务业、数据安全服务业、数据流通服务业和数据应用服务业。五是建设可信数据基础设施。基于数字对象架构的数联网、可信数据空间等关键技术，建设面向全球、平等开放的数据基础设施。基于信创技术建设数据可信流通体系和"监管沙盒"

续表

文件名称	出台时间	概况
《北京市公共数据专区授权运营管理办法（征求意见稿）》	于2023年7月18日由北京市经济和信息化局发布	包括总则、管理机制、工作流程、运营单位管理要求、数据管理要求、安全管理与考核要求、附则七部分共31条。有五个亮点：一是将公共数据专区分为领域类、区域类及综合基础类三大类。领域类指金融、教育、医疗、交通、能源等重大领域应用场景数据专区，区域类指重点区域或特定场景数据专区，综合基础类指跨领域、跨区域的综合应用场景数据专区。二是明确了各类公共数据专区的监管主体。领域类公共数据专区由相关行业主管部门负责监管，区域类公共数据专区由相关区政府负责监管，综合基础类公共数据专区由北京经信局负责监管。三是明确了公共数据专区授权运营工作流程。工作流程包括信息发布、申请提交、资格评审、协议签订等。运营协议包括授权主体和对象、授权内容、授权流程、授权应用范围、授权期限、责任机制、监督机制、终止和撤销机制、不可抗力等。授权运营协议的有效期一般为5年。四是明确了运营单位管理要求。包括制度建设、经营状况、运营条件、技术管理要求、专区建设维护、数据产品及服务备案、数据开发与运营管理平台、合作方管理、信用管理、退出机制等。五是明确了专区数据管理要求。包括保护个人隐私和确保公共安全、根据应用场景需求提出数据申请、数据分四级向专区提供不同方式共享，以及不得授权运营的数据
《关于进一步推动首都高质量发展取得新突破的行动方案(2023—2025年)》	于2023年7月22日由中共北京市委办公厅、北京市人民政府办公厅发布	包括六大部分共50条，其中，在第14条、第15条、第16条和第29条中，从充分激活数据要素潜能、夯实先进数字基础设施、更好促进平台经济规范健康持续发展、促进数字新型消费四个方面，对数据要素市场化进行了部署。提出充分激活数据要素潜能，探索数据资源资产化、市场化、产业化发展的有效模式和可行路径；鼓励央企、国企、互联网平台企业以及其他有条件的企业和单位，在北京成立数据集团、数据公司或数据研究院；支持海淀区建设北京人工智能公共算力中心、朝阳区建设北京数字经济算力中心。统筹推进人工智能、区块链、大数据、隐私计算、城市空间操作系统等新技术基础设施建设等
《关于推进北京市金融公共数据专区建设的意见》	于2020年4月9日由北京市大数据工作推进小组办公室发布	有五个亮点：一是明确了金融公共数据专区的功能。金融公共数据专区是北京市金融公共数据汇聚的核心载体、运营管理的平台和社会应用的统一接口，承担金融公共数据统进统出、制度化管理、创新社会应用的功能。二是明确了金融公共数据专区的指导机构。市经济和信息化部门负责统筹、协调、指导和监督金融公共数据的汇聚、管理、运营、应用及相关产业发展。市地方金融监督管理部门对金融公共数据的应用进行必要的指导、协调。三是明确了金融公共数据汇聚的要求。要求市属各行政机关和组织按照专区建设的相关要求，将数据目录中的金融公共数据向专区汇聚。四是明确了金融专区授权运营的主体。市经济和信息化部门具体负责将金融公共数据授予市属国有企业进行运营。五是规定了运营单位的责任和义务。运营单位负责对专区进行日常管理和维护，负责为各类金融机构及其他主体公平提供数据产品和服务，负责制定数据的分级分类标准，应当遵守国家网络安全相关要求等

续表

文件名称	出台时间	概况
《北京市关于加快建设全球数字经济标杆城市的实施方案》	于2021年7月30日由中共北京市委办公厅、北京市人民政府办公厅发布	包括总体要求、打造全球领先的数字经济新体系、组织实施标杆引领工程、培育壮大数字经济标杆企业、保障措施五部分共27条。全力打造引领全球数字经济发展的"六个高地",包括城市数字智能转型示范高地、国际数据要素配置枢纽高地、新兴数字产业孵化引领高地、全球数字技术创新策源高地、数字治理中国方案服务高地、数字经济对外合作开放高地
《政务数据分级与安全保护规范》	于2021年12月23日由北京市市场监督管理局发布的地方数据分级标准,2022年4月1日起正式生效	综合考虑数据发生泄露、篡改、丢失或滥用后的影响对象、影响程度、影响范围,将数据划分为四级,并将政府数据分为无条件开放共享、有条件开放共享和不予开放共享三种形式

(二)多方参与公共数据专区建设,市场主体多元化

北京在全国率先开展了公共数据专区授权运营模式的规范研究和实践探索。2012年,北京市大数据中心设立北京市公共数据开放平台,截至2023年6月,累计开放涵盖经济建设、信用服务、财税金融、医疗健康等领域的115家单位17075个数据集、71.86亿条数据量。2023年7月《北京市公共数据专区授权运营管理办法(征求意见稿)》将公共数据专区分为领域类、区域类及综合基础类三大类,并明确了行业主管部门、区政府和北京市经济和信息化局分别为以上三类专区的监管主体,北京市人民政府可以开展公共数据专区授权运营。

于2020年9月开展的金融公共数据专区的授权运营管理是引入企业主体开展公共数据社会化应用的生动实践。由北京市经济和信息化局授权北京金融控股集团,北京金融大数据公司作为北京金融控股集团的全资子公司,具体负责金融公共数据专区的建设和运营工作,由具备数

据安全管理制度、集成开发平台和资源管理系统的专区承接公共数据托管和创新应用，实现"政府监管＋企业运营"。北京金融大数据公司采取与银行联合建模、部署联合建模节点等模式，实现数据"可用不可见"。除金融数据专区运营外，北京正在推广完善金融等领域公共数据专区建设经验，扩大公共数据专区授权运营模式应用范围，加快推进医疗、交通、空间等领域的公共数据专区建设。北京国际大数据交易所设立了工业、科学等不同领域的数据专区。工业数据专区依托中国工业互联网研究院工业互联网数据要素登记（确权）平台与北京国际大数据交易所（以下简称"北数所"）数据交易平台，面向企业提供数据登记、确权、评估、流通、交易、跨境等相关服务，重点解决工业数据资源持有权、加工使用权、产品经营权等分置的产权问题，推进工业领域数据要素市场构建。科学数据专区由北数所和北京市科学技术研究院合作建设运营，是全国首个专门针对科技领域数据交易流通的专题数据区域。专区提供数据登记、确权、评估、流通、交易、应用等服务，重点解决科学数据资源持有权、加工使用权、产品经营权等分置的产权问题。

（三）平台建设先行，数据基础设施一体化

北京市主要通过六种方式，多途径探索数据基础设施建设方式。一是建设公共数据专区。北京已于 2020 年 9 月建成并运营全国第一个公共数据专区——北京金融公共数据专区，并将在医疗、交通、空间等领域建设更多的公共数据专区。二是持续维护市级大数据平台和公共数据开放平台。市大数据中心通过持续加强对公共数据和非公共数据的汇聚，持续维护市级大数据平台、公共数据开放平台以及自然人、法人、信用、空间地理、电子证照、电子印章等基础数据库，提升跨部门、跨区域和跨层级的数据支撑能力。继续对接全国一体化政务数据资源库和目录体系，扩大公共数据开放规模，持续升级改造北京公共数据开放平台。三是提出建设"新技术基础设施"。在信息网络基础设施、新一代

高速固定宽带和移动通信网络、量子通信、卫星互联网、感知物联网和车路协同等网络基础设施，以及算力、算法和开发平台等算力基础设施建设的基础上，推进人工智能、区块链、大数据、通用算法、底层技术、软硬件开源等新技术基础设施建设。四是建设数据流通"监管沙盒"。探索基于信创技术建设数据可信流通体系和"监管沙盒"，通过物理集中与逻辑汇通相结合的方式，导入能源、工业、交通、金融、电信、科研、医疗、商贸、教育等领域数据资源，促进数据跨行业融合应用。五是探索建设数据跨境服务平台。针对跨境支付、跨境电商、服务外包、供应链管理等典型应用场景，探索建立集中承载数据跨境监管、安全评估、认证等服务的数据跨境服务。六是建设可信数据基础设施。积极参与数据基础设施标准体系建设，基于 IPv6 的下一代互联网和数字对象架构的数联网与可信数据空间等关键技术，推动建设面向全球、平等开放的数据基础设施。

（四）强化数据技术支撑，数据流通交易隐私化

北数所是全国第一个运用隐私计算、区块链等数据技术构建数据合约和数据交易系统的数据交易所，依靠技术手段，打造了数据流通交易"数据可用不可见，用途可控可计量"的安全环境。其基于区块链和隐私计算技术构建的数据交易系统，能为市场参与者提供数据清洗、供需撮合、法律咨询、价值评估、权属认证等一系列专业化服务，是全国首家基于隐私技术建立起来的安全可信数据交易平台。

北数所以创新的技术和独特的生态为支撑，探索数据合约等数据要素交易的新模式，主要提供数据信息登记服务、数据产品交易服务、数据运营管理服务、数据资产金融服务和数据资产金融科技服务。技术支撑方面，依托区块链等先进技术构建"1＋3"的交易系统总体架构，为数据供需双方提供可信的数据融合计算环境。在数据采集分析过程中，引入了机器学习等先进技术，实现数据采集、清洗、组织、加工等环节自动化和智能化。在数据加工生产过程中，创新运用多方安全计

算、联邦学习、TEE 等隐私加密计算技术，实现了数据"可用不可见"，探索出了在不触及数据所有权的情况下，实现"数据特定使用权流通"新模式，实践了数据所有权与使用权的分离。在数据流通交易过程中，首次将区块链技术应用于数据确权登记、访问、分析、计算、交易过程中，将不同数据操作全部上链存储，保障数据的来源可追溯、内容防篡改。在数据安全监管环节，利用了测试沙盒，实现数据供需各方可在线完成模型部署、开发及测试。详见表6-2。

表6-2 北京国际大数据交易所提供的服务

服务种类	服务内容
数据信息登记服务	建立北京市统一的数据登记平台。北京市政府部门事业单位将公共数据通过无条件开放和授权开放的形式向北数所有序汇聚，企业可在北数所内免费或有条件地使用数据登记平台数据开发数据产品。驱动商业数据向北数所聚集，形成公共数据与商业数据聚集高地。构建规范的数据产品库，利用区块链技术、数据安全沙箱、多方安全计算等方式，全面提升数据登记的安全性、合规性、保密性
数据产品交易服务	搭建区块链数据产品交易系统开展数据产品交易。交易类型有数据产品所有权交易、使用权交易、收益权交易和跨境交易四种。交易模式有协议转让、挂牌、应用竞赛等形式。数据产品形态有商业数据、数据分析工具、数据解决方案等
数据运营管理服务	建立全链条数据运营服务体系，培育专业的数据中介服务商和代理人，为市场参与者提供数据清洗、法律咨询、价值评估、分析评议、尽职调查等服务
数据资产金融服务	探索开展数据资产质押融资、数据资产保险、数据资产担保、数据资产证券化等金融创新服务。提供质押标的处置变现、风险代偿和评估值服务。打造符合数据交易特征的支付结算体系
数据资产金融科技服务	通过大数据、云计算、人工智能、区块链等技术，实现交易平台线上交易、智能评估、智能撮合、风险提示等功能。运用多方安全计算在数据安全、数据应用等方面的作用，实现数据"可用不可见"，促进数据资产化、产品化。接入北京市交易场所监管系统、北京市交易场所登记结算系统，纳入北京市数据跨境流动安全管理试点，实现对交易过程、资金结算的实时监测

（五）依托数据服务产业，数商生态繁荣化

北京市创新提出了"数据服务产业"的新概念和新提法，并明确

了数据生产服务业、数据安全服务业、数据流通服务业、数据应用服务业等数据服务产业的四个组成部分。数据生产服务业包括数据采集、清洗加工、存储计算、数据分析、数据标注、数据训练等；数据安全服务业包括数据安全评估、资产保护、数据脱敏、存储加密、隐私计算、检测认证、监测预警、应急处置等产品和服务；数据流通服务业包括数据资产评估、数据经纪、数据托管、数据金融、合规咨询等；数据应用服务业旨在帮助企业推广复制典型应用项目，推动数字经济与实体经济深度融合发展。北京市采取了一系列发展数据服务产业的举措：一是建设数据服务产业示范基地，通过开放数据、开放场景和提供算力等，推进各类数据要素型企业入驻数据服务产业基地；二是建设数据要素创新研究院，支持数据驱动的科学研究；三是完善人工智能数据标注库，探索打造数据训练基地，促进研发自然语言、多模态、认知等超大规模智能模型。此外，还采取了加大数字产业基础研究、组织关键核心技术攻关、支持企业发展数字产业、培育多层次企业梯队、培育数字产业集群、促进平台企业开放生态系统、推动政企数据交互共享等其他措施。除直接进行数据交易的数据供需方以外，配套服务机构在促进数据资源供给、降低数据供需对接成本的过程中发挥了重要作用。为数据供需双方提供撮合、托管、经纪、结算、评估、担保等第三方专业服务的数据服务商成为数据要素市场发展的新热点。

北京市在全国范围内率先提出建立"数字经济中介"产业体系，以数据交易所为基础，培育数据托管、数据经纪等一系列创新型中介产业。北数所联合了部分具备合规数据资源或授权运营某类数据的合作方，打造数据"保险箱"和"加工厂"——数据托管体系。同时，依托北数所成立了全国首个国际数据交易联盟，涵盖交易主体、交易客体、相关服务单位等全要素市场参与方，截至2023年底，已入驻北京市大数据中心、北京仲裁委员会、北京金融大数据公司等100多家单位，逐步建立国际化的数字经济中介产业体系，为数据要素资源价值化进程提速。

发展数据服务业，引入市场化主体参与，有效激励与专业化分工，充分发挥市场作用，使得数据要素价值以产品或服务的形式释放的过程中涉及各模块技术服务商、各类型数据服务商、各领域第三方服务机构以及大量数据开发商，产业生态正在趋于丰富化与繁荣化。

（六）探索数据跨境流动，数据流通全球化

与上海、深圳等改革开放的前沿地区相比，北京在对外开放的既有经验和探索实践方面相对较弱。但在这次数据跨境流动规则探索方面，北京充分发挥习近平总书记亲自批准建设国家服务业扩大开放综合示范区和以科技创新、服务业开放、数字经济为主要特征的自由贸易试验区"两区"的独有优势，率先从多个维度对数据跨境安全流通进行探索实践，为建立数据全球流动"中国方案"做出北京贡献。北京市从三个方面探索数据跨境流通模式：一是积极参与 RCEP、CPTPP、DEPA 等数据跨境流通国际规则的制定和合作；二是在海淀区、朝阳区、北京大兴国际机场临空经济区分别建设北京数字贸易港、北京商务中心区跨国企业数据流通服务中心和数字贸易试验区；三是由北数所打造全国首个服务跨境场景的数据托管服务平台，这个平台以标准统一化、管理高效化、服务定制化为特点，支持提供数据托管、脱敏输出、融合计算、建档备案、托管治理、技术审计等数据跨境运营增值服务，并探索从个案规则到合作规范的跨境数据流动路径。"两区"建设让北京先行先试数据跨境流通规则拥有了政策优势，而从国际多边协议、设立数据流通试验区、建设数据跨境流通平台等方面进行探索实践，极有可能在数据跨境流通的国际合作、数据安全保护以及技术平台建设等方面实现突破。

二、北京落实"数据二十条"的新要求

近年来，随着数字经济发展进入新阶段，各国加快出台相应法律法

规,以精细化、立体化的方式打造具有本国特色和体系完备的数据制度、政策与标准,将全球数据要素市场培育推入向深务实阶段,也将全球数字经济竞争从大战略博弈推入多领域跨地域具体化政策法规的比拼。北京发布《关于更好发挥数据要素作用进一步加快发展数字经济的实施意见》(以下简称"数据二十条"),进一步加大了数字经济发展的力度,巩固了数据作为关键经济驱动力的地位,为北京打下更坚实的数字创新和经济活力基础,引领全国数字进步和国际合作提供了有力的政策支持。

(一) 北京"数据二十条"关注要点

从数据要素的角度来看,北京"数据二十条"提出了一系列措施,旨在加强数据分类分级保护、数据安全和治理、数据监管模式创新、组织领导、人才队伍建设、资金支持等方面的工作,以推动数字经济的快速发展。

首先,通过加强数据分类分级保护,为不同领域的数据提供了明确的安全保护范围和措施。这种分类分级保护不仅能够确保涉及国家利益、公共安全、商业秘密和个人隐私等重要数据的安全,也为数据的合理流通和应用提供了基础保障,为数字经济发展营造了稳定和可持续的环境。

其次,进一步强调了数据安全和治理。北京"数据二十条"提出了加强数据安全监测、加密传输、访问控制、隐私计算等安全保障技术的研发与应用,为数据的安全性提供了有力支持。同时,还推动企事业单位开展数据安全管理认证和数据管理能力评估,引导其提升数据安全管理水平。

最后,创新的数据监管模式为数据要素市场的健康发展提供了有力支持。政策鼓励建立数据交易失信行为认定、守信激励、失信惩戒、信用修复等机制,以促进数据要素市场的信用建设和规范发展。建立数据联管联治机制,推进分行业监管和跨行业协同监管,有助于加强对数据垄断和不正当竞争行为的监管,以维护公平竞争和规范有序的市场环境。

(二) 北京落实"数据二十条"的实践探索

1. "定权利"建立个人数据分类分级确权授权机制

北京探索建立结构性分置的数据产权制度,推进数据资源持有权、数据加工使用权、数据产品经营权"三权分置"的产权运行机制先行先试,推动界定数据来源、持有、加工、流通、使用过程中各参与方的合法权利,同时对公共、企业和个人的数据分级分类确权授权。公共数据确权授权方面,由北京市大数据中心开展公共数据归集、清洗、共享、开放、治理等活动,确保数据合规使用;企业数据确权授权方面,明确推动建立企业数据分类分级确权授权机制,对各类市场主体在生产经营活动中依法依规采集、持有、加工和销售的不涉及个人信息与公共利益的数据,市场主体享有相应权益;个人数据确权授权方面,允许个人将承载个人信息的数据授权数据处理者或第三方托管使用,推动数据处理者或第三方按照个人授权范围依法依规采集、持有、使用数据或提供托管服务。

2. "拓价值"开展数据资产作价入股融资等探索

北京"数据二十条"按照"谁投入、谁贡献、谁受益"的原则,建立数据要素由市场评价贡献、按贡献决定报酬的收益分配机制。探索建立企业数据开发利用的收益分配机制,鼓励采用分红、提成等多种收益共享方式,平衡兼顾数据来源、采集、持有、加工、流通、使用等不同环节相关主体之间的利益分配。探索个人以按次、按年等方式依法依规获得个人数据合法使用中产生的收益。在开展数据资产登记方面,由市大数据中心开展公共数据资产登记工作,北数所开展社会数据资产登记服务;在资产评估入表方面,建立完善数据资产评估工作机制,开展数据资产质量和价值评估,探索数据资产入表新模式,探索将国有企业数据资产的开发利用纳入国有资产保值增值激励机制；在数据资产金融创新方面，积极开展数据资产作价入股、融资、信托等探索。北京已经开展数据资产登记评估入表试点，支持多家中小企业分别获得了千万元级贷款。

3. "促公开"多层次开放数据

北京市是首个以"公共数据专区"为抓手，规范推进公共数据授权运营的城市。目前已形成无条件开放、有条件开放、数据专区开放等多层次数据开放体系。无条件开放方面，北京建立数据公开常态化机制，动态更新年度公共数据开放计划，持续扩大普惠供给；有条件开放方面，北京率先建成"北京市公共数据开放创新基地"，搭建安全可信技术环境，通过数据清洗脱密、脱敏，面向企业及研究机构提供精准和无偿的数据供给，打造高自由度的轻量级数据创新实验场；数据专区开放方面，北京首创授权开放、市场运营的数据专区模式，鼓励各类市场主体或科研机构积极研究政企数据融合应用场景。图6-1所示为北京开放数据的实践案例。

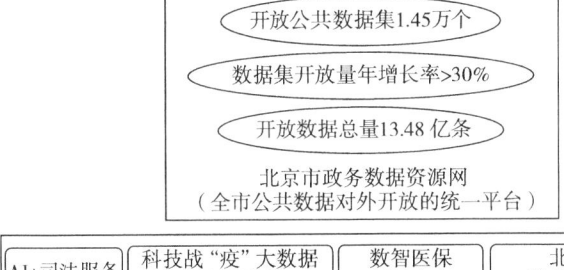

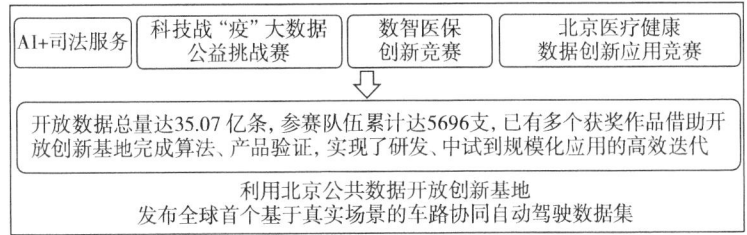

图6-1 北京开放数据的实践案例

4. "搭平台"打通流通链条

作为北京统一的数据要素资源交易平台，北数所以交易平台为载体，以合规管理、促进交易为导向，以区块链、隐私计算等新兴技术为牵引，在数据确权、数据资产管理、数据资产评估等方面不断突破。北数所自成立以来，建立全国首个集规则、机制、技术于一体的可信数据流通服务体系；设立全国首个数据资产交易中心、首个服务跨境场景的数据托管服务平台；获批全国首个数据出境安全评估案例，通过首家企业个人信息出境标准合同备案。截至2023年10月，北数所平台数据交易规模达15.57亿元，数据交易合约7901笔，数据产品1624个，参与主体591家。同时，围绕数据交易不断探索数据业务新模式，北京国际数据交易联盟成员单位从最初的48家增加到超过150家，数据流通链条已初步打通。在2023年全球数字经济大会（GDEC）上，北数所首次发放北京市数据资产登记、全国工业数据专区数据登记双证书，以及以智慧能源、环境监测、数字地图等21个最新数据资产登记产品，数据要素价值转化渠道基本形成。

5. "建生态"发展数据服务产业繁荣数据市场

北京大力发展数据服务产业。在发展数据要素新业态方面，支持中央企业、市属国有企业、互联网平台企业以及其他有条件的企业和单位，在北京成立数据集团、数据公司或数据研究院；在数据技术产品和商业模式创新方面，推进数据生产、流通、交易、治理等数据链全栈技术研发和成果转化；在数据应用场景示范方面，提出深入推进全市智慧城市和数字政府建设场景开放等创新政策。根据北京"数据二十条"，北京加快自动驾驶数据应用场景示范，发展高级别自动驾驶汽车、智能网联公交车、自主代客泊车和高速公路无人物流等；实施医疗数据应用场景示范，开展个人健康实时监测与评估、疾病预警、慢病筛查、智能诊断和智能医疗等；推进文化数据应用场景示范，探索数字影视、数字人演播和文化元宇宙等。

2023年11月10日，北京数据基础制度先行区启动。按照适应数据要素和数字经济特征的新型监管方式建立先行先试机制，建设数据基础制度综合改革"试验田"和数据要素集聚区，北京国际数据实验室、国际数据空间协会中国数据中心、北京数据基础制度先行区建设工作办公室、北京公共数据开放创新基地、北京公共数据资产登记中心、北京社会数据资产登记中心、北京数据资产评估服务站、北京数据跨境服务中心等一系列数据要素先行机构和数据服务窗口正式入驻数据先行区，首信云技术有限公司、北京国际算力服务有限公司等10家数据要素市场主体在数据先行区落地。11月20日，全市首个区级数据要素服务中心——北京国际大数据交易所顺义数据要素服务中心揭牌，为各类企业和机构提供更加便捷和高效的全链条数据要素服务，进一步发挥"产业+数据"作用。为培养数据要素人才，北京市经济和信息化局印发《北京市首席数据官制度试点工作方案》，全面推广试点首席数据官制度，积极开展企业首席数据官素养能力培训，在全国率先打造政产学研协同的企业首席数据官培育模式，并已为150余名达标参训企业代表颁发企业首席数据官素养能力培训证书。北京通过建设数据基础制度先行区，促进企业数字化转型，加快推进中小企业发展，推动制造业"智改数改"，数据平台与中央和地方政府的合作联系日益密切，日益繁荣的数据要素生态体系正逐步建立。

6. "强监管"保障数据安全和治理

北京目前已逐步形成政府监管、交易所监管和行业自律三重数据要素市场监管机制，并建立与之相匹配的技术监督体系，用新型监管模式为市场增信，打造数据高效流通的"制度高地、可信空间、数据工场和价值福地"。在政府监管方面，北京积极推动数据分级分类管理，开展平台企业数据合规指引，指导北数所加强业务合规性管理，并对业务进行监管，在公共数据开放创新基地搭建国产化的"监管沙盒"环境。在交易所监管方面，北数所以合规管理、促进交易为导向，设立多层次数据市场主体的准入机制、数据敏感度分级管理等创新规则，形成新型数据交易细则。在行业自律方面，各单位通过"长安链"区块链联盟、北京国际数据交易联盟、北京人工智能产业联盟等协会机构，开展协同创新成果、行业规范和合作倡议等方面行业自律和纠纷调解。以北数所为例，其上线的 IDeX 系统，基于区块链实现数据资产唯一性确权，为上架交易数据产品进行登记，提供数据资产凭证。同时，通过基于隐私计算技术实现"可用不可见、可控可计量"新型数据交易范式，以数据使用权和数据产品、服务为交易对象，探索在金融、医疗、商业等应用场景实现数据价值安全流动，保障个人敏感信息和企业商业秘密不被泄露。

三、国外数据要素市场建设的经验借鉴

（一）多主体参与数据要素市场建设

欧美等发达国家认为，政府应当做数据市场的"守夜人"和"教练员"，尤其重视企业、行业协会、科研院校在数据要素市场中的主体作用。欧美政府很早便以开放政府数据的方式丰富数据市场的体量规模，并积极出台各种隐私保护法律和政策以引导非公共数据的共享和交易。欧美发达国家既拥有强大的互联网企业，也拥有符合本国特点的数据中介主体。数据中介主体极大地促进了结构化、标准化和高质量的数据的供给和流通。欧盟在 2022 年颁布《数据治理法》，开展对"利他主义"数据机构的认证，并扶持其参与数据的流通与共享。美国于 2022 年发布《美国数据隐私和保护法案》讨论稿，平衡个人隐私保护和数据价值释放。欧美国家拥有发达的行业协会、科研院所和第三方服务机构，这些非数商主体也积极参与数据要素市场的建设。各大行业协会和科研院所积极推进数字技术的研发和数据流通领域的标准及规范的建立。美国电气与电子工程协会（IEEE）和瑞士的国际电信联盟电信

标准局均于2021年对数据多方安全计算技术的框架、安全等级和工作流程进行了规范。2021年，以西门子、SAP等德国、法国企业为主的22家公司设立了盖亚-X协会，旨在促进各国各界加强数据流通中的交流合作，推动数字基础设施的建设和标准的统一。此外，以投资银行和律师事务所为代表的第三方服务机构也为数据资产的合规流通提供了专业化服务。如图6-2所示。

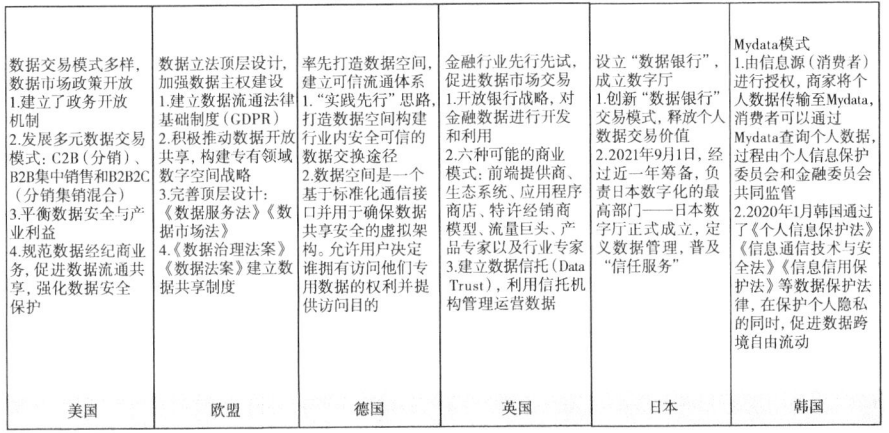

图6-2　国外主要国家数据政策

（二）数据流通模式趋于多样化

发达国家的数据流通新业态和新模式不断涌现，其数据交易规模不断增加，数据交易活力和数据价值释放能力快速提升。在美国，以数据经纪商为代表的数据中介组织是数据价值的主要发现者、数据流通的主要联结者，目前已经形成C2B、B2B、B2B2C三种数据交易模式。欧盟基于数字主权和数字伦理等因素，创设了数据中介制度，由接受政府部门全过程监管的数据中介促进非公共数据共享。英国将数据纳入信托机制，日本则创新"数据银行"交易模式，最大化地释放个人数据价值。依托上述的各类新型数据流通模式，发达国家建立了数量庞大、定位各异的数据交易平台。国外目前已形成诸多综合性数据交易平台和专注细分领域的平台，前者如美国的BDEX、Crunchbase和日本的Data Plaza，后者如位置数据领域的 Factual、经济金融领域的 Quandl。此类交易平台不仅提供居间撮合,也为用户提供各类数据增值的解决方案。近年来,国外众多 IT 头部企业依托自身庞大的云服务和数据资源体系,构建了各自的数据交易平台,如谷歌云、Oracle Data Cloud。综合来看,发达国家的数据交易平台多以企业为主导,并采取市场化模式。

(三)产业数据空间方兴未艾

随着数字经济从消费和流通领域向生产领域漫溯,数据交易也从服务业向工业领域扩展。在数据交易平台方面,欧洲为了在与亚马逊等美国企业的竞争中抢占主动权,决定以"盖亚-X 产业数据空间计划"培育自身在制造业领域内的数据竞争力。数据空间是一个虚拟的空间,以解决数据权属问题和确保数据安全交换共享,其目标是要构建一个完整的数据生态,使数据在可信、低成本的空间中发挥最大的价值。为促进欧盟成员国内部的数据汇集、共享和利用,欧盟于 2020 年将数据空间作为《欧洲数据战略》的核心,计划投资 40 亿~60 亿欧元以开发工业、能源和农业等 9 个领域的数据空间,后增加至 10 个领域。欧盟基于较为成熟的数据产业空间框架向外输出"欧盟标准",逐渐鼓励欧盟以外的跨国公司参与其产业数据空间的协作。截至 2023 年,欧盟为推动数据空间计划而设立的盖亚-X 协会已拥有 377 家组织成员,其中包括 NTT 通信等日本公司以及 4 家中国机构。从数据交易平台到产业数据空间,不仅体现了世界各国数字竞争力的博弈,也揭示了数据交易平台从低级形态向高级形态发展的客观规律。

(四)标准设计优化数据市场生态

欧美政府意识到数字技术标准和规则在市场生态培育与全球竞争中的重要意义。数据标准作为数据流通的重要基础设施,是成熟数据要素市场的重要体现和保障,对于提升数据质量、降低数据协作成本、提升流通效率和破解数据孤岛具有重要意义。为推动数据行业的健康发展和抢占国际数据标准中的话语权，欧美等发达国家纷纷牵头企业及非政府组织参与国内和国际数据标准的制定。一方面，欧美政府重视以政务数据标准的统一为非公共数据标准的制定提供参考。美国于2019年利用《开放政府数据法》对数据的标准化和可机器读取提出要求。英国于2022年出台的《政府数据资产的管理标准》，对公共数据在不同组织之间的安全流通和访问操作提供了标准。另一方面，各种协会团体也在标准制定中发挥了作用。美国电气与电子工程协会和瑞士国际电信联盟电信标准局都对数据安全技术领域的技术标准提出了规范，而欧洲盖亚-X协会和日本的数据流通促进会也对产业数据空间等领域的技术标准进行规范。

（五）数据安全技术保障可信流通环境

发达国家很早便意识到数据安全是流通的前提，不仅制定了庞大的法律条文，还重视以数据安全技术保障数据流通。各国敏锐认识到通过多方安全计算、联邦学习、可信执行环境、动态加密和智能合约等新型数据安全技术的组合利用，可以有效地满足复杂多样的数据利用需求。一方面，发达国家政府相继布局大数据、人工智能、6G、区块链等关键共性技术。美国通过《2022财年国防授权法案》，批准147亿美元的科技研发费用，重点投资人工智能和5G等"先进能力赋能器"技术。另一方面，欧美等国政府也鼓励科技巨头、产业巨头开展数据安全技术研发与利用。Facebook、亚马逊等大型互联网公司利用区块链和开源差分隐私库等技术加强数据安全保障。英特尔公司和ARM公司则深耕可信执行环境技术的商业化落地。此外，IBM、Ocean Protocol等机构研发并推出了"区块链+人工智能+数据安全"等数据安全解决新方案。

四、北京数据要素市场发展的对策建议

虽然在国家相关政策的指引下数据要素流通正在加速推进，但由于

数据要素与传统生产要素迥异的特征，匹配这一生产要素市场化的制度建设还需要经历相当长的过程。数据相关技术产业也在发育成长的初期阶段，北京数据要素市场培育仍存在诸多问题，应持续精准施策、重点发力，加强统筹调度，更好发挥数据要素引擎作用，扎实推进新时代北京数字经济高质量发展。

（一）以有为政府引领多主体参与建设

从国外经验来看，数据经纪商等主体在数据要素市场中发挥了重要作用。北京要针对数据的场内外交易需要，以"有为政府"引领国企、数据运营商、第三方中介组织、行业协会及科研院所共同参与数据要素市场建设。一方面，要提升数据要素的治理监管和服务能力；另一方面，政府要引导多主体参与数据要素市场建设。首先，充分发挥数商在数据价值发现中的主体作用，鼓励其参与数据应用场景、流通模式与定价模式的探索；其次，引导各地成立数据交易协会和数字技术产业联盟，推动数据流通自律性准则和数商互联互通平台的建立；最后，重视金融和法务等第三方服务机构在数据生态建设中的作用，支持高校、科研机构参与数字技术的研发、专业人才的培养及全民数据素养的提升。

（二）完善场内外互补的数据交易格局

北京数据管理机构要因"数"施策，以高效合规的场外交易刺激数据交易的活力，以安全集约的场内交易促进数据要素市场的高质量发展，形成场内和场外协同互补的交易格局。一方面，引导数据交易平台向产业数据空间拓展。政府主导的场内交易所要避免区域内的同质化竞争和低水平重复建设，加强与企业主导型场外交易平台的合作，以高效的交易流程、安全可信的交易环境和高质量的数据解决方案吸引场外数据资源进场交易。另一方面，重视场外数据交易市场的规范和培育，鼓励数据来源合规及利用合法的市场交易。首先，鼓励阿里云、京东万象等龙头企业牵头产业数据空间的建设；其次，重视鼓励各地区和各行业建立数据产业联盟，培育数据服务商生态。

（三）持续推进公共数据开放共享

公共数据开放共享是数据要素市场化的关键一环。欧盟与美国等均重视公共数据的开放共享，欧盟坚持公共数据开放的合理收费原则，美国秉持免费理念。为此，应对照欧盟、美国、澳大利亚等经济体，厘清公共数据层次，分清政府数据、行业数据等类型，在此基础上，实施免费开放共享、授权收费开放共享等策略，以授权运营为抓手，推动公共数据运营机制创新，引导各级各部门健全公共数据开发利用及运营管理的规章、细则、标准与指南。支持探索授权运营主体制度设计、授权运营行为制度设计、授权运营监管机制设计、授权运营收益分配设计等，明确授权依据、授权方式、授权主客体及运营单位的安全条件、能力要求和行为规范。鼓励第三方联合其他主体共同探索公共数据运营新模式，促进政企数据融合应用，高质量推进公共数据开发利用。探索建立公共数据的公益服务机制，在民生保障、就业创业、教育培训等领域，大力发展公平普惠的公共数据服务，为社会公众获取数据红利实惠、提升数据素养技能、促进创新创业提供有力支撑。开展公益性数据技能教育培训，提高社会整体数字素养，着力消除不同区域间、人群间数字鸿沟，为公共数据助力共同富裕"增动能"。

（四）强化数据要素标准体系建设

现行的数据要素领域标准原则性较强而应用性较弱，且多集中于金融和能源领域，仍不能满足海量交易场景的需求。应根据数据市场的新业态、新模式和新主体制定分类齐全且层层递进的数据行业标准体系。首先，建立以国家标准为主体框架、地方标准为细分及团体协会标准为补充的数据标准体系，深化新能源汽车、装备制造和医药卫生等领域的标准建设。其次，建立数据流通各个阶段的标准，探索建立《数据交易通用规范》《数据资产登记指南》等标准和规范，明确数据交易原则、流程和模式。最后，重视数据流通平台间的互联互通标准建设，控制区域性及行业性交易所之间的标准差异，建设通用性的数据标准体系，利用区块链等前沿技术建设"数据交易链"，打通各大数据交易平台之间的交易壁垒。鼓励互联网巨头和科研院所参与"可信执行环境"和"多方安全计算"等领域的国际标准建设，加强与海外信息通信领域行业协会的交流与合作，共建统一规范的国际数据交易标准体系。

（五）政企联动加快前沿数据技术的研发

数字技术是数据价值得以释放的重要载体，要将发展数字技术作为国家战略的重要内容，以"政企联动"建设"产学研用"一体化的数字技术研发体系。一方面，要从国家战略层面重视边缘计算、多方安全计算及可信执行环境等战略性、前瞻性和通用性数字技术的研发布局，加强光纤宽带和云计算中心等数据基础设施建设。另一方面，各级数据管理机构要促成数据运营商、电信龙头企业和科研院所的合作，聚集科技创新资源，聚焦新一代信息技术、人工智能、集成电路、软件和信息技术服务、医药健康、新材料、智能装备、新能源智能汽车、科技服务业、节能环保十大高精尖领域。充分利用科技创新要素对数字技术进行突破攻关，推动可信执行环境、数据水印、多方安全计算、隐私技术和智能合约等数字安全技术的自主国产化生产和商业化应用。针对大模型所需底层技术、算力、数据、场景等关键要素给予精准引导和资金支持，推动大模型软硬件技术体系布局，鼓励高质量数据集开放共享和大模型应用示范，推动赋能实体经济。

（北京市科学技术研究院　王峥、周炳含、李昱）

参考文献

[1]关于更好发挥数据要素作用进一步加快发展数字经济的实施意见[N].北京日报,2023-07-05(3).

[2]东青.北京国际大数据交易所探索数据交易新范式[J].数据,2021(4):24-26.

[3]北京市数字经济促进条例[N].北京日报,2022-12-14(2).

[4]北京市经济和信息化局关于印发《北京市数字经济全产业链开放发展行动方案》的通知[J].北京市人民政府公报,2022(34):16-28.

[5]汤哲智.企业数据产权可出资性研究[D].上海:华东政法大学,2022.

[6]李志勇.北京金融公共数据专区助力金融"活水"精准"滴灌"[N].经济参考报,2023-01-11(7).

[7]吕艾临,王泽宇.我国数据要素市场培育进展与趋势[J].信息通信技术与政策,2023,49(4):2-8.

[8]关于进一步推动首都高质量发展取得新突破的行动方案(2023—2025年)[N].北京日报,2023-08-25(9).

[9]刘晨.激活数据要素潜能——理论框架和现实问题[J].国际金融,2023(6):42-51.

[10]国内动态[J].中国信息安全,2023(9):8-9.

[11]徐恒.北京:打造全球数字经济标杆城市[N].中国电子报,2021-08-06(3).

[12]范文仲.数据交易的未来方向[J].清华金融评论,2021(5):18-19.

[13]孙永剑.数据要素催生新产业新业态新模式[N].中华工商时报,2022-07-20(5).

[14]马付才.营造更加开放包容的法治环境[N].民主与法制时报,2022-03-29(3).

[15]关瑞玲,罗培,焦德禄.我国数据要素市场理论创新[J].数据,2022(12):21-30.

[16]各地创新数字经济场景建设动态[J].信息化建设,2021(8):28.

[17]张新宝. 产权结构性分置下的数据权利配置[J]. 环球法律评论,2023,45(4):5-20.

[18]唐勇,孟朝玺,徐丹彤. 我国地方数字经济立法比较分析及启示——以粤浙豫数字经济立法为例[J]. 哈尔滨师范大学社会科学学报,2022,13(5):85-91.

[19]孙益武. 论元宇宙与智能社会法律秩序调整[J]. 法治研究,2022(2):45-56.

[20]刘海波. 加快发展我国数字经济路径研究——以辽宁省为例[J]. 辽宁行政学院学报,2023(3):46-51.

[21]张会平,马太平. 政府数据市场化配置:概念内涵、方式探索与创新进路[J]. 电子科技大学学报(社科版),2022,24(5):1-8,17.

[22]王凌聪. 国外数据要素市场建设的主要动向与展望[J]. 中小企业管理与科技,2023(11):50-53.

[23]李海颜. 破题数据要素掣肘北京出台"数据二十条"[N]. 北京商报,2023-07-06(2).

[24]马梅若. 从资源到资产再到资本[N]. 金融时报,2023-07-07(3).

[25]郭冀川. 力争到2030年北京数据要素市场规模达到2000亿元[N]. 证券日报,2023-07-06(A01).

[26]朱岩. 数据流通交易运营机制研究[J]. 软件和集成电路,2022(6):30-31.

[27]唐建国. 数字经济治理体系中企业衍生数据法律保护研究——以北京市为例[J]. 中国政法大学学报,2023(4):68-83.

[28]吴立洋,张雅婷. 北京落实"数据二十条":率先开展数据基础制度先行先试[N]. 21世纪经济报道,2023-07-06(3).

[29]刘昕. 北京数据基础设施建设全面加速[N]. 国际商报,2023-11-27(3).

[30]赵鹏. 数据先行区过半面积落地副中心[N]. 北京城市副中心

报,2023-11-13(2).

[31]王春晖,方兴东. 构建数据产权制度的核心要义[J]. 南京邮电大学学报(社会科学版),2023,25(1):19-32.

[32]赖志凯. 数字经济推动北京产业重构[N]. 工人日报,2023-07-11(7).

[33]落实《数据二十条》精神 高质量推进公共数据开发利用[J]. 大众投资指南,2023(7):1-2.

[34]王春晖. 完善数据要素市场的制度建设[J]. 中国电信业,2023(4):62-65.

[35]张晓强. 充分激活数据要素潜能[J]. 财经界,2023(2):5-6.

[36]刘京辉,林泽,潘永红. 北京市高精尖产业领域高技能人才队伍建设研究[J]. 北京市工会干部学院学报,2019,34(4):55-60.

[37]郭倩. 搭建数据基础制度"四梁八柱"释放数据要素价值[N]. 经济参考报,2022-12-29(6).

[38]王兴尧,石玉梅. 北京"两区"建设推动中国服务贸易对外开放[J]. 新理财(政府理财),2022(6):40-43.

[39]王继源,贾若祥,窦红涛,等. 深入实施区域重大战略形成"3+2+1"战略格局[J]. 中国经贸导刊,2021(9):50-53.

[40]黄海波,朱丽娜. 工业大数据安全跨境管理合作机制与策略研究[J]. 保密科学技术,2023(8):44-52.

[41]彭思雨. 数字经济创新成果集中亮相[N]. 中国证券报,2023-07-08(A04).

[42]苏德悦. 释放数据要素价值培育新引擎新业态推动数字经济高质量发展[N]. 人民邮电,2023-07-10(3).

第七章 场景驱动京津冀数据要素市场化配置研究

摘　要　数据资源不断丰富，场景应用逐渐开拓，为进一步释放数据要素价值，推动数据要素市场化配置成为亟待破解之题。本章以应用场景为切入点，构建场景驱动数据要素市场化配置的理论体系，结合北京及深圳在金融信贷、工业以及空间测绘等具体场景中实现数据要素市场化配置的重要实践，针对京津冀地区数据市场化配置中存在的难点，提出从建立健全数据共享与授权机制、建设数据要素交易制度体系、深入挖掘应用场景数据价值、打造京津冀一体化数据要素交易平台以及建立数据要素流通生态等方面提速场景驱动数据要素市场化配置进程。

关键词　场景；数据要素；市场化配置

随着数字经济的迅猛发展，数据要素的市场化配置在不断加速。《2023年中国数据交易市场研究分析报告》显示，2022年中国数据交易市场规模达876.8亿元[1]，"十四五"期间市场规模复合增长率将超过25%，预计到2025年市场规模将达到1750亿元[2]。然而，我国目前数据交易市场规模远低于美英等发达国家，更远低于传统生产要素的交

---

[1]　报告称2022年中国数据交易市场规模达876.8亿元 占全球13.4%[EB/OL].(2023-12-12)[2023-11-27]. http://tradeinservices.mofcom.gov.cn/article/szmy/hydt/202311/159172.html.

[2]　国家工信安全发展研究中心，等.中国数据要素市场发展报告（2021—2022）[R],2022.

易规模。为进一步加速数据要素市场化配置进程,充分释放要素价值,2022年6月,中央全面深化改革委员会第二十六次会议审议通过的《中共中央 国务院关于构建数据基础制度更好发挥数据要素作用的意见》[1] 提出,要统筹推进数据产权、流通交易、收益分配及安全治理,加快构建数据基础制度体系;要建立合规高效的数据要素流通和交易制度,完善数据全流程合规和监管规则体系,建设规范的数据交易市场。加速数据要素市场化配置进程,进一步释放数据要素价值成为亟待解决的课题。

京津冀地区作为中国式现代化建设的先行区、示范区,坚持产业转移与转型升级相结合,努力通过协同发展打造经济发展新高地,积极推动数字经济赋能区域产业发展,各类应用场景不断拓展,数据资源愈加丰富。新冠疫情加速了数据要素的产生、集聚和应用场景的开拓,仅2021年北京市大数据平台就汇聚了347亿条政务数据、1264亿条社会数据,与疫情防控和复工复产等相关的场景有180余个。天津市已启动"大数据应用场景建设计划",发布数治天津、智慧民生、数字经济和网信强基4个领域的100个具有突出创新引领型需求和应用推广价值的大数据应用场景。河北省2023年9月发布《中国式现代化数字政府应用场景河北典型案例》,详细介绍了25个数字政府典型创新应用场景,分布于"互联网+"政务服务、智慧监管、数字化治理以及数据共享等领域,对于我国其他省份数字政府建设具有借鉴与参考价值。鉴于数据要素区别于传统生产要素的特殊性,如数据权属及交易定价等从理论层面可能难以在短时间内进行清晰的划分与界定,且其适用性难以保证,研究特定应用场景中数据要素的市场化配置机制成为一种新视角;将特定场景中的数据要素市场化配置机制推广至京津冀和全国的数据要素交易市场以加速数据要素市场化配置进程成为一种新路径。

---

[1] 中共中央 国务院关于构建数据基础制度更好发挥数据要素作用的意见[EB/OL]. (2023 - 09 - 12)[2022 - 12 - 19]. https://www.gov.cn/zhengce/2022 - 12/19/content_5732695.htm.

一、场景驱动数据要素市场化配置的理论体系

（一）场景驱动数据要素市场化配置的内涵

场景驱动将特定的应用场景作为数据要素的载体，以该场景的使命或战略为引领，将数字技术、交易市场、数据资源等要素进行有机协同整合和多元化运用，以实现在特定场景下数据要素的价值得到最大化释放。数字化时代中，场景的内涵愈加丰富，场景的边界得到拓宽，在生产和生活中的重要程度不断提高。在数字经济与实体经济融合不断推进下，数据将传统经济中无法具体化与可视化的场景要素进行数字化呈现，克服了场景设计中存在的准确性和操作性等难题，并进一步实现对场景进行解析、重构甚至颠覆。

（二）场景驱动数据要素市场化配置的核心要素

对生产要素进行市场化配置是市场经济的本质特征，作为一种新型生产要素，数据也需要由市场进行配置。市场决定数据要素的价格，供求决定流动的方向和快慢，配置效率高且公平，促进数据要素高效合规流通使用。数据要素的市场化配置意味着数据权属的清晰和数据交易具有一定的自由性，通过市场交易实现数据产品价值。场景驱动则体现在数据与应用场景的融合中，场景是驱动数据市场化配置的动力，数据实现市场化配置是场景驱动的落脚点。考虑到场景驱动数据要素市场化配置中主要的利益主体、关键环节以及重要机制等，可以将其核心要素归纳如下。

1. 参与主体

数据源出方主要包括个人、企业以及政府等主体，它们参与数据生成及交易的不同环节，并形成循环往复的流通过程。其中，个人主要参与数据要素的生产与循环，是具有个性化及隐私等特征的数据主要生产

者，如医疗数据及消费数据等；企业主要参与生产经营数据及其用户数据的生产与循环；政府则主要参与公共数据及政务数据的生产与循环。

数据运营方是指在原始数据基础上，通过清洗、转化、分析以及挖掘等行为从而提高数据的标准化程度，以达到数据价值的提升。数据运营方主要包括以数据交易所为代表的交易平台、数据服务商以及政府相关部门等，其中数据交易平台是数据要素实现场内交易的核心主体。

数据使用方是一个复合主体，主要包括个人、以数据信托公司为代表的企业以及政府机构等。数据使用者在数据交易中以数据交易平台为中介，通过付费或免费的方式获得数据的使用权，并遵守数据交易和流通的相关规范与准则。

数据监管方主要为政府、行业组织及受托机构等主体，数据要素的市场化配置仍处于初始阶段，需要进行不断探索，监管方主要在市场失灵或部分失灵的领域发挥作用，促进数据要素市场化配置合法合规进行。

2. 场景数据

数据与特定场景相结合，才能更好地体现其价值。场景既是数据要素的"土壤"，又是数据"价值天花板"。场景和数据一般有三次融合，是场景驱动下数据价值最大化的进阶循环之路：第一次融合是场景和数据实现数据价值再造，第二次融合是场景和数权破解数据价值最大化，第三次融合是场景和交易催生数据交易市场。其中，场景与数据的融合程度决定数据价值释放程度。在场景与交易的融合上，数据运营是数据交易的起点，核心是数据授权；数据交易离不开权利，核心是数据权属的流转；数据市场离不开规则，核心是数权制度。

3. 数据确权

数据确权是其进行市场化配置的前提，需要对数据要素进行确权是因为数据能够产生经济效益，具有使用价值和交换价值，且在反复使用过程中能不断增值，但是由于数据无形且是非消耗性的，它的形成涉及多个主体和环节（提供和产生数据的生产者、收集数据的控制者以及对数据进行分析和整合的产品开发者)。数据确权是指确定数据的权属问题,明确数据归谁管理、归谁使用,创造的利益归谁分配、如何分配,即清晰划定数据所有权、数据加工使用权、数据产品经营权等。清晰的数据要素权属界定是数据交易的前提,只有权属明晰,交易才会顺利实施,数据价值才能得以释放。

4. 交易价格

交易价格是数据要素实现市场化配置的核心。区别于传统生产要素,数据要素所产生的经济效益具有不确定性,进而导致数据交易价格的确定存在困难,主要体现在:一是数据要素的使用效果不直观,价值难以单独分离。数据要素本质上属于一种协同要素,自身并不具备独立的经济价值,即需要连同其他生产要素一起发挥作用才能产生价值;但如何在实现的总价值中剥离数据价值仍缺乏合理依据。二是数据要素的应用场景复杂导致其价值难以估计。相同的数据在不同的政策环境、应用场景中所发挥的作用存在一定差异,产生的价值也有所不同,因此无法将数据脱离具体的外部环境和应用场景进行估值。三是数据的使用没有时间期限导致其价值确定困难。数据要素一旦产生就可以被使用,并且可以接近零成本地进行复制和使用。此外,在数据被使用过程中还会形成新数据,对原始数据的价值有所影响。四是数据的价值具有先行者优势,难以形成统一的定价标准。在不加限制的情况下,数据价值存在先行者优势的特征,难以形成统一的定价标准,加之数据要素的独特性及定价的复杂性,全球范围内尚未形成较为成熟的估值体系。

5. 交易模式

数据交易模式按照是否在交易所内进行可以划分为场内交易和场外交易。场内交易多集中在官方主导的平台类市场,如北数所等。这种模式既保证了数据权威性,也激发了不同交易主体的积极性,扩大了参与主体范围,将分散于不同主体的数据资源汇聚到以数据交易所或数据交易中心为代表的数据交易平台,采用统一规范的数据交易标准或管理制度等完成不同区域、不同行业及不同主体之间的数据交换、共享、对接等活动。当前，数据场内的交易模式主要包括数据撮合交易和数据增值服务两种。数据撮合交易模式与股票的场内交易相似，在遵守相关监管规则的基础上，数据交易所对数据供需双方进行撮合并完成交易；数据增值服务模式则是数据交易所按照需求方的相关要求提供定制化产品。场内交易标准及机制等方面的不清晰和不统一成为数据交易主体之间不互信、入场意愿低的重要原因，亟须加强场内交易规则体系建设，以规范数据交易。场外交易主要指发生在企业自营的单边市场（或称"数据集市"）的数据交易。按照发挥主导作用的主体不同，可以将场外交易进一步划分为两类，第一类是以中国电信、国家电网、阿里巴巴等数据密集型企业发挥主导作用的数据交易或服务市场；第二类是以"采销一体"型专业数据服务企业发挥主导作用的数据交易或服务市场，这类企业往往面向特定市场的需求，采集特定数据资源，根据需求方的特定要求形成数据产品，如万得数据、聚合数据、数据堂以及京东万象等。表7-1所示为主要数据交易模式比较。

表7-1 主要数据交易模式比较

模式类型	形式	优点	缺点	典型
场外交易—直接交易	原始数据	灵活度高；需求导向明显；交易达成容易	风险高；定价不透明；隐私侵犯可能性大；不利于监管	
场外交易—单边交易	会员制	利于专业数据开发；易形成规模效应；易监管	会员门槛高；数据产品缺乏个性化；易产生数据垄断	数据堂、阿里巴巴、中国电信等
	云账户			
场内交易	交易所（中心）	易监管；避免数据垄断；利于形成规模效应，保护数据各方利益	灵活度低；交易形式局限性；交易合约难达成	北数所、上海数据交易所等

资料来源：国务院发展研究中心"数字经济制度创新"课题组. 以场景化数据服务促进数据交易 [R], 2022.

(三) 场景驱动数据要素市场化配置的内在机制

场景与数据相互作用、相互促进构建起一个高效的场景运营生态体系，促进数据的要素化，带动数据流转与价值的充分释放，实现数据对场景的赋能，从而推动数据要素市场形成。数据与业务场景相结合并在应用中产生增益，可以更好地释放数据要素潜能，创造更高的价值。最理想的数据市场化、资产化、价值化生态构建是打通场景应用，数据不断产生、增值、再生，并形成业界应用优化与数据增值的良性闭环模式。

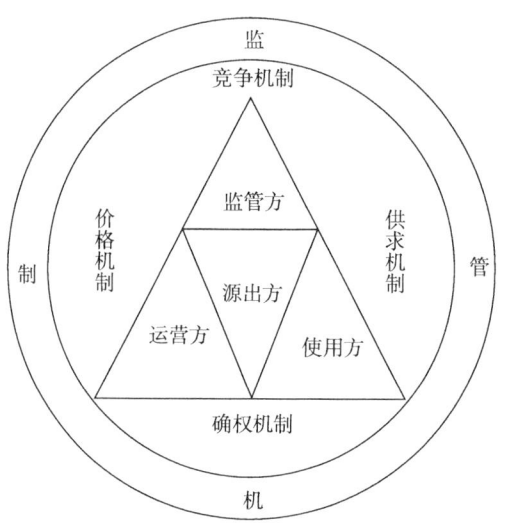

图7-1 数据要素市场化配置各机制间的关系

场景驱动下数据要素的市场化配置意味着市场在数据要素配置中发挥决定性作用，数据的价值由市场发现，数据的供求关系由市场决定。市场通过价格信号配置各类资源，只有通过市场配置才能真正让数据要素流通起来，不断释放数据要素的价值。数据要素市场化配置是尊重价值规律的表现，在价值决定基础上市场中的供求关系决定了数据要素价格的上下波动，市场则通过要素价格的上下波动实现对数据要素配置的调节。根据市场的四大机制——等价交换机制、信息反馈机制、竞争机制以及风险与利益机制，对应用场景中的数据要素市场化配置进行总结与归纳。尝试构建一套完整的数据要素市场化配置的内在机制，具体包括数据确权机制、价格机制、供求机制、竞争机制以及监管机制等（见图7-1）。

1. 确权机制

确权机制是数据要素市场化配置的起点。关于数据要素的确权，目前仍没有统一的标准或制度，全国各数据交易中心或平台多采用自身拟定的交易制度，对场内交易的数据进行确权。例如，贵阳大数据交易所对数据的确权依据由其自行制定的《数据要素流通交易规则（试行）》，该规则规定，由交易中心开展数据确权登记服务，将数据权属划分为使用权、收益权，并通过交易主体登记、产品审核、交易磋商、交易实施、交易结算、交易评价等要求，规范交易行为，发展交易生态。上海数据交易所则按照《上海市数据条例》第15条的相关规定开展数据确权，即民事主体对合法取得的数据享有交易权并取得相应的收益。《北京市数字经济促进条例》规定，自然人对合法取得的数据拥有财产性收益权。还有很多省份并未清晰界定数据权属问题，尤其是实际操作性较差。

2. 价格机制

价格机制是数据要素市场化配置开展的基础。数据要素的价值遵循价值规律，即由生产数据产品需要的社会必要劳动时间来决定，并在此基础上确定交易价格。数据的财产属性及权利归属方面，普遍认可其具有经济价值且财产权利归属持有人。《民法典》第127条"法律对数据、网络虚拟财产的保护有规定的，依照其规定"已经明确承认了数据与网络虚拟财产具有相同的财产属性。数据定价策略可归纳为三类：一是共时维度，采取数据分级分类策略以有效反映数据本身不同维度的真实价格；二是历时维度，采取数据产品生命周期策略以反映各环节的成本付出；三是针对数据服务的特殊场景，利用新技术手段构建自动定价模型，如基于机器学习、查询、博弈论、元组等的定价，侧重反映特定市场场景构建下的综合因素对数据价格的影响。但是，在数据要素实际交易中，数据定价标准或机制仍然没有达到预期的目标与效果，并且数据交易活动涉及的数据类型、规模和质量也未达到数据市场的商业需求。

3. 供求机制

供求机制是数据要素市场化配置的核心。供求联结着生产、交换、分配以及消费等环节，是生产者与消费者关系的反映与表现。供求机制是指数据产品的供求关系与价格、竞争等因素间互相制约、互相联系而发挥作用的机制，其中，供求关系会受价格和竞争激烈程度等因素的影响，同样，一旦供求关系发生变化，也会引起数据要素价格及不同主体间竞争程度的变化。数据作为一种新型生产要素，同样具有稀缺性，需要通过市场来实现产品的销售与购买，并在该过程中按照一定的比例配置到相应的领域以保障生产经营活动的顺利进行。数据要素的供给与需求是社会总供求的组成部分，也对全社会生产要素配置效率的提升产生一定影响，最终实现国民经济的供求平衡。

4. 竞争机制

公平合理的竞争机制是增强数据要素交易活跃度的重要动力。在竞争机制引导下，数据要素配置到有相关需求的政府机构、行业、企业以及个人手中，融入政府服务、行业发展、企业经营以及个人生活中。其中，数据产品的生产者追求盈利能力最大化，在保证产品质量的情况下尽可能节约生产成本，市场是价值实现的重要场所。公平合理的竞争机制能够激发数据产品供给方在技术创新、产品开发以及市场拓展等领域的活力，并进一步提高市场活跃度和成熟度，降低"独角兽"企业及大型数字平台企业形成垄断的可能性，促进数据要素市场规范运行，进一步激发数据产品创新竞争对经济发展的拉动作用。为进一步构建数据要素市场公平合理的竞争生态需要集中解决以下问题：企业等微观主体要对不正当竞争及垄断等行为进行规范或杜绝;区域数据交易平台的割据和本地化等壁垒需要打破,进一步优化数据要素市场结构;政府应加强对行政性垄断等不良行为的约束,减少不当干预。数据要素市场化配置,既需要市场在资源配置中起决定性作用,又离不开政府宏观调控的引导。政府和市场是市场经济秩序建设与维护的两种方式和力量。

5. 监管机制

监管机制是数据要素市场化配置进程有序推进的保障。数据要素市场化配置不仅要发挥市场的决定性作用,还要重视政府对数据要素市场化配置的监管与规范,促进数字经济高质量发展。当前,我国数据要素市场化监管和治理仍面临诸多难题,如数据安全意识薄弱、技术识别能力不足、数据要素市场化保障机制滞后、数据要素市场化治理组织相对混乱、专业性有待提升等。《中共中央 国务院关于构建数据基础制度更好发挥数据要素作用的意见》中明确提出要建立数据要素流通全流程合规与监管体系。数据要素要实现安全高效流通,需要通过一系列规则设计和技术手段,建立起数据要素流通全流程合规与监管体系。

从流程合规来看,数据要素流通的全流程主要包括:原始数据的产生与收集,数据处理、组织成数据产品,数据产品登记、挂牌上市,数据产品试用与交易,数据产品交付与服务,数据产品的使用等关键环节。在整个数据流通的过程中,在保障制度要求的安全性和隐私性的同时,还需要兼顾市场要求的高效性,因此有必要在流通规则中建立数据要素全流程监管体系。该体系包括流通市场的基础保障、数据产品流通的效率要求以及数据流通全流程的监管要求等。

从政府监管的角度来看,其监管职能应当逐渐融入数据要素市场化机制的流程转换以及生态体系的不同主体,并且通过完善数据交易法规使市场各主体依法、合规进行交易,设立第三方专业机构规范数据服务市场等,不断完善数据要素市场化配置的监督和治理问题。

二、场景驱动数据要素市场化配置的实践

数据要素在经济价值创造过程中发挥的作用越来越重要,逐渐成为全球经济增长的新动力和新引擎。近年来,我国积极布局数字经济战略,加快培育数据要素市场,数据要素市场化配置进程不断加速。与此同时,各地在积极推动新场景建设,以解决企业发展、产业升级、城市治理等各类难点、痛点问题。北京市以第三产业和服务型制造业为重要发展支撑,天津市与河北省在京津冀三地协同发展中对北京制造业转移起到一定的承接作用。北京、深圳等地在金融信贷、工业以及空间测绘等场景中作出了有益的探索和实践,对于培育服务业与制造业相关应用场景的数据要素市场化、推动京津冀地区数据交易规模的扩大和数据价值的释放具有一定借鉴意义。

(一)金融信贷场景

2021年8月,《北京市关于加快建设全球数字经济标杆城市的实施方案》发布,提出打造中国数字经济发展"北京样板"、全球数字经济发展"北京标杆",加快建设全球数字经济标杆城市[①]。北京银行积极响应国家战略,认真贯彻落实北京市对银行业加快数字化转型的要求,坚持以数字化转型统领"五大转型"(发展模式、业务结构、客户结构、营运能力及管理方式)[②],2022年10月12日北京银行城市副中心分行通过北数所成功落地首笔1000万元数据资产质押融资贷款。

在上述首笔数据资产质押融资贷款中,利益相关方主要有资金需求方罗克佳华科技集团股份有限公司(以下简称"佳华科技")、资金供

---

① 中共北京市委办公厅 北京市人民政府办公厅印发《北京市关于加快建设全球数字经济标杆城市的实施方案》的通知[EB/OL]. (2021-08-03)[2023-12-19]. 北京市人民政府门户网站首都之窗.
② 北京银行描绘数字化转型发展新画卷[EB/OL]. (2022-06-24)[2023-12-19]. 千龙网.

给方北京银行和中间方北数所。资金需求方佳华科技有着其他高科技公司共有的特点，即高风险、轻资产、无抵押物，该特点决定了其有融资难、融资慢等问题，数据资产用于抵押质押贷款成为新的融资途径。资金供给方北京银行，缺乏对大数据企业数据价值的量化能力和信用评价能力，在对科技企业的信贷服务力度上存在不足。信息不对称最终导致天然鸿沟显现。北数所作为数据交易的第三方发挥了中间桥梁的作用，使原本不可能实现的借贷交易成为可能。经北数所的数字经济中介服务商、数据资产评估试点工作组考评，佳华科技两个项目的数据资产值达到6000余万元，为数据资产化提供了重要参考。北京银行在详细了解公司经营情况，分析其行业数据资产质量评价与价值评估项目资产评估报告后，进一步促成此笔数据资产质押融资贷款的落地。最终佳华科技和北京银行双方就数据资产化、数据资产质押贷款达成合作意向。信贷场景的数据交易路径是通过对企业数据资产进行估值、定价、入表，最后进行数据资产的质押融资（见图7-2）。

在金融信贷场景的数据资产交易中，北数所和第三方中介服务商发挥了关键的作用。第一，通过对数据资产进行估值、评估和定价，为数据交易奠定基础；第二，增加借贷双方互信程度，提高交易的成功率；第三，降低交易成本，缩短交易时间；第四，强化对核心资源的管理，提高社会的公共福利水平。作为北京市"两区"建设的重点项目和"全球数字经济标杆城市"建设的重要工程，北数所从技术、模式、规则、生态等方面进行创新，攻克数据交易痛点，为数据资产价值挖掘开辟了新的通道。

信贷可以帮助企业有效解决扩大生产、研发创新、拓展市场等资金难题。随着各类数据的不断开放，金融信贷场景中数据要素实现市场化配置的实践不断丰富，对于拥有数据资源的企业意义尤其重大。整体来看，目前金融信贷场景中数据资产的交易仍存在诸如交易规模偏小、交易频率亦较低等问题，未能充分发挥数据要素的作用，价值有待进一步释放。

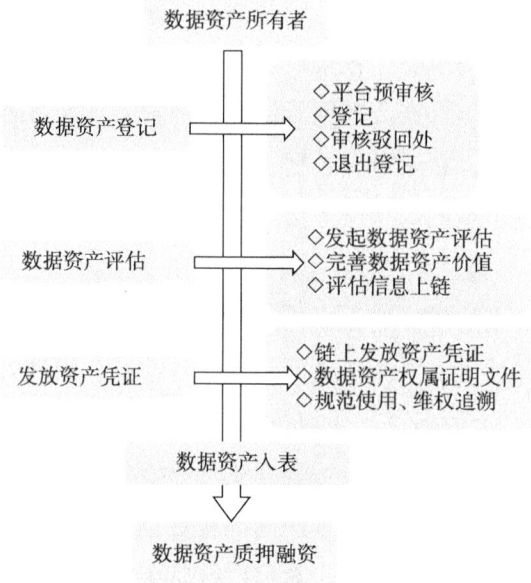

图 7-2 北京银行首笔数据资产交易实现路径

(二) 工业数据场景

工业数据是工业领域产品和服务全生命周期数据的总称,包括工业企业在研发设计、生产制造、经营管理、运维服务等环节中生成和使用的数据,以及工业互联网平台中的数据等①。2023 年 3 月 17 日,深数所、四川长虹电子控股集团有限公司(以下简称"长虹控股")、深圳数鑫科技(以下简称"数鑫科技")和中国信息通信研究院(以下简称"中国信通院")联合实现国内首笔基于数据空间技术的场内数据业务合作,完成我国首个智能制造领域数据空间场景交易实践。

首先,针对消费电子场景,数鑫科技、中国信通院和深数所进行了应用场景梳理以及市场需求调研,发现该行业存在数据协同策略统一难、数据跨企业流通使用过程监控难、发生事件溯源难等问题。其次,

---

① 工业和信息化部关于工业大数据发展的指导意见[J]. 中华人民共和国国务院公报,2020(21):3.

数鑫科技结合实际场景需求、数据保护及交易法规等设计场景任务，将多种先进技术融合应用于可信数据空间，确保数据在流通和交易过程中的安全和可信性。再次，数鑫科技与深数所合作寻找试点场景测试，完成可信数据空间流通平台测试环境的搭建及技术验证，形成成熟的可信数据空间流通平台产品。从次，基于此可信数据空间产品，深数所进一步开展内外部合规审核，为产品合规性背书，产品上架交易所平台，进入流通交易。同时，作为消费电子产业链上的"链主型"企业，长虹控股涵盖智能家电、核心部件、IT服务、新能源、半导体等多个产品线，如何高效利用工业数据，促进数据的共享流通，发挥"链主"企业的优势与能力成为长虹控股的痛点。最后，以长虹控股的实际业务需求为引导，数鑫科技与长虹控股合作研发出数据安全相关技术创新产品和解决方案，形成数据空间整体技术解决方案。

该实践以自主可控的可信数据空间架构为基础，有效解决了行业难点问题。一是通过构建数据安全流转通道，融合零信任与区块链等技术，建立动态在线协商和审批机制，实现字段级的数据访问控制和可信共享。二是结合区块链技术，有效保障分布式数据交换过程可靠性，跨域系统数据一致性校验时长从隔日对账降至秒级，促进工业系统数据同源。三是运用统一可配置的数据交换，代替传统的点到点策略协商和接口开发，大幅降低开发成本以及策略协商的人力和时间成本。四是通过构建多方认可的可信数据通道，实现数据持有权和使用权分离，保障数据交易价值，促进产业数据要素交易生态环境发展。该实践沉淀的产品技术及场景实践将不仅限于消费电子行业，相应成果还可以进一步扩展到制造业、物流等泛工业行业，服务可覆盖企业研发、生产、销售、供应、物流、服务全价值链，通过数据可信流通，实现研发设计协同、制造生产协同、供应链物流协同、运维服务协同。

（三）空间测绘场景

空间数据也称地理空间数据，是指与空间位置有关的数据，可以反映自然现象、人文现象的空间特征或者地理现象的空间位置，是各类地理要素特征的数字描述，是现实世界在虚拟世界中的可视化表示，是连接虚拟世界和现实世界的桥梁。空间数据在多个领域具有关键作用。在城市规划领域，其提供基础设施、人口分布、交通状况等信息，助力科学决策；在气象预报中，空间数据反映大气层参数，提高预报准确性。此外，空间数据是GIS、遥感技术、GPS等技术的基础，广泛应用于资源调查、环境评估、灾害预警等方面，推动社会发展和改善人民生活。2022年11月，北京市测绘设计研究院成为全国首家入驻北数所的测绘地理信息单位；2023年4月，北京市测绘设计研究院通过北数所取得全国第一份空间数据资产登记证书；2023年6月，北京市测绘设计研究院在北京市规划和自然资源委员会、北京市经济和信息化局的支持下，通过北数所完成了全国第一个空间数据交易服务。

该笔交易的数据产品名为"北京北中轴（景山以北部分）三维模型"，涵盖了北中轴（景山以北）长约1.5千米的区域，专注于主干道路两侧第一排建筑范围内的道路、建筑和附属设施的实体模型，整体覆盖面积约0.058平方千米，其交付形式为离线文件。基于这一空间数据，北数所进行了数据资产登记，中国电子技术标准化研究院对其数据质量进行了评价，中联资产评估集团则对数据资产价值进行了评估。经过这些流程，相关数据产品最终通过北数所的交易平台，出售给需求方北京河图联合创新科技有限公司。这批数据将被应用于"京彩中轴古今同辉"文化探访系列活动中，并结合AR技术，为公众提供一种融合现实与虚拟的沉浸式互动体验①。此次交易在三个方面取得了突破，首先，北数所首次迎来了全国测绘地理信息单位的入驻；其次，在空间领域实现了全国的首次数据资产登记工作；最后，完成了空间领域的首次数据交易，这一交易在当前全国推动数据基础制度落地的背景下，具有

---

① 期货日报. 数据交易所创新成果加速涌现［EB/OL］.（2023-07-17）［2023-12-19］. https://www.sohu.com/a/700713817_121434705.

深远的示范意义。

北京市测绘设计研究院借助北数所平台，成功推动了空间数据的交易，此举不仅促进了空间数据在市场化环境中的应用，还有效解决了空间数据资产化、交易可靠性以及安全应用等多重难题。此次实践不仅是对激活空间数据要素潜能、加强城市数字孪生及城市信息模型应用基础的有益尝试，更是测绘地理信息数据交易领域的一次富有意义的探索，它为空间数据的流通及其市场化配置提供了宝贵的实践经验。

三、场景驱动数据要素市场化配置的 CDM 模式

通过对金融信贷、工业数据以及空间数据等场景中数据要素市场化配置实践的分析与总结，借鉴尹西明等在场景驱动型数据要素价值化生态系统相关领域的研究，可以将场景驱动数据要素市场化配置模式归纳为 CDM 模式（见图 7-3），其核心思想是聚焦公共、产业、企业和用户等多元场景，整合多样化的数据，将场景贯穿数据要素价值化全生命周期，最终实现数据的价值释放。CDM 模式通过场景需求识别、场景任务设计以及数据、场景与技术匹配，最终实现数据价值的最大化。

（一）场景需求识别

通过对特定场景的深入分析，精确识别场景中所产生和需要的具体数据要素。以工业场景为例，在生产环节产生产量、质量、设备状态等相关数据；在供应链环节，需要追踪物料来源、运输和仓储信息等数据；在质量控制环节，需要采集产品质量检测等数据。在以场景为驱动的顶层逻辑下，工业数据要素的市场化配置不仅关注企业的数据要素需求，还关注工业领域的整体需求。

（二）场景任务设计

在场景驱动的数据要素市场化配置过程中，需要根据不同场景的需求，进行合理的场景任务设计。这意味着必须根据特定场景的特点，制

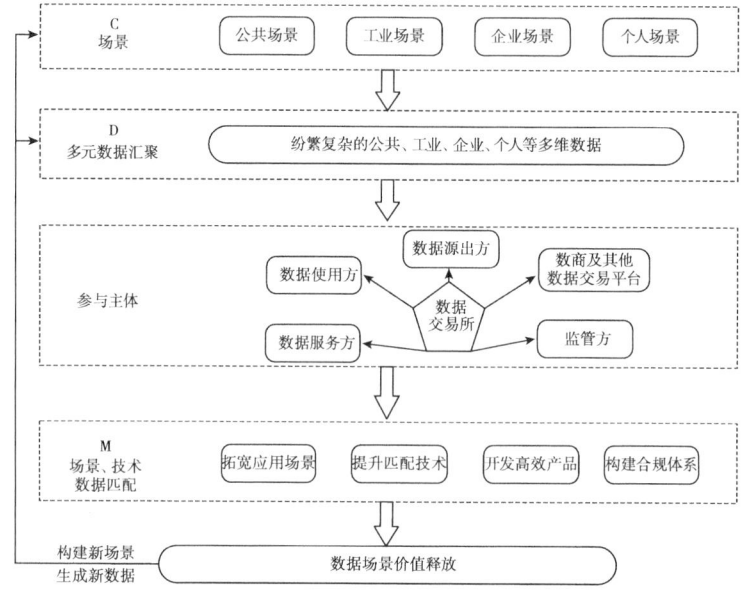

图 7-3　场景驱动数据要素市场化配置的 CDM 模式

定具体的数据配置任务,以确保数据要素供给能与需求实现精准配置。通过定制化的场景任务设计,可以为制造企业提供量身定制的数据支持,促进不同场景的优化和数据要素市场的发展。

(三) 场景、技术与数据匹配

在数据要素市场化配置过程中,需要充分考虑场景、技术和数据之间的匹配关系。一方面,需要研发与不同场景高度匹配的技术;另一方面,需要开发能够为各场景带来高效应用价值的数据产品。通过场景、技术与数据的匹配,可以打破数据要素市场化配置中场景与技术、场景与数据之间难以融合的"瓶颈",确保数据能够在各场景下得到有效应用。

(四) 场景数据价值释放

通过场景驱动的创新,实现同一领域中不同场景数据的协同利用,进一步提升数据的整体应用价值。例如,工业数据不仅能够有针对性地支持生产、制造、供应链、质量控制、消费等多个细分场景，还能够在整个工业体系中发挥更全面的价值，从而提高工业体系的效率、质量和创新水平，为工业领域的可持续发展提供更加有力的支持。

四、场景驱动数据要素市场化配置存在的难点

伴随数据要素的应用场景越来越广泛，市场化配置进程亟待提速。当前数据要素市场化配置的难点或问题主要有以下三个方面：一是数据资源基础方面，数据拥有方缺乏开放动力，进入市场化配置的数据资源有限；二是数据市场化交易方面，尚未形成公认可行的数据要素价值评估标准，并且数据要素场内交易低迷导致市场化配置成效不显著；三是数据要素交易生态体系建设方面，交易主体、应用场景以及具体交易制度等仍需进一步完善。

（一）数据拥有方缺乏开放动力，进入市场化配置的数据资源有限

企业的数字化、智慧化转型带来海量数据资源的积累，应用场景建设在不断加速，但进入市场化配置的自发性和动力不足，使得进入市场化配置的数据资源有限。2022年工业互联网联盟对消费电子、制造、能源、物流、工业服务、工业信息技术等企业的调研报告《工业数据流通及使用状况》显示，96%的工业企业存在数据流通场景。京津冀地区存在大量的数据资源和场景数据有待进一步开放，河北省是制造业大省，钢铁行业的发展具有代表性，以河钢股份为例，其主要子分公司建设了完整的自动化、信息化五层构架，积累了海量的工业数据，无人天车、数字化料场、一键炼钢、工业机器人等技术得以运用到数字化生产线建设中，并持续产生增量的数据资源。然而河钢股份海量工业数据的价值体现主要集中于企业内部或供应链中，自身既没有开展场内或场外数据要素交易，也没有将数据授权给政府等其他主体对其进行加工、

处理或交易，更没有充分释放数据要素的价值。天津智慧港口在数字化转型之后也形成了海量数据，这一场景中数据资源的开放或授权有待进一步加速。此外，除工业、智慧港口以及数字政府等场景外，其他应用场景也有待加速拓展与开放。

（二）未形成公认可行的数据要素价值评估标准

《"十四五"大数据产业发展规划》中提出，到2025年初步建立数据要素价值评估体系，推动建立市场定价的数据要素市场机制[①]。目前，全国各地在加紧制定数据要素的估值和定价国家标准或地方标准，如已发布的标准有《信息技术服务 数据资产 管理要求》《资产评估专家指引第9号——数据资产评估》，《信息技术 大数据 数据资产价值评估》处于研究阶段。通过对相关法规、章程以及标准等进行搜集和查阅，当前没有形成全国公认可行的数据要素价值评估标准，这对于数据交易价格的确定也有一定影响。目前，数据要素交易过程中主要依靠第三方资产评估机构对数据资产进行估值，数据交易所或数据交易中心以及数据交易主要参与方通过协商并参考评估价值来确定交易价格，数据市场很难以这种"一事一议"的价值评估模式作为参考依据。从理论层面，针对数据这一新型生产要素，对数据品类、完整性、精确性、时效性以及稀缺性等价格影响因素的研究尚不成熟，且可参照的历史公开交易规模较小，未能形成公认可行的价值评估理论体系。表7-2所示为国内代表性数据交易价格确定办法。

表7-2 国内代表性数据交易价格确定办法

交易所	交易价格确定方法	相关制度依据
上海数据交易所	成本法、收益法以及市场法	《上海市数据条例》

---

① 工业和信息化部."十四五"大数据产业发展规划[EB/OL]. https://www.gov.cn/zhengce/zhengceku/2021-11/30/5655089/files/d1db3abb2dff4c859ee49850b63b07e2.pdf? eqid = c93386cb0001b095000000036495cfbc.

续表

交易所	交易价格确定方法	相关制度依据
北京国际大数据交易所	第三方价值评估、供需方议价	《关于更好发挥数据要素作用进一步加快发展数字经济的实施意见》
贵阳数据交易所	要素定价法	《贵阳大数据交易所702公约》《数据产品交易价格评估指引1.0》
北方大数据交易中心	合约评估法	《天津市数据交易管理暂行办法》

资料来源：根据全国各数据交易所（中心）公开信息整理所得。

此外，数据质量标准对数据要素价值评估也会产生一定影响。随着数据分析技术的不断更新迭代，市场对数据质量的要求日益增加，现有的 ISO 25000 和 ISO/IEC 25012 等系列标准难以对市场化交易中的数据质量进行评价和规范，《资产管理信息化 数据质量管理要求》等标准仍在研究阶段，亟须形成将数据权利属性、行业属性、时效性、颗粒度、精确度、数据口径及可匹配性等因素纳入考虑范畴的数据质量标准，从而推动数据要素市场化配置中价值评估标准和交易价格确定标准的形成。

（三）数据要素场内交易低迷导致市场化配置成效不显著

数据要素场内交易规模在逐年扩大，但是场外交易以及数据黑市等场外数据交易的规模占比更大，导致数据要素市场化配置成效不显著。相较于场内交易，场外交易的流程简便，只需数据供求双方进行协商即可完成交易，即使需要数据服务商参与也只占较小部分，并且不需要第三方参与或者第三方较少参与，减少了交易前的时间和资金成本。相关数据显示，2020 年国内大数据要素市场（含数据清洗、标注、交易等环节）规模达 545 亿元，但场内数据交易只占总体交易市场规模的 4%。2021 年我国数据交易市场规模约为 617.6 亿元[1]，有业界专家测

---

[1] 报告称 2022 年中国数据交易市场规模达 876.8 亿元 占全球 13.4%［EB/OL］. (2023 – 11 – 7)［2023 – 11 – 21］. https://baijiahao.baidu.com/s? id =1783696527811860370&wfr = spider&for = pc.

算，2021年我国数据黑市交易市场规模超过1500亿元。京津冀地区数据要素的场内交易规模有待进一步提高，尤其是天津市和河北省，其中2022年天津市数据要素场内交易规模仅约5亿元。场内数据要素交易低迷限制了数据要素的充分流动和高效配置，使潜在的数据价值难以充分挖掘，影响了消费和投资规模的进一步扩大。此外，数据要素市场分割的现象也是导致场内交易低迷的一个因素，数据供给方各自为政，政府数据与企业数据、个人数据之间的交互共享渠道不畅通，难以发挥协同优势，抑制了产业链供应链数字化、智能化水平的提高，反过来又会影响数据要素交易活跃度。

（四）数据要素交易生态体系有待完善

数据要素市场化配置的目标是数据的自由流动、价格发现以及价值实现，将有限的数据要素配置在最恰当的位置发挥出最优效用。交易生态是数据要素实现市场化配置的重要基础，当前，数据要素交易生态体系有待继续完善，主要体现在以下四个方面：一是数据要素市场化配置的制度体系有待进一步建设与优化；二是尚未形成协同高效的市场监管来为高效的数据要素市场化配置提供良好的交易环境；三是数据源出方需要进一步培育，应用场景要进行拓展，从而为市场化配置提供丰富的数据资源；四是数据存储、使用及交易安全等环节的技术支撑有待提高，亟须加强技术创新对"监管沙盒"等安全技术进行升级或替代。完善的数据要素交易生态体系的建设将有助于数据生产、交易以及价值释放的循环往复，推动市场化配置的顺利进行也是其中之义。

五、提速场景驱动京津冀数据要素市场化配置进程的思考

（一）建立健全数据共享与授权机制

加强跨部门、跨层级、跨区域的数据汇聚和共享，建立以合规安全为前提的数据授权机制。探索有效的央地数据共享机制，积极对接中央

部委、央企等掌握高质量数据资源相关机构，在重点区域共同建设分领域、分行业全国性数据中心。

打造以分级分类管理为核心的公共数据授权机制，积极探索公共数据授权运营试点管理的新模式，合理制定数据定价标准和收入分配机制，通过数据开放、特许开发、授权应用等方式鼓励市场主体加快推进重点领域高价值公共数据资源的挖掘和增值开发利用。发挥京津冀三地央企、国企、行业龙头企业以及大型互联网平台企业等载体的带动作用，建立以赋能实体经济为导向的企业数据授权机制。

（二）完善数据要素交易制度体系建设

以北京数据基础制度先行区建设为抓手，形成覆盖数据确权、数据交易、数据质量评估、数据知识产权保护、数据价值评估以及数据安全保护等方面的数据交易制度体系，打造数据基础制度综合改革"试验田"。立足京津冀三地数字经济发展的实际情况，大力推动数据资产服务产业和数据金融服务产业的发展，为建立健全以确权和价值化为核心的数据市场体系提供有力支持，为数据要素市场化提供制度支撑和适宜环境。推广借鉴成功的经验做法，带动京津冀地区加快形成可互通的数据交易制度体系，重点确立数据交易的产品、供需方、服务商的准入条件和分类规则，针对不同场景制定相应的数据交易规范标准，健全数据交易流通的市场化机制，强化交易环节的风险管理，维护相关主体的正当权益。

具体而言，形成统一或标准化的数据产品质量、可信性和交易过程合规性的评价方法，有效规范参与数据交易全过程的不同主体，增强数据交易市场的信任度和稳定性；明确场内外数据交易市场的差异化建设思路，界定数据交易组织的法律资格和公共服务职能，评估财政补助、税收优惠等奖励政策的可行性，引导场外交易"进场"，研判场外数据交易的注册备案、合规公证、安全审核等措施，推动数据交易在不同场景下实现规范有序的差异化发展路径；探索完善数据跨境流通市场机制,加大数据要素市场对外开放力度,探索建立数据跨境流通管理体系,打造具有国际影响力的全球数据管理中心;主动引进或培育第三方机构,对数据应用进行专业的合规性监管和审计。

(三)深入挖掘不同应用场景数据要素价值

京津冀在积极探索数据要素与其他应用场景的融合创新时,应当从广泛性和深入性两个方面深入挖掘数据要素价值。在提高数据要素应用广泛性方面,北京市服务业发展速度较快,其在金融信贷行业场景的基础上,进一步开拓数字文旅、在线体育等场景中数据要素的汇集、开放与交易。天津市港口贸易等发展具有一定特色,天津港智慧化建设能够有效提高港口贸易场景中相关数据的汇集与应用效率,可以继续引导相关数据要素进入市场化配置流程。河北省依靠资源禀赋和相对低的劳动力成本等发展成制造业大省,工业场景中有一定的数据资源积累,加快工业数据授权与交易等将极大地推动河北省数据交易规模的扩大和数据价值的释放。另外,张家口承接冬季奥运会相关项目的举办,奥运场景及其数据要素的市场化配置也有待开拓。

在提高数据要素应用的深入性方面,需要深入了解不同场景下的数据需求,实现数据与场景的紧密对接,从而确保数据能够在实际应用中发挥最大价值。一方面,深化数据要素在政务、民生、社会治理、金融、工业等领域的广泛应用,促进跨行业间数据要素的交叉融合与创新发展;另一方面,全面促进数据要素与各行业的深度融合协同,构建以数据要素为核心的高质量发展新模式,积极推动创新应用示范,探索新模式、新业态场景,延伸应用领域和场景。

(四)打造京津冀一体化"数据要素交易平台"

京津冀一体化"数据要素交易平台"的建设是京津冀协同发展的应有之义,对于推进数据公平有序流动、促进"双循环发展"具有重要作用。搭建京津冀地区包括数据交易匹配、交易监管机制、资产定价和争议仲裁在内的数据要素全链条流通平台——京津冀一体化"数据要素交易平台"。与现有或区域性数据交易中心或平台的区别在于该交易平台基于北京、天津和河北现有数据交易中心，打通三地的交易壁垒，运用"数据沙箱"、隐私计算以及区块链等先进技术，在国家关于数据分级分类管理相关政策规定的基础上，在数据"可用不可见"、充分保护数据安全与隐私等前提下，探索新型的覆盖京津冀三地的数据归属界定、开发利用策略制定、价值评估标准、安全交易流程的路径，面向数据所有者、数据控制者、数据处理者等多方利益主体互惠互利的新交易方法和运营模式，实现京津冀数据安全、畅通、无障碍交易。

（五）逐步建立活跃有序的数据要素流通生态

在制度建设层面，数据要素市场应加快构建政府监管和市场自控、法治与行业自治联动、国内与国际协同的多元管理体系，通过修订和完善法律法规，为产业发展提供翔实的操作指引。完善数据全流程合规和监管规则体系，构建政府、企业、社会多方参与的数据交易协同监管机制，形成跨区域数据统一监管格局。在产业拓展方面，打造多元化、丰富化的数据要素流通服务生态环境，促进数据、技术和应用场景的深度融合，推动跨产业、跨区域的数据链、治理链、产业链、生态链的深度融合。激发各类市场主体活力，注重提高数据服务商的专业素养和服务水平，主要包括数据管理、数据加工、运营管理、交易撮合、质量检查、合规风险评估、数据安全审核等环节；在技术支撑层面，加强技术标准的研究与应用，充分利用区块链、大数据、隐私计算等先进技术，推动数据要素基础设施建设的快速发展，同时加快技术突破，实现数据可见性、可用性和可控性的有机结合，探索更多形态和模式的数据要素流通方案，建立有效解决数据安全保护问题的技术支撑体系。

（北京市科学技术研究院　李诚、张丽丽、张晴晴、赵玉霞、李昱、周炳含、马梅彦）

参考文献

[1]黄浩,徐子贤.完善基础制度建设,促进数据要素市场发展[J].中国发展观察,2022(7):22,40-43.

[2]赵轶,郑莹,刘志颖.北京加快全球数字经济标杆城市建设[N].中国信息报,2022-04-14(5).

[3]方素菊.《中国式现代化数字政府应用场景河北典型案例》发布[N].河北日报,2023-09-11(3).

[4]刘金钊,汪寿阳.数据要素市场化配置的困境与对策探究[J].中国科学院院刊,2022,37(10):1435-1444.

[5]丁晓东.数据交易如何破局——数据要素市场中的阿罗信息悖论与法律应对[J].东方法学,2022(2):144-158.

[6]Faroukhi A Z, Alaouo I E, Gahi Y, et al. Big data monetization throughout big data value chain: A comprehensive review[J]. Journal of big data, 2020(7): 3.

[7]Yu H F, Zhang M X. Data pricing strategy based on dataquality[J]. Computers & industrial engineering, 2017, 112(10):1-10.

[8]李诚,李珊,张彦军.基于关键要素的场景驱动创新生态系统建构与运行机制[J].科技智囊,2023(6):19-29.

[9]王志刚,李承怡.数据要素市场化的现实困境与对策建议[J].财政科学,2022(8):22-29.

[10]肖艳.贵州探路数据基础制度建设[N].经济参考报,2022-07-11(A08).

[11]赵精武,周瑞珏.数据要素市场如何进行数据定价[N].学习时报,2023-02-17(3).

[12]何玉长,王伟.数据要素市场化的理论阐释[J].当代经济研究,2021(4):33-44.

[13]陈兵,赵秉元.数据要素市场高质量发展的竞争法治推进[J].

上海财经大学学报,2021,23(2):3-16,33.

[14]欧阳日辉. 数据要素流通的制度逻辑[J]. 学术前沿,2023(6):13-27.

[15]袁媛,张保钢. 北京市测绘设计研究院完成首笔空间数据交易服务[J]. 北京测绘,2023(7):F0004.

[16]尹西明,林镇阳,陈劲,等. 数据要素价值化生态系统建构与市场化配置机制研究[J]. 科技进步与对策,2022,39(22):1-8.

[17]王申,许恒. 构建数据基础制度进程中的数据确权问题研究[J]. 理论探索,2023(2):120-128.

[18]黄丽华,窦一凡,郭梦珂,等. 数据流通市场中数据产品的特性及其交易模式[J]. 大数据,2022,8(3):3-14.

[19]尹西明,苏雅欣,陈劲,等. 场景驱动的创新:内涵特征、理论逻辑与实践进路[J]. 科技进步与对策,2022(7):1-10.

[20]尹西明,林镇阳,陈劲,等. 数据要素价值化动态过程机制研究[J]. 科学学研究,2022(2):220-229.

[21]鲁泽霖,陈岩. 数据要素市场化的理论内涵、现实挑战和实践路径[J]. 信息通信技术与政策,2022(1):11-18.

[22]陶卓,黄卫东,闻超群. 数据要素市场化配置典型模式的经验启示与未来展望[J]. 经济体制改革,2021(4):37-42.

[23]李高勇,刘露. 场景数字化:构建场景驱动的发展模式[J]. 清华管理评论,2021(6):87-91.

[24]王志刚,李承怡. 数据要素市场化的现实困境与对策建议[J]. 财政科学,2022(8):22-29.

[25]刘金钊,汪寿阳. 数据要素市场化配置的困境与对策探究[J]. 中国科学院院刊,2022,37(10):1435-1444.

[26]熊巧琴,汤珂. 数据要素的界权、交易和定价研究进展[J]. 经济学动态,2021(2):143-158.

[27]叶秀敏,姜奇平.论生产要素供给新方式——数据资产有偿共享机理研究[J].财经问题研究,2021,33(12):29-38.

[28]张会平,马太平.政府数据市场化配置:概念内涵、方式探索与创新进路[J].电子科技大学学报(社科版),2022,24(5):1-8,17.

第八章　京津冀数据要素市场培育进展与思考

摘　要　以数据要素市场为发力点，加快推进数据的要素化流动和价值化演进，是加速数字经济与实体经济深度融合、创新发展的必由之路。本章梳理了数据的要素价值和流通形式，在比较借鉴的基础上明确了数据要素市场的基本概念和总体框架。聚焦京津冀地区数据要素市场的发展情况，重点从数据交易流通、公共数据开放、基础制度建设三个维度，呈现了近年来京津冀数据要素市场发展的全貌，并在总结京津冀数据要素市场发展面临问题挑战的基础上，提出了进一步推动京津冀数据要素市场发展的建议。

关键词　数据要素；数据要素市场；数据交易流通；公共数据开放

数字经济时代，数据不仅是基础性资源，更是关键的生产要素，发挥着重要作用。2019年，党的十九届四中全会突破传统生产要素理论，首次将数据列为与土地、劳动力、资本、技术等传统要素并列的第五大生产要素。2020年，中共中央、国务院印发《关于构建更加完善的要素市场化配置体制机制的意见》，首次提出要加快培育数据要素市场，推进政府数据开放共享，提升社会数据资源价值。2021年，国务院印发《要素市场化配置综合改革试点总体方案》，从公共数据开放共享、数据流通交易、数据开发利用场景等方面提出要建立数据要素流通规则,加快数据要素的市场化配置改革。2022 年,中共中央、国务院印发《关于构建数据基础制度更好发挥数据要素作用的意见》,提出要构建以数据产权、流通交易、收益分配、安全治理为重点的数据基础制度,明确了数据要素市场发展基本方向。2023 年,按照《党和国家机构改革方案》,国家数据局成功组建,为进一步激活数据要素市场创造了良好机遇。数据作为生产要素需要商品化,以商品形式通过交易进行流通、配置,并释放其价值,从而形成数据要素市场。京津冀地区是我国数字经济发展最活跃的区域之一,京津冀三地围绕数据要素流通开展了一系列创新探索和产业实践,加快了区域数据要素市场的形成和发展,在数据交易流通、公共数据开放和数据基础制度建设等方面取得了显著成效,推动数据要素逐步成为区域经济增长和社会发展的新引擎。

一、数据要素市场的基本概念

(一)数据的要素价值与流通

1. 数据的要素价值

生产要素是对某一时期经济发展所需重要资源的科学抽象,是维系社会物质生产方式的基本元素和价值源泉。每当出现经济增长速度快于已知要素投入的增长速度时,就可以抽象出新的要素来说明其余要素未能说明的剩余产出。因而,可将生产过程中为获得经济利益所投入的成本进行高度凝练,称为生产要素。生产力发展是人类社会发展的决定力量,在不同经济形态下,主导生产力竞争的核心要素也不同。每一次社会经济形态变革和产业革新都伴随新的生产要素出现,并带动社会生产力跃升。土地、劳动力、资本、技术等生产要素就是随着生产力的发展不断扩充的。

生产要素是用于生产经营活动的经济资源,但并非所有经济资源都是生产要素。某一经济资源能否被概括为新的生产要素,关键在于这一资源能否凸显其作为生产要素给生产水平带来革命性的价值提升。在数字经济浪潮席卷全球的大背景下，数据作用于广泛的经济和社会活动过程，能够产生化学作用，催生新业态、新模型，对原有产业发展和经济增长形成放大、倍增效应，同时加剧社会领域的深刻变革，成为国家和地区治理的有效手段，因此其具有成为生产要素的潜质。

在数字技术快速迭代、全社会广泛数字化的技术和产业背景下，数据因其规模大、价值高等特征，全方位改变了人类的生产、流通、分配、消费活动和经济运行机制、社会生活方式、国家治理模式。相对于农业经济、工业经济时期的传统生产要素，数据逐渐开辟出不同于以往的经济形态，即数字经济。作为以生产为目的留存备用的资源，海量的数据资源为数字经济持续增长和永续发展提供了基础与可能，逐渐成为数字经济时代的关键生产要素。

数据要素价值作用的发挥，目前比较流行的观点是经历了三次价值释放的过程，分别是数据支撑业务贯通、数据推动数智决策、数据流通对外赋能。一次价值释放是数据支撑业务系统运转，推动了业务数字化转型与贯通；二次价值释放是通过数据的分析应用，使战略决策更加智慧，从而支撑了业务的智能化决策；三次价值释放是数据通过融合应用，产生对外赋能的新作用，打通了数据壁垒。三次价值释放的过程既有并列关系，也有递进关系，表明数据要素价值的释放依赖于数据要素的流通。

2. 数据要素的流通

数据要素的大规模、广范围流通是数据发挥要素作用的关键，只有数据要素充分流通，才能形成数据要素市场。按照中国信息通信研究院的分类，根据数据与资金在主体间流向的不同，数据要素流通可以分为开放、共享、交易三种形式，如图 8-1 所示。

数据交易是使用货币支付完成的数据单向流通。当前，数据交易仍然以传统的点对点场外交易为主，如大量存在的金融征信数据、互联网用户数据的交易等。随着我国各地数据交易机构的发展,数据交易正在从场外走向场内,尽管存在各种困难和束缚,但是整体规模一直在快速扩张,是未来数据要素市场发展的重点。

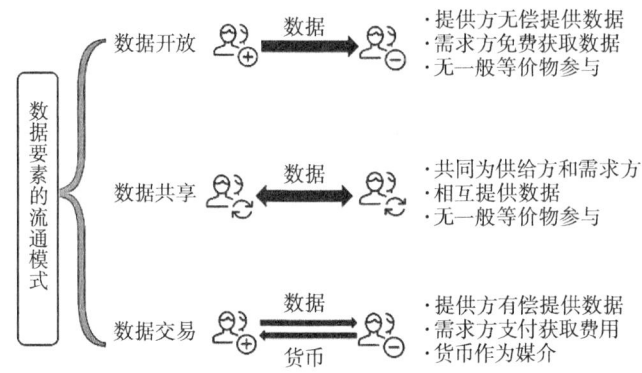

图8-1 数据要素流通的三种形式

资料来源:中国信息通信研究院。

数据开放是以公共数据为主的单向、无偿的数据流通,整体仍有待加强。各级政府部门在开展公共服务的过程中收集了大量的社会公众信息,这些数据归全民所有,可以在除去国家秘密、个人敏感信息、商业秘密后向全社会开放。全国各地建成了大量的公共数据开放平台,开放规模和频率逐步提升,但距离社会整体需求仍有一定差距,公共数据的开放有助于示范推动数据要素市场发展。

数据共享是数据拥有双方以货币不介入的形式完成数据双向流通。当前,政府部门间的数据共享相对成熟,为高效数字政府建设提供了强力支撑。而政企数据共享方面不够活跃,主要发生在承接地方重大信息化建设项目的企业与当地政府部门之间,企业凭借高效的数据管理与应用能力、市场对接能力,帮助政府管理、使用数据。

中国工业经济学会会长、中国社会科学院大学教授江小涓通过考察消费互联网、产业互联网、数据出境等场景下的数据流通行为发现数据往往被用来发展业务,而不只是以交易获利为主要诉求,因而其认为数据流通存在两条主线,分别是数据交易和数据交互,警示各界不能忽视数据交互这种数据要素发挥作用的形态,对数据交易和数据交互两种流通形态的关注要更加平衡,同时要处理好公共数据开放共享和开发利用之间的关系。

(二) 数据要素市场的定义及框架

1. 数据要素市场的概念界定

从国家到地方,数据要素政策不断发力,产业界也开展了大量实践探索,推动数据要素市场迅猛发展,但是总体上看,数据要素市场仍然处于起步阶段。关于数据要素市场的定义,社会各界尚未形成统一共识,比较常见的是场所论、环节论和配置论。

场所论反映了当前业界较为普遍的认知,鉴于我国各地不断成立数据交易所和数据交易中心的实际运行状况,认为数据要素市场等同于数据交易所或数据交易中心等具体实践空间场所。也有业界从业者进一步扩展到了数据交易平台、数据中介机构等,均指向物理或虚拟的数据交易流通机构。这一观点从数据交易行为本身出发,类比传统商品或要素的交易流通状态,比较符合数据要素市场发展初级阶段的特点。数据交易机构作为交易活动的参与者,可以运用市场竞争、供求等机制引导数据资源合理配置;同时,数据中介作为数据的组织者,可以提高交易行为透明度与可信度,还可以约束市场交易行为。具体来看,数据交易机构包括城市级、区域级、行业性和全国性等多层次市场体系,各类数据要素交易机构的建立有利于拉动市场需求、涵养市场主体和提升数据开发利用能力,应当作为当前数据要素市场培育的关键抓手。

环节论聚焦数据要素从产生到发生要素作用的全过程,将数据要素市场归结为数据采集、数据存储、数据加工、数据流通、数据分析、数据应用、生态保障七大模块,通过产业链的不同环节,将尚未完全由市场配置的数据要素转向由市场配置,是对数据要素流通过程的分解和抽象概况,能够较好地投射到产业实践。其中,数据采集、数据存储、数据加工、数据流通、数据分析、生态保障六大模块,主要是数据作为劳动对象,被挖掘出价值和使用价值的阶段;而数据应用模块,主要是数据作为劳动工具,发挥带动作用的阶段。

配置论是学界较为认可的观点,其认为数据的形态和功能呈现多样性,不同于传统要素,不适用基于产权清晰界定和移转为基础的传统市场范式,数据要素的价值在于流通利用,基于数据要素在市场流通中产生与实现的价值,数据要素市场应定义为数据要素实现市场化配置的过程。这一观点关注的是数据要素的产生、流转以及使用,从经济活动的视角揭示了数据要素市场的本质。事实上,培育数据要素市场的根本路径并不完全依赖于搭建数据交易场所,而是整体构建与数据要素及其流通特点相适应的基础性市场形成机制,数据要素流通和市场化配置,有利于充分释放数据的乘数效应,最大化发挥其经济和社会价值。从配置论出发,数据要素市场可以拓展至数据要素生态体系,即以数据交易机构为圆心,聚合各类数据主体或数商,包括数据供给方、数据供需方、数据加工机构、数据交易服务机构、数据监管机构等,只有多元化主体的广泛参与和充分协作,才能加快数据要素市场的形成和完善。

上述观点从不同角度揭示了数据要素市场的典型特征,综合这些论述,本章认为,数据要素市场是数据要素在多层次市场中所发生的流通活动的总和。流通对象是数据经过要素化后形成的数据产品及服务。流通形式主要有数据交易、数据开放和数据共享三种,随着数据基础制度的不断完善,各种流通形式将更多地依赖于数据要素交易市场即数据交易机构。在一系列制度和技术的支撑下,围绕数据要素交易市场,将持续丰富以数据供需双方为主体的数据生态,不断涌现的数据经纪商、数据中介、经纪人等各类数商和第三方专业服务机构及其活跃度将成为数据要素市场发展的重要推动力量,并在不同数据要素市场主体的交互作用下促进数据要素市场螺旋式上升,从而实现数据自主有序流动,提高配置效率,发挥数据要素价值。

2. 数据要素市场的总体框架

《2023年中国数据要素市场研究报告》认为，当前各界关于数据要素市场的认识可以分为狭义和广义两类。狭义的数据要素市场是指数据要素交易市场，体现为数据交易所或数据交易中心等拥有实体场所和交易平台的数据交易机构，为数据交易提供交易撮合、需求匹配等服务。广义的数据要素市场是指由数据提供方、数据需求方、数据交易场所、数据交易技术支撑方、第三方专业服务机构、市场监管方以及数据要素交易行为共同构成的体系，如图8-2所示。

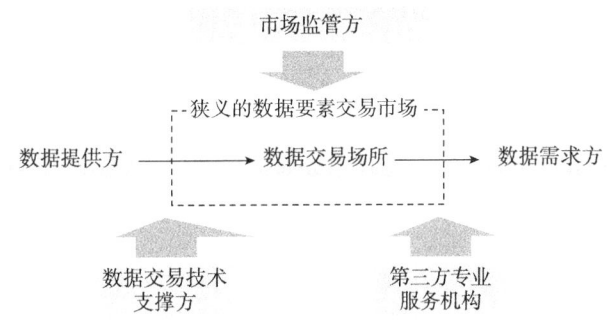

图8-2 数据要素市场的范畴

资料来源：中国移动通信有限公司研究院。

也有学者从生态视角展开研究，提出数据供需方、数据交易机构、交易服务机构、数据监管机构等共同构成数据要素市场主体生态。还有学者认为，应基于数据要素市场特性，设计数据要素市场的制度支撑—交易体系—市场监管—技术赋能"四位一体"的总体框架。中国电子信息产业发展研究院研究员王伟玲进一步构建了数据要素市场供给、流通、应用、监管、制度、基础"六位一体"的总体框架体系，提出数据要素市场体系包括基础制度、市场监管、市场供给、市场流通、市场应用、市场基础设施等，如图8-3所示。其中，基础制度是保障数据要素市场规范发展的前提条件，市场监管是维护数据要素市场运行秩序的必要之策，市场供给是数据要素市场运行的基础原料，市场流通是数据要素市场运行的主轴枢纽，市场应用是释放数据要素市场经济价值的必经环节，基础设施是推动数据要素市场发展的重要支柱。这一框架全面阐释了支撑数据要素市场发展的各类因素，从纵向数据治理维度和横向数据流通维度，确立了宏大的数据要素市场发展框架。

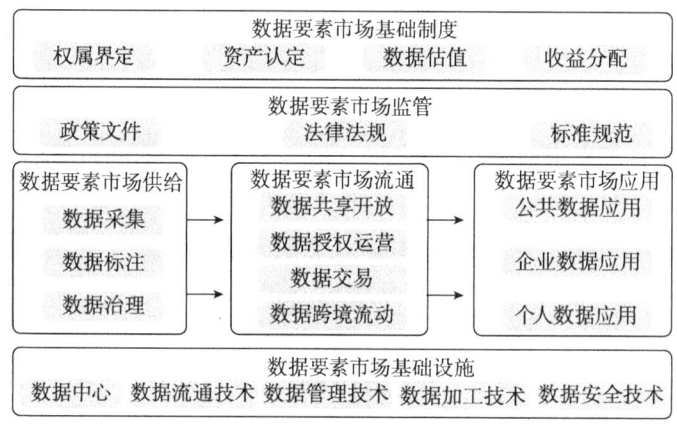

图 8-3 数据要素市场体系

资料来源：王伟玲．中国数据要素市场体系总体框架和发展路径研究［J］．电子政务，2023（7）．

在综合各类有关数据要素市场架构论述的基础上，本章以数据要素的价值实现作为根本出发点，结合数据要素的流通形式和数据要素市场的定义，提出了新的数据要素市场总体框架，如图 8-4 所示。

本研究认为从总体框架来看，数据要素市场是一个具有内在生态联系的复杂系统，涉及多主体、多环节、多领域、多层级的各种复杂经济关系，其中数据的流通是关键线索。数据要素市场首先要建立在以数据中心、智算中心等为主的新型数字基础设施之上，并从制度和技术两个层面保障数据有效有序流通，既要依赖法规、规划、政策以及监管制度的不断完善，也要依赖大数据、云计算、人工智能、区块链等技术的支撑。在此基础上，通过数据确权、评估、入表等方式推动数据从资源到要素的转变，实现数据的要素化，具体是采用交易、开放、共享的方式提升公共数据、个人数据、企业数据的流通效率和流通广度，叠加各类数据商和专业数据服务机构的能力，催生一大批数据产品及服务，完成

第八章　京津冀数据要素市场培育进展与思考

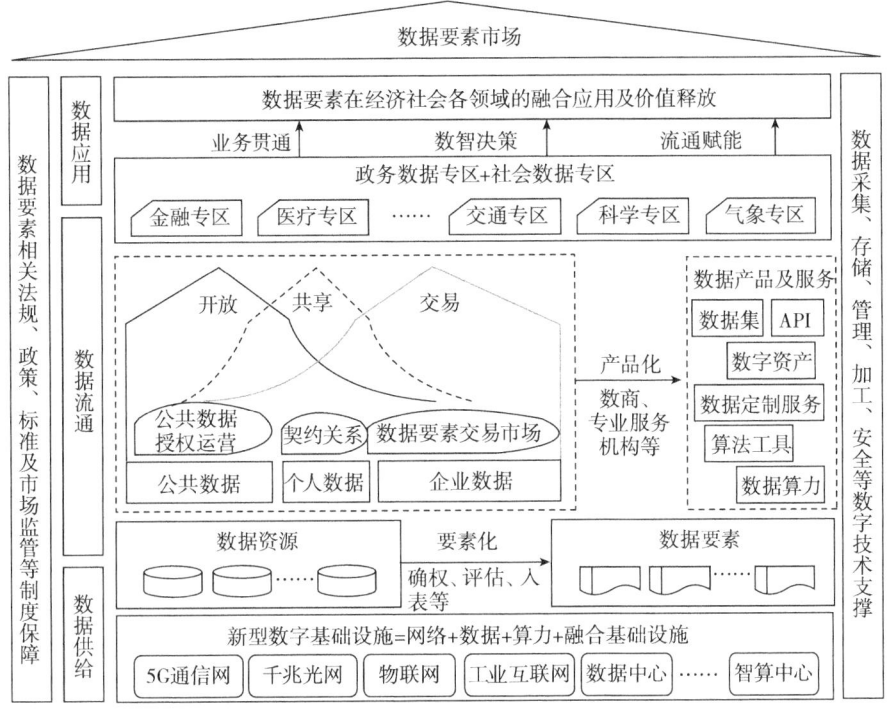

图 8-4　数据要素市场总体框架

资料来源：作者绘制。

数据的产品化，并通过政务和社会两个层面向经济社会发展各领域融合渗透，实现数据要素的三次赋能，充分释放数据要素的经济价值与社会价值，赋能数字中国建设。根据这一架构，本研究认为当前京津冀数据要素市场发展应当着重做好数据要素交易市场建设、公共数据授权运营和数据要素基础制度建设三个方面。

二、京津冀数据要素交易流通日趋活跃

数据要素交易市场是数据流通的主要载体，从 2015 年贵阳大数据交易所成立至今，数据要素交易市场已经走过了三个发展阶段。截至 2023 年底，全国各地已成立数据要素交易市场 51 家、拟建 6 家。其中，针对 24 家数据要素交易市场自 2022 年底到 2023 年底的不完全统计发

现,数据供应商从 160 家升至 782 家、公开的数据产品数量从 1574 个增至 8315 个①,反映出全国数据要素交易流通正在蓬勃发展,京津冀数据要素交易市场在这一大背景下也取得了长足进步。

(一)京津冀数据要素交易市场初步形成

近年来,京津冀三地相继成立数据要素交易市场,初步构建起数据要素市场化交易体系,如表 8-1 所示。河北大数据交易中心是京津冀地区首个数据要素交易市场,成立于 2015 年 12 月,由河北省承德市人民政府和北京数海科技有限公司共同设立,是全国最早一批成立的数据要素交易中心。其成立后迅速崭露头角,成为全国第一家开展数据资产证券化的服务机构、华北地区第一家数据资产交易平台。2021 年 3 月,北京市属国企对现有交易所进行重组,成立了北京国际大数据交易所,以国内领先数据交易基础设施和国际重要数据跨境交易枢纽为发展目标,不到 3 年时间已经发展成为全国数据要素交易市场的"领头羊"。北方大数据交易中心是天津在借鉴贵州、上海、深圳等地数据交易机构设立、运营、管理经验的基础上设立的,尽管 2023 年 5 月才正式设立,但前期经过了充分的调研和酝酿,快速形成了健全的交易服务体系。表 8-1 所示为京津冀数据要素交易市场基本情况。

表 8-1 京津冀数据要素交易市场基本情况

交易市场名称	所在地	运营主体	成立时间	注册资本	投资方
北京国际大数据交易所	北京市	北京国际大数据交易有限公司	2021 年 3 月	2 亿元	北京金融控股集团有限公司、京东数字科技控股股份有限公司、华控清交信息科技(北京)有限公司、北京微芯感知科技有限公司
北方大数据交易中心	天津市	北方大数据交易中心(天津)有限公司	2023 年 5 月	5500 万元	上海爱数信息技术股份有限公司、天津生态城国有资产经营管理有限公司

---

① 资料来源:天翼智库《我国主要数据交易场所发展情况及数据交易产品洞察》。

续表

交易市场名称	所在地	运营主体	成立时间	注册资本	投资方
河北大数据交易中心	河北省	河北京津冀数据交易中心有限公司	2015年12月	2亿元	承德市国控投资集团有限责任公司、中关村数海数据资产评估中心有限公司、北京数海科技有限公司

京津冀三地数据要素交易市场的投资主体既有国有资本，也有民营资本，还吸引了域外企业参与，不乏技术研发机构和数据服务商。多元化的市场化主体广泛参与，有助于激发京津冀数据要素市场的发展活力，形成生态化发展的优势。

京津冀地区数据交易流通起步早，除了数据要素交易市场，还存在大量的场外交易行为。从实际情况来看，京津冀场外点对点数据交易一直较为活跃，一大批数据相关企业通过收集多方数据，创新业务模式，打造竞争优势，满足了当前较为紧迫且价值量较高的数据需求，属于市场自发配置行为，构成了对数据要素交易市场的有益补充。场内外数据要素交易的探索和实践，推动了京津冀数据要素市场的发展和完善，共同构成了以数据交易所（中心）为主体的京津冀地区数据要素交易市场。

（二）京津冀数据要素交易市场发展特色彰显

在我国各地不断涌现的数据要素交易市场中，以北京国际大数据交易所、北方大数据交易中心、河北大数据交易中心等为代表的京津冀数据要素交易市场在成立时间、影响力等方面均处于领先位置，依托各自基础优势寻找发力点，在发展过程中均呈现出许多亮点。

北京国际大数据交易所在全国数据交易领域具有多项引领性创新，被称为开启全国数据交易所2.0时代的标志性机构。一是率先推出了新型交易范式，针对数据权属不清、信息易泄露等风险，运用隐私计算、区块链等技术将数据所有权与使用权分离，实现"数据可用不可见，用途可控可计量"。二是在全国率先实现首个线上线下一体化的"数据跨境服务站",依托北京数据托管服务平台,与 CBD 管委会共同打造北京 CBD 跨国企业数据流通中心,落地"线上+线下"的数据跨境流动新型解决方案,确保数据要素安全合规"引进来"和"走出去"。三是建成了国内首个基于自主知识产权的数据交易平台,数据交易平台 IDeX 系统利用区块链技术及隐私计算技术,并叠加相关算力和算法,将数据交易全过程上链存储,保障数据来源可追溯、内容防篡改、主权可确认、利益可分配,实现数据使用价值的合规流通。四是构建国内首个大型数据商圈,主动联手数据链多、产业链长、场景丰富的大型央企、国企、行业领军机构,共建交通、气象、能源、科学、金融等多个垂直行业领域的数据专区,形成数据分级分类管理、应用、流通的大型数据商圈,为场景化推动数据要素价值实现提供了实践基础。五是在金融等领域率先发力并形成领先优势,背靠北京金控集团,有效激活海量优质的金融数据资源,加速数据流通应用,探索开展数据资产融资、数据资产保险、数据资产证券化等金融创新服务,牵头与北京银行、华夏银行、工商银行、光大银行等共同发起数据资产质押融资服务中心。

北方大数据交易中心主推整合型发展模式,以创新培育大数据业务场景驱动数据交易业务,共创数据产业生态。这一特色化发展路线源于其后发优势,因成立较晚故而可以更加精心布局,具体体现在三个方面:一是生态化的发展定位,北方大数据交易中心成立之初的定位就是要面向京津冀和北方地区,构建全国领先的跨行业、跨区域的数据流通交易生态系统;二是多层次的整合型组织模式,股东构成上为域外数商龙头+市属国企的特殊组合,运行模式上专门组建了多部门参与的联席会议进行高位统筹与协调,市场拓展上成立之初便规划了数据产业联盟;三是协同并进的业务逻辑,由北方大数据交易中心和天津数据要素创新中心合作形成一个完整的数据产业链,前者以数据交易为主要业务方向,后者则专注于数据产品加工和数据要素与 AI 算法创新,双方合作从数据融合再加工到数据产品加工再到数据交易和应用，覆盖了整个数据生态系统。此外，北方大数据交易中心充分依托中新天津生态城作为国家智慧城市建设试点的优势，不断整合和挖掘智慧城市相关数据资源，构建广泛的智慧城市及相关行业数据服务运营商网络，吸引更多生态伙伴，进一步拓宽了其独具特色的生态化发展道路。

河北大数据交易中心依托早期张家口、承德一带形成的大数据产业发展基础，致力于打通京津冀区域大数据走廊，盘活京津冀地区的数据资源，重点发展数据资产证券化。该中心围绕数据资产证券化，设计了数据资产托管管理、数据资产金融产品设计服务、金融杠杆数据设计及服务、数据资产权益类交易等业务。由于业务理念较为超前，近年来业务开展情况不佳，鲜有成功案例。综合各方信息，河北大数据交易中心将进行重组整合，迁址雄安新区并重新设计业务体系，亟待更好地把握当下数据要素交易的规律和热点，立足河北、兼顾京津冀，形成更加切合时代需求和具有自身特色的发展模式。

（三）京津冀数据要素交易规模大幅攀升

总体来看，我国各地数据要素交易市场尚处于探索性起步阶段，制度建设和规则构建仍是发展的重点，数据交易量有限。根据上海数据交易所发布的《2023年中国数据交易市场研究分析报告》，2022年我国数据交易市场规模为876.8亿元，其中华东地区以42.3%的全国占比位列区域第一，而华北地区仅占全国的11.1%，位列第五，约97.5亿元[1]。无论是华北地区还是京津冀地区，数据交易规模主要集中在北京，北京在数据交易规模和质量上具有绝对优势，部分数据产品还涉及国际市场数据。

从京津冀三地数据要素交易市场公布的官方数据来看，2023年京津冀地区数据要素交易市场实现的场内交易额略高于20亿元。北京国

---

[1] 上海数据交易所,等.2023年中国数据交易市场研究分析报告[R],2023.

际大数据交易所在推动数据资产登记、数据"进场"交易、场景落地、机制建设、系统保障、生态培育等方面实现业务突破与提升，打造了涵盖数百家机构和企业的数据交易生态圈，推动建设引领全国数据要素市场发展的"北京样板"。截至2023年11月，北京国际大数据交易所在成立不到3年的时间里，数据交易备案规模已超过20亿元，数据交易合约7901笔，数据产品1624个，参与主体591家。北方大数据交易中心通过用户注册、产品挂牌、产品订购、合约评估、产品交付、交易结算、记录留档7个环节，形成全过程监管的数据交易流程，数据交易规模自2022年5月试运营以来节节攀升，意向签约数商超过百家，累计挂牌数据产品千余个，意向数据交易额达到1.5亿元。

关于交易流通的数据类型，按照国家发展改革委、中央网信办等部门发布的《关于加快构建全国一体化大数据中心协同创新体系的指导意见》，数据交易标的可分为原始数据、脱敏处理数据、模型化数据和人工智能化数据等不同数据开发层级形成的产品。从京津冀数据要素交易市场的实践来看，主要集中在数据集、数据API、数据报告等方面，正在探索新的数据类型。以北京国际大数据交易所为例，尽管其将数据交易标的分为数据服务、数据API、数据包与数据报告四类，但实际交易仍以数据包和数据API两类数据产品为主，关于数字资产等交易标的仍在探索过程中。相较于国内其他地区普遍将数字资产、数据定制服务、数据算力、算法工具等作为交易标的，推出数据解决方案、数据质押服务等具有服务属性的数据产品，京津冀数据要素交易市场还需要进一步扩充数据产品交易类型。数据交易市场是需求驱动的市场，需求方更有挖掘数据在本行业内的用途与价值的敏感度和动力。未来不管数据交易类型如何演变，都需要在不破坏数据蕴含信息的多元性与客观性的前提下，更好地满足需求方多样化、个性化的数据需求，并探索更加适宜的数据交易方式和交付方式。

三、京津冀公共数据开放力度持续加大

公共数据授权运营是数据开放的主要表现形式。公共数据授权运营一般是指数据管理部门按规定与符合条件的运营单位签订公共数据授权运营协议,依法授权其在授权运营平台对公共数据进行加工处理,开发形成公共数据产品并向社会提供服务的行为。目前,我国公共数据授权运营已经探索形成行业主导、区域一体化、场景牵引等多种模式,主要差异在于授权方式的不同,京津冀地区以分领域、分场景激活公共数据价值的运营模式为主。

(一) 京津冀公共数据开放政策不断深化

进入 2023 年,深圳、杭州、长沙、青岛、济南、温州、包头等地陆续出台推动公共数据流通使用的相关政策。公共数据成为当前数据流通的关注重点之一,原因在于公共数据的流通能够带动其他数据的开发利用。京津冀在公共数据开放方面走在了全国前列,相继出台了促进数据开放的专门政策。

在推动公共数据流通和利用方面,北京以公共数据专区授权运营的模式推动公共数据的流通和使用。2020 年,北京率先出台《关于推进北京市金融公共数据专区建设的意见》,从金融领域切入进行探索。2022 年底,出台《关于推进北京市数据专区建设的指导意见》,进一步明确了数据专区的界定,分领域类、区域类及综合基础类三种推进公共数据专区建设。2023 年 12 月,《北京市公共数据专区授权运营管理办法(试行)》正式印发,对公共数据专区授权运营的相关内容予以明确,聚焦金融、教育、医疗、交通、信用、文旅等重大领域应用场景,优先支持与民生紧密相关、行业增值潜力显著和产业战略意义重大的领域开展公共数据专区授权运营。"专题数据区域"的概念打破了简单按照数据重要程度等单一标准的数据分类模式,领域类、区域类和综合基

础类三类公共数据的划分有助于实现未来公共数据授权运营的精细化管理。

天津在公共数据开放方面走在了京津冀乃至全国的前列，相关政策发布较早，并注重政策的落地实施。为规范和促进公共数据资源开放，天津充分发挥公共数据资源经济价值和社会效益，早在2020年就发布了《天津市公共数据资源开放管理暂行办法》，其中以可机器读取格式开放、建立公共数据资源分类分级规则等要求被各地广泛借鉴。后续还制定了《天津市加快公共数据资源开放利用实施方案》《天津市数据共享开放评价实施方案》等配套细则，打破数据壁垒，实现"业务数据化、数据目录化、目录资源化、资源服务化"，并对数据开放所产生的效应进行重点、全量、多维度的评价。2023年11月，《天津市公共数据质量的管理和评价指南（试行）》正式发布，明确数据采集、数据传输、数据存储、数据使用与加工、数据共享与开放、数据销毁等环节提升数据质量的举措和要求，推动各区、各部门以公共数据质量自我评价倒逼公共数据源头治理，强化公共数据开发利用。

河北重点构建了开放共享的数据资源体系，推动政府数据资产化，强化政府数据资源开放和应用。早在2013年，河北省就出台了《河北省信息化条例》，从法规层面明确了政务数据和公共数据共享开放的要求。2022年底，《河北省政务数据共享应用管理办法》正式发布，明确政务数据共享范围和部门职责，规定全省政务数据要开展统筹管理，明确了政府部门之间政务数据共享机制和工作流程，规范了政务数据采集、归集、共享、应用、安全保障和监督管理等行为，还配套出台了《关于建立健全政务数据共享协调机制　加快推进数据有序共享的实施意见》《关于进一步推动全省公共数据共享开放的实施意见》《河北省一体化政务大数据体系建设若干措施》，明确各级各部门工作任务与职责分工，着力推进政务数据在行政决策、政务服务、行政执法中的应用。

（二）京津冀三地公共数据开放利用成为亮点

在一系列公共数据开放政策的推动下，京津冀三地内部及相互之间不断推进数据开放，以大数据的思维、技术、模式、产品、服务等突破行政藩篱和区域界线，打造京津冀大数据综合试验区，在一些需求强烈的领域率先开展场景化探索，加大数据开发利用，公共数据开放呈现诸多亮点。

北京深入推进公共数据开发利用，通过北京市目录区块链建立"机构—职责—系统—数据"的强关联，推进公共数据资产登记，形成全市智慧城市数据底座"一套家底"，并以动态授权的方式驱动目录区块链开展数据汇聚共享应用，累计汇聚近5000亿条政务及社会数据，支撑了经济运行调度、政务服务、社会信用、"回天"城市大脑建设等市区两级180余项业务应用场景。截至2023年底，北京市公共数据开放平台面向社会开放1.8万个数据集、1.5万个数据接口，总计约72亿条数据；通过举办8场开放创新大赛开放高价值数据40.1亿条，吸引企业高校科研机构等参赛队伍共5696支；汇集4.8亿条数据构建金融数据专区，累计为60余家金融机构提供服务。

天津以深化数据赋能推动治理模式变革，构建城市大脑，搭建"轻量化、集中化、共享化"的城市智能中枢，汇聚城市治理、惠企惠民等多源异构数据，从内部联通到部门打通，再到全市融通，为治理场景提供准确、全面、实时、可量化的数据支撑。汇聚政务数据超100亿条，共享3000亿余条，开放1亿余条。建成"津治通"平台，整合全市25个部门超300类社会治理数据，让数据"穿针引线"，精准触达社情民意，辅助"街镇吹哨、部门报到、接诉即办"工作模式，累计办结各类社会治理事件超1000万起。打造示范场景，汇聚市区两级数据近7亿条，完成交通运输、社会保障等13类领域30余个风险模型建设，实现数据驱动治理，赋能全市近3万名执法人员开展执法检查20万余次，走出了基于数字化协同监管的新路径。

河北按需建设了国土资源、市场监管等各行业业务系统和功能完备的基础支撑体系，依托全省一体化政务服务平台，构建了上连国家平台、下连市级、横向覆盖省直各部门的政务数据共享交换系统。截至2023年6月，河北归集了全省电子证照、企业法人、信用信息、婚姻登记、投资项目等政务数据1601类，物理汇聚数据超100亿条，发布各级政务数据共享目录454个，累计支撑数据共享服务超4400亿次。同时建成了河北省公共数据开放网，制定印发三批《河北省公共数据开放责任清单》，确定各部门开放数据资源、开放方式、开放属性、更新频率等，已向社会开放1100余条数据资源，涉及教育文化、卫生健康、资源环境、安全生产等10余个主题领域。雄安新区启动了城市鸿蒙生态建设，在能源、管廊、水务、通信等领域先行试点示范，共同助力雄安新区万物互联、自主可控的数字城市建设。截至2023年10月，雄安城市综合数据平台已汇聚各类政务数据超过200亿条，"生长即汇聚"的数据环境逐渐形成，助力"云上雄安"数字智能之城建设。

（三）京津冀公共数据实现跨区域融合应用

京津冀三地联合，多维度推进数据资源的协同开发利用。2023年5月，北京市大数据中心、天津市大数据管理中心、河北省大数据中心共同签署《京津冀大数据发展战略合作协议》。三地大数据中心将建立长期战略合作伙伴关系，遵循"资源共享、业务协同、优势互补"原则，在推进制度创新、共享数据资源、推动跨省通办、优化算力资源、推动技术创新、加强基础研究、强化数据安全、搭建交流平台、拓展应用场景九大方面积极合作，推进数据资源开发利用，跑出三地大数据合作"加速度"，为推动京津冀协同发展不断迈上新台阶做出大数据贡献。

区域协同的公共信用信息互认共享机制不断完善。在2022年京津冀晋联合发布全国首部跨地区企业公共信用评价标准的基础上，2023年进一步推动建立京津冀晋信用信息互通、共享机制，推动8类公共信用通过核验、调用等方式开展跨区域共享。推进企业公共综合信用评价结果合法合规互认共享，实现"红名单"企业和公共信用综合评价等级为A级的企业互认。区域公共信用信息共享范围不断扩大，"信用+交通""信用+医疗""信用+旅游"等应用场景跨区域落地实施并不断拓展，跨区域信用协同监管和重点行业信用分级分类监管取得新进展，区域知信、守信、用信的社会氛围更加浓厚。

医保数据互认促成区域内异地就医实时结算。2023年4月，京津冀三地医保局联合印发《关于开展京津冀区域内就医视同备案工作的通知》，各统筹区参保人员，持社会保障卡或医保电子凭证在京津冀区域内所有定点医疗机构住院、普通门诊就医、购药等，均视同办理了异地就医备案手续，可直接享受医保报销待遇。异地就医直接报销，让"数据跑路"代替"人跑腿"，充分实现了"同事同标"。目前，京津冀4800余家定点医疗机构实现跨省异地就医住院费用直接结算，5500余家定点医疗机构实现异地就医门诊费用直接结算；50项临床检验结果在京津冀685家医疗机构实现互认（北京284家、天津89家、河北312家），20项医学影像检查资料在三地313家医疗机构试行共享（北京81家、天津56家、河北176家)[①]。以数据为核心的一系列共建共享成果，真正提升了人民获得感、幸福感、安全感，让健康福祉更好惠及千家万户。

四、京津冀数据要素基础制度加速完善

数据要素尚属新事物，数据的确权、定价、交易、监管等问题还没有达成充分共识，制度设计更没有成形，均处于"摸着石头过河"的阶段。总体来看，我国数据要素市场仍处于初级探索阶段，包括京津冀在内的各地正在加快推进数据要素基础制度建设。

---

① 米彦泽. 京津冀区域协作水平持续提升[N]. 河北日报,2022-02-28(5).

（一）宏观层面：从立法保障走向专项政策的落地实施

首先，京津冀三地均在立法层面重视数据基础制度建设。京津冀三地相继推出数字经济相关条例，从立法层面强化数据要素市场发展。2018年发布的《天津市促进大数据发展应用条例》对政务数据、社会数据的开发利用提出了明确要求，从数据的开放、共享和开发应用等维度分类作了制度性安排。2022年7月施行的《河北省数字经济促进条例》强调数据资源开发利用，明确推进三地新型基础设施建设标准、布局和应用协同，推进与京津执行统一的数据技术规范。2023年1月实施的《北京市数字经济促进条例》明确提出加快数据要素市场培育，推动数据要素有序流动，提高数据要素配置效率，探索建立数据治理和合规运营制度、数据要素收益分配机制。

其次，北京已率先出台北京版"数据二十条"，着眼于数据要素基础制度的全面完善。自2022年12月我国"数据二十条"出台以来，2023年几大城市陆续出台了地方版的"数据二十条"。2023年6月，北京市印发《关于更好发挥数据要素作用进一步加快发展数字经济的实施意见》，被称为北京版"数据二十条"，是京津冀首个地方版"数据二十条"，具有较强的示范意义。北京版"数据二十条"是对国家版的深化，带有大量落地措施，尤其强调先行先试，提出要形成一批先行先试的数据制度、政策和标准，力争到2030年基本完成国家数据基础制度先行先试工作，率先落实数据产权和收益分配制度，加快推动数据资产价值实现。

最后，京津冀三地出台了大量与数据要素相关的专项政策，越来越注重制度的落地实施。2023年11月，作为北京版"数据二十条"的配套政策，《北京数据基础制度先行区创建方案》正式发布，打造"2+5+N"的数据先行区基础架构，通过数据资产登记平台、数据资产评估平台、数据资产托管平台、数据交易节点、数字资产管理平台5个业务中台落地探索数据要素制度，推动从制度设计到落地实践的关键跳跃。《天津市加快数字化发展三年行动方案（2021—2023年)》提出要完善数据要素市场规则，健全数据要素生产、确权、流通、应用、收益分配机制，构建具有活力的数据运营服务生态，制定数据交易管理办法，完善数据资源确权、交易流通、跨境传输等基础制度和标准规范，健全数据要素市场监管体系。2022年1月发布的《天津市数据交易管理暂行办法》提出了数据交易行为的规范，是国内第一个地方发表的数据交易专项文件。2023年4月印发的《天津市政务数据分类分级实施方案（试行）》填补了制约发展的制度空白，有效保障政务数据安全，统筹推动建立全市政务数据分类分级工作体系。2023年1月印发的《加快建设数字河北行动方案（2023—2027年)》布局一体化政务大数据体系建设，对数据治理做出详细安排。同时，京津冀三地在省市区三级以及国有企业中广泛推行首席数据官制度，河北省保定市于2022年5月发布《首席数字官制度实施方案》，北京市于2023年10月发布《北京市首席数据官制度试点工作方案》，一大批首席数据官开始在数据汇聚、治理、共享、开放、应用和信息化统筹工作中发挥作用。

（二）中观层面：创新探索登记、评估、入表、跨境等制度

尽管国家和各省市分别出台了有关数据要素基础制度的专项政策文件，但是这些政策还停留在顶层设计层面，短期内无法彻底解决让数据"供"出来、"活"起来、"动"起来的普遍难题。数据要素市场的充分激活，还有赖于实践层面的探索。例如，需要进一步通过落地实践探索界定数据来源、持有、加工等过程各参与方享有的合法权利，健全数据要素各参与方合法权益保护制度。又如，在数据交易流通层面要探索完善公共数据、行业数据等的确权估值、登记结算、合规咨询等服务。

北京作为京津冀地区乃至全国数据要素基础制度建设的"领头羊"，在数据资产登记、评估、入表、交易、融资和司法保障方面进行创新突破，探索开展了数据资产登记、数据流通全流程"进场"、数据分类分级和确权授权、数据资产金融创新、数据资产入表、数据跨境流

通、数据要素业态培育、开放数据应用场景八项试点工作。一是在全国率先打造了高价值社会数据专区，与中国工业互联网研究院共同建设全国工业数据专区，并为工业领域300余家企业进行工业数据登记，与北京市科学技术研究院联合打造全国首个科学数据专区，与北京市测绘院合作推动时空数据进场交易并形成北京市首笔空间数据入场交易，高效实现对外赋能。二是开展数据资产登记和评估试点，建成全国首个数据资产登记中心，基于区块链技术开展数据资产登记，培育了数据合规、数据质量评价、数据资产评估、数据入表服务等一大批第三方服务机构，支持第三方服务机构依据相关标准对数据质量和价值进行评估，截至2023年底，已发放数据资产登记证书40张，正在推进北京市首批6家医院开展数据登记、评估、流通等工作。三是深入研究数据资产入表的可行性路径，推动北京开运联合信息技术集团股份有限公司、罗克佳华科技集团股份有限公司、北京市建筑设计研究院有限公司等成为数据资产入表试点企业，形成数据资产入表案例。四是设立了北京数据跨境服务中心，为企业提供一站通办、一网通办的数据跨境服务，提供数据跨境"标准合同、认证和安全评估"申报绿色通道，推动完成国内首个以订立标准合同实现个人信息合规出境的案例在北京落地。

天津围绕数据要素市场培育，成立天津数据资产登记评估中心、天津数据要素创新中心，着力打造"从数据资源汇聚、数据资产登记、数据产品加工、数据产品运营、数据资产评估，到数据产品交易和数据资产入表"的多路径、全链条、一站式服务平台。天津市河北区推动区属数据资产入表，以区供热公司为试点，推进数据资产登记、评估、入表工作，已于2023年底完成数据资产入表披露准备工作，计划于2024年初实现数据资产入表第一单。

河北省保定市启动了数据资产评估试点城市建设，基于数据资产评估国家标准，先期通过政务数据资产评估，推动政府各部门、事业单位数据与社会数据和企业数据相融合，挖掘政务数据资源价值，充分释放数据红利,促进数字经济发展,为产业提升、经济发展、政务管理、社会综合治理、群众服务等提供新支撑。通过数据资产评估,激活数据要素市场,推进数据要素资本化,加快构建城市数据资产运营体系[①]。

(三) 微观层面:加速制定标准和数据交易内部规则

在数据标准制定方面,京津冀三地多项有关数字经济的地方性法规、规划计划、专项政策等文件均明确提出加大数据标准制定。数据交易机构逐渐成为数据标准制定的主导力量,标准编制的重心也在从基础数据规范向数据交易、数据资产登记评估等数据核心业务转移。截至2023年底,京津冀三地围绕大数据产业发展、智慧城市建设等重点任务,优先在政务数据领域制定了一批地方标准。2022年7月,北京市数字经济标准化技术委员会数据交易工作组成立,推进北京市数据要素系列标准的研究制定。2023年重点开展了《数据交易通用指南》《数据资产登记指南》《数据交易安全评估》等基础标准的研制工作。

在数据交易内部规则方面,北京国际大数据交易所编制了一整套交易规则体系,创新形成全国首套数据交易规则体系,发布《北京数据交易服务指南》,囊括架构、方式、机制、安全等数据交易服务细则,建立了涵盖交易主体认证、资产评估、价格发现、交易分润、安全保障、争议解决等各项机制,为参与方提供上架产品有凭证、交易记录有留痕、数据需求有应对、进场交易有政策、交易模式更创新、交易后续有保障6项权益保障。北方大数据交易中心充分发挥后发优势,制定了10余项内部制度,包括《北方大数据交易中心交易规则》《北方大数据交易中心产品挂牌管理指南》《北方大数据中心合约评估办法》等。

---

① 刘澜,白冰. 我市启动数据资产评估试点城市建设 大数据产业公共服务平台同步上线[N]. 保定日报,2022-01-10(1).

五、推动京津冀数据要素市场发展的思考

随着各级政策的发力和实践探索的推进,京津冀数据要素市场发展迅速,但仍然处于起步阶段,诸多难题有待破解,未来还需要进一步创新和突破,以产业化、生态化、体系化的思维加快培育数据要素市场。

(一)问题与挑战

首先,京津冀数据要素市场需要直面当前数据要素市场发展的共性难题。在生产要素市场化配置下,零散的数据要素交易和付费使用活动在经济实践中不断涌现。但从实践结果来看,数据交易远不如土地交易、证券交易活跃,数据要素流动不够充分,数据要素市场尚未真正形成。同时,数据要素市场的培育进程大幅滞后于传统生产要素市场和数字经济发展,数据权属的明晰、数据公平与效率的平衡、数据和数据资产定价机制的建立健全、相关技术支撑和监管立法等关键难题与短板亟须攻克。更严峻的是,从数量结构来看,数据要素市场场内交易持续低迷、场外交易乱象频发问题比较突出,场内交易相比场外交易审核流程过于严苛烦冗;从实际运行来看,数据要素市场部门壁垒、区域壁垒和产业壁垒依然突出,支撑数据要素流通的交易要件体系尚未有效建立;从运营水平来看,数据要素交易市场尚未探索出清晰的盈利模式,多是政府主导,试验示范交易多,自然形成的真实交易少,盈利能力不足制约了运营能力。

其次,京津冀作为一个区域整体,数据要素市场还存在一系列与地域特点紧密相关的个性问题。一是三地数据要素交易市场落差较大,无法构成错位和互补关系,北方大数据交易中心尚处起步阶段,河北大数据交易中心仍在整合重组过程中,难以与北京国际大数据交易所形成整体发展合力。二是三地数据要素交易市场缺乏业务、管理等各方面联系,短期内难以形成区域一体化的数据要素市场,亟待建立数据登记、

评估等互认机制。三是三地公共数据的融合应用领域较窄，三地内部的开放共享程度与三地之间的开放共享程度相差悬殊，有待从京津冀协同发展的重点领域切入，进一步深化公共数据的开放应用。四是京津冀地区数据资源促进高质量发展的潜力尚未充分发挥，尤其是创新性数据资源的流动效率较低，部分高价值的科学数据未得到充分共享和流通应用。五是在新型数字基础设施建设过程中，三地关于传统数据中心建设、新型智算中心建设缺乏统筹布局，亟待借助"东数西算"整体战略加强统筹，建立覆盖数据流通全链条的协作机制，最大化区域合作效应。

（二）展望与建议

一是数据要素市场发展将逐步从场外转向场内，实现场内外市场的融合和互联互通，亟须加快建立京津冀区域一体化的数据要素市场。随着场外交易向场内交易的迁移，监管规则、产品标准和经营模式等方面将更加规范化和标准化，为区域一体化的数据要素市场建设创造新的机遇。在京津冀协同发展不断走向深入的大背景下，三地数据要素交易市场应当加强交流合作，从标准规范的协同入手，逐步切入核心业务，加快形成数据资产登记、评估、入表的互认机制，在合规审查、运营体系、利益分配等达成一致的前提下，让优质数据产品更好地在三地数据要素交易市场之间快速流动，最终构建京津冀一体化的数据要素市场，通过完善交易机制、创新交易方式和优化服务流程等方式推动数据在区域内自由流通、充分赋能。

二是数据要素市场参与主体趋于多元，体系化、产业化、生态化将成为未来发展方向，亟须深化京津冀区域数据要素市场新型合作关系。随着数据要素市场不断培育壮大，政府、企业、数据要素交易市场、科研院所、数据商、专业数据服务机构及产业孵化场所等数据要素市场主体将不断涌现，逐步投入市场运作。相对以往科技成果转化及产业化存在的顽疾，京津冀数据要素市场建设应当在区域内构建更加开放的路径,发挥好数据要素可复制、可共享、无限增长和供给的禀赋,根据体系化、产业化、生态化的数据要素市场发展趋势,建立新型区域数据要素发展合作关系,借助数字基础设施建设和数据应用拉长区域数据要素产业链条,通过三地数据交易市场的错位发展实现生态互补。

三是数据加工处理技术日新月异,基于"数据可用不可见"的交易流通模式将快速普及,亟须通过技术赋能强化京津冀数据要素市场底层联系。随着新一代信息技术的不断发展,新技术在数据要素领域的融合应用不断加深,隐私计算、区块链、动态加密、零知识证明、群签名、环签名、差分隐私、数据标识等新技术将促进"数据可用不可见""数据可算不可识"等模式推广应用,解决数据孤岛和数据共享中的隐私安全这一两难问题。可在大规模或实时性要求较强的数据分析场景中去除数据标识,构建集中式可信计算环境,有效帮助多个机构在满足用户隐私保护、数据安全和政府法规的要求下,进行数据使用和机器学习建模,避免数据的二次流转,促使数据流通与交易过程更加安全有序。这将有利于增强京津冀三地数据要素市场的连接关系,最大化数据要素交易价值。

四是数据要素的行业应用不断拓展,场景牵引的数据要素倍增计划正在加快落地,亟须深度开发京津冀地区丰富的数据应用场景。中共中央、国务院发布的《关于构建更加完善的要素市场化配置体制机制的意见》指出,支持构建农业、工业、交通、教育、安防、城市管理、公共资源交易等领域规范化数据开发利用的场景。当前,数据要素加速向各行业融合渗透,数据赋能、赋值、赋智作用日益凸显,数据要素市场应用场景不断拓展。国家数据局等17部门联合印发的《"数据要素×"三年行动计划(2024—2026年)》提出,要打造300个以上示范性强、显示度高、带动性广的典型应用场景。在广袤的京津冀大地上,农业农村、工业生产、现代服务、公共治理等领域存在丰富的应用场景,能够提供大量垂直领域的数据需求。京津冀三地数据要素市场应当更加关注数据对经济社会的融合赋能,加强数据开发利用,实现以数据价值释放为导向的发展。

(北京市科学技术研究院　张彦军、杨丽丽、李珊)

参考文献

[1]王雪,夏义堃,裴雷.国内外数据要素市场研究进展:系统性文献综述[J].图书情报知识,2023,40(6):117-128.

[2]高富平,冉高苒.数据要素市场形成论——一种数据要素治理的机制框架[J].上海经济研究,2022(9):70-86.

[3]林琳,陈哲,潘宏筠.我国多层次数据要素市场交易体系概念界定与形成机理[J].数字经济,2023(Z2):52-56.

[4]王泽宇,吕艾临,闫树.数据要素形成与价值释放规律研究[J].大数据,2023,9(2):33-45.

[5]王伟玲.中国数据要素市场体系总体框架和发展路径研究[J].电子政务,2023(7):2-11.

[6]陈婉玲,胡鹏鹏.数据要素区域壁垒的破解与共同市场的建立[J].法治现代化研究,2023,7(5):40-50.

[7]赵豪迈,蒿洋.我国数据要素确权治理机制研究[J].图书情报导刊,2023,8(5):28-33.

[8]闫碧洁.数据交易市场交出亮眼成绩单[N].期货日报,2023-05-22(7).

[9]李三希,李嘉琦,刘小鲁.数据要素市场高质量发展的内涵特征与推进路径[J].改革,2023(5):29-40.

[10]周毅.基于数据价值链的数据要素市场建设理路探索[J].图书与情报,2023(2):1-11.

[11]欧阳日辉.数据要素流通的制度逻辑[J].人民论坛·学术前沿,2023(6):13-27.

[12]陈兵. 科学构建数据要素交易制度[J]. 人民论坛·学术前沿,2023(6):66-78.

[13]胡锴,熊焰,梁玲玲,等. 数据知识产权交易市场的理论源起、概念内涵与设计借鉴[J]. 电子政务,2023(7):27-42.

[14]李鹏飞,施娜,康飞. 运营商开拓数据要素新市场[J]. 中国电信业,2022(11):42-45.

[15]辰昕,韩非池,刘逆. 对数据时代"新二元经济结构"及其发展演变的分析和思考[J]. 产业经济评论,2022(3):5-19.

[16]欧阳日辉. 我国多层次数据要素交易市场体系建设机制与路径[J]. 江西社会科学,2022,42(3):64-75,206-207.

[17]岛宁. 大数据时代赋能企业营销的创新与演变研究[J]. 营销界,2021(31):10-12.

[18]王璟璇,窦悦,黄倩倩,等. 全国一体化大数据中心引领下超大规模数据要素市场的体系架构与推进路径[J]. 电子政务,2021(6):20-28.

[19]逐浪"数据+"时代的融合创新[J]. 软件和集成电路,2021(4):4.

[20]辰昕,刘逆,韩非池. 积极培育壮大数据产业[J]. 服务外包,2021(Z1):100-103.

第九章　京津冀数据要素流通标准体系建设及实践

摘　要　当前，数据要素已上升到国家战略的高度。数据要素流通伴随并影响数据从资源化、资产化到资本化的全过程。面对数据要素市场发展缓慢、数据要素供给能力不足的困境，数据要素流通体系亟须打通重要"关节"枢纽，一系列的政策、法律法规、实践探索成果需要转化为制度和标准规范才能真正实现数据社会化、规模化、市场化应用落地。数据标准化是数据流通的前提，是破除数据供需不匹配、提高数据流转效率、释放数据价值的关键所在。本章通过对京津冀地区数据要素流通标准体系的梳理，从顶层制度设计层面探究数据要素流通现状及规律，探索构建规范化的数据要素市场流通环境，为数据要素市场发展提供参考借鉴。

关键词　数据要素流通；标准体系；京津冀；实践研究

一、数据要素流通标准体系的基本框架

数据要素流通是指以数据要素为流通对象，按照一定规则从数据提供方传递到数据需求方的过程，即数据资源先后被不同主体获取、掌握或利用的过程。数据要素流通主要分为数据开放、数据共享、数据登记、数据定价、数据交易、数据交换共享、数据服务、数据运营等。

《促进大数据发展行动纲要》明确提出，要建立标准规范体系，推

进数据采集、政府数据开放、指标口径、分类目标等关键共性标准的制定和实施。《国家标准化发展纲要》提出，要建立数据资源产权、交易流通、跨境传输和安全保护等标准规范，推动平台经济、共享经济标准化建设，支撑数字经济发展。《中共中央 国务院关于构建数据基础制度更好发挥数据要素作用的意见》也指出，应从流通规则、交易市场、服务生态等方面加强数据流通交易顶层设计，逐步制定完善数据流通、安全与治理等主要领域关键环节的政策及标准。建立数据流通准入标准规则，探索开展数据质量标准化体系建设。但是当前我国数据流通交易市场总体仍处在起步阶段，存在统筹规划不够、场外交易乱象丛生、生态培育严重不足、标准规范仍有缺失等问题。数据交易大多依靠"点对点"的场外交易方式，缺乏统一数据要素流通场所作为依托，缺乏针对交易对手方和数据产品的评估体系，数据质量难以得到保障，数据交易各方缺乏基本信任，数据要素流通的顶层制度和标准体系设计亟待建立。

数据要素流通标准体系是对数据资源的市场化流通进行规范，本质上是实现数据要素的社会化配置，拓展数据的流通价值。数据要素流通标准体系涵盖数据要素流通交易业务相关的基础标准、数据标准、技术标准、平台和工具标准、管理标准、安全和隐私标准以及行业应用标准等多个方面。李慧杰（2023）等系统梳理了数据交易全链条，构建了数字贸易标准体系框架，涉及基础通用、数据产品、交易服务、交易保障、监管与治理5类标准。陈敏（2018）等从行业出发，构建了由基础类、数据类、技术类、应用与服务类、安全与隐私类、管理类组成的健康医疗大数据标准体系框架。史丛丛（2023）等结合我国大数据标准体系框架和电子政务标准体系建设指南及各省市标准制定规划和实际需求，提出了以总体、数据要素供给、数据要素流通、数据要素利用和数据要素安全5个方面为子体系的数据要素标准体系构建思路。全国信标委大数据标准工作组《数据要素流通标准化白皮书2022》将数据要素标准体系框架分为总体、数据技术、流通模式、系统平台、安全五大部分。其中，数据技术部分包括数据登记技术、数据元件技术、数据空间技术、数据隐私技术等；流通模式部分包括数据登记、数据定价、数据交易、数据交换共享、数据服务、数据运营等；系统平台部分包括数据登记、交易、共享、服务等各类平台的建设、管理和运行维护；安全部分包括数据安全、技术安全、平台安全、可信流通等方面的标准规范。

二、国内外数据要素流通标准现状

随着数据要素市场化发展，国内外众多标准化组织相继建立了标准化工作组，在数据资产评估、数据交换共享等方面开展了一系列标准的研究，相关标准初步形成。但结合数据要素流通整体市场发展需求与规模分析，当前数据要素流通标准化研究仍处于起步阶段，与产业发展水平和需求还存在较大差距。

（一）国际数据要素流通标准发展现状

美国、欧洲、日本等发达国家和地区的政府高度重视数字技术标准与规则在国际竞争中的重要作用，纷纷将数据标准作为数据流通的重要基础设施，加快抢占国际数据标准中的话语权。以国际标准化组织（ISO）、国际电工委员会（IEC）、国际标准化组织和国际电工委员会第一联合技术委员会（ISO/IEC JTC1）、国际电信联盟电信标准分局（ITU-T）等为首的顶尖标准化研究机构制定并发布了大量基于大数据标准框架体系下的信息技术、数据治理、数据共享交换、数据资产管理、数据流通、数据安全等方面的相关标准，形成了较为成熟的数据要素流通的基础性制度（见表9-1），对于我国数据要素市场标准化建设研究具有指导借鉴意义。一方面，欧美政府重视以政务数据标准的统一为非公共数据标准的制定提供参考。美国于2019年利用《开放政府数据法》对数据的标准化和可机器读取提出要求。英国于2022年出台

《政府数据资产的管理标准》,对公共数据在不同组织之间的安全流通和访问操作提供了标准。另一方面,各种协会团体在标准制定中发挥了作用。美国电气与电子工程协会(IEEE)与瑞士的国际电信联盟电信标准局都针对数据安全技术领域的技术标准提出了规范,而欧洲盖亚-X(GAIA-X)协会和日本的数据流通促进会也对产业数据空间等领域的技术标准进行规范。

表9-1 国际数据要素流通相关标准

序号	标准名称	标准内容
1	ISO 8000 数据质量系列标准	对数据质量进行规范,内容包括规范和管理数据质量活动、数据质量原则、数据质量术语、数据质量特征(标准)和数据质量测试
2	ISO 38500 数据治理系列标准	为组织和企业提供关于信息技术治理的指导和框架。明确E(评估现在和将来的数据利用)、M(指导数据治理准备及实施)、D(监督数据治理实施的符合性)数据治理通用模型和方法论
3	ISO 55013 数据资产管理系列标准	在ISO 55001资产管理体系框架下将数据与其在资产管理中的实践经验进行结合,并给出管理指引,主要涉及管理资产数据、从资产数据中传递价值、识别数据资产、数据资产治理等5个部分
4	ISO/IEC 20546:《信息技术—大数据—概述和术语》及ISO/IEC 20547:《信息技术—大数据—参考架构》系列标准	参考架构系列标准包括框架与应用、用例与需求、参考架构、安全和隐私、标准化路线图5个方面
5	ITU-T Y.3601《大数据—数据交换框架与需求》	主要规定大数据生态系统中数据交换的框架和要求

2021年10月,由我国提案的数据资产领域首个国际标准ISO 55013获立项。ISO 55013由中国专家承担召集人,在ISO 55001资产管理体系框架下将数据与其在资产管理中的实践经验进行结合,并给出管理指引。ISO 55013界定了数据资产、资产数据、数据质量等术语,同时界

定了数据资产可能具有的价值类型及其对应的相关方,并明确哪些组织内外部相关方可能对数据资产价值的利用感兴趣。2023 年 5 月,该标准已推进至 Draft International Standard(DIS)注册阶段。

数据流通交易方面的国际标准大多处于立项或起草阶段,已经发布的标准主要聚焦数据交换基础标准及框架体系。例如,《贸易数据交换 交易数据元目录》(国际标准 ISO 7372:2005)旨在促进国际贸易中数据公开交换的标准数据元素;ITU-T 发布《大数据—数据交换框架与需求》,明确数据交换的基础框架,在此基础上正在制定《大数据交换功能架构》《大数据—数据溯源需求》等一系列标准。

(二)国内数据要素流通标准发展现状

我国有着发展数据要素流通市场的良好基础条件,国家政策引导为推进数据要素流通建立了强大的信心,海量数据资源为数据要素市场发展提供了巨大空间,新型数据基础设施为数据要素流通奠定了良好基础,产业生态优势为数据要素市场注入了创新活力。目前,数据要素领域国家标准、地方标准、行业标准、团体标准相辅相成的标准体系已基本形成。

2014 年,工业和信息化部和国家标准化管理委员会共同成立了全国信标委大数据标准工作组,主要负责制定和完善我国大数据领域标准体系,组织开展大数据相关技术和标准的研究,申报国家标准、行业标准,承担国家标准、行业标准制修订计划任务,宣传、推广标准实施,组织推动国际标准化活动,对口 ISO/IEC JTC 1/SC 42/WG 2 等国际标准大数据工作组。工作组落实国家政策要求,以释放数据要素价值为导向,加快推进数据要素标准化工作,研制发布了涵盖数据登记、数据交易、数据共享、数据服务、数据治理等多方面标准。

全国信标委大数据标准工作组目前已经制定了一系列数据要素流通相关标准(见表 9-2),涉及数据管理、数据治理、数据资产评估、数据质量、数据共享、数据系统、数据技术等多个领域。然而,尽管已经发布的标准大多为原则性标准,但是在数据要素流通各个环节细分领域的深度研究比较有限，标准的应用性和体系化还有待提升。就行业标准来说，金融领域由于对数据安全的特殊性要求，已经在数据合规与分类分级方面形成了较为成熟的标准体系。其他行业目前主要以业务相关的标准为主，行业数据要素流通标准仍处于初步发展阶段，难以满足海量交易场景的需求。数据要素流通标准大多处于技术标准的研发阶段，与区块链、隐私计算等技术的耦合度较低，与产业发展的关联程度还有待提高，市场化方面也存在一定差距。然而，随着国家数据局的成立以及数据领域相关政策、法律法规的不断完善，数据要素流通交易的标准制度和监管体系将日趋完善。

表9-2 国内数据要素流通领域相关国家标准

分类	标准名称	国标号/计划号	发布日期	实施日期	状态
总体	《信息技术 大数据 术语》	GB/T 35295—2017	2017-12-29	2018-07-01	发布
	《信息技术 大数据 技术参考模型》	GB/T 35589—2017	2017-12-29	2018-07-01	发布
数据登记	《信息技术 数据溯源描述模型》	GB/T 34945—2017	2017-11-01	2018-05-01	发布
	《信息技术 大数据 数据分类指南》	GB/T 38667—2020	2020-04-28	2020-11-01	发布
	《信息技术 大数据 数据资源规划》	GB/T 42450—2023	2023-03-17	2023-10-01	发布
数据质量管理	《信息技术 大数据 数据资产价值评估》	20214285-T-469	—	—	在研
	《信息技术服务 数据资产管理要求》	GB/T 40685—2021	2021-10-11	2022-05-01	发布
	《资产管理信息化 数据质量管理要求》	20220584-T-469	—	—	在研
数据交易	《信息技术 数据交易服务平台 通用功能要求》	GB/T 37728—2019	2019-08-30	2020-03-01	在研
	《信息技术 数据交易服务平台 交易数据描述》	GB/T 36343—2018	2018-06-07	2019-01-01	发布

续表

分类	标准名称	国标号/计划号	发布日期	实施日期	状态
数据共享交换	《信息技术 大数据 政务数据开放共享 第1部分：总则》	GB/T 38664.1—2020	2020-04-28	2020-11-01	发布
	《信息技术 大数据 政务数据开放共享 第2部分：基本要求》	GB/T 38664.2—2020	2020-04-28	2020-11-01	发布
	《信息技术 大数据 政务数据开放共享 第3部分：开放程度评价》	GB/T 38664.3—2020	2020-04-28	2020-11-01	发布
	《信息技术 大数据 政务数据开放共享 第4部分：共享评价》	GB/T 38664.4—2022	2022-10-12	2023-05-01	发布
	《信息技术 大数据 接口基本要求》	GB/T 38672—2020	2020-04-28	2020-11-01	发布
数据管理与服务	《数据管理能力成熟度评估模型》	GB/T 36073—2018	2018-03-15	2018-10-01	发布
	《信息技术服务 数字化转型成熟度模型与评估》	GB/T 43439—2023	2023-11-27	2024-06-01	发布
	《数据管理能力成熟度评估方法》	GB/T 42129—2022	2022-12-30	2023-07-01	发布
	《信息技术 大数据分析系统功能要求》	GB/T 37721—2019	2019-08-30	2020-03-01	发布
	《信息技术 大数据存储与处理系统功能要求》	GB/T 37722—2019	2019-08-30	2020-03-01	发布
	《信息技术 大数据 大数据系统基本要求》	GB/T 38673—2020	2020-04-28	2020-11-01	发布
	《信息技术 大数据 面向分析的数据存储与检索技术要求》	GB/T 41818—2022	2022-10-12	2023-05-01	发布
	《信息技术服务 治理 第5部分：数据治理规范》	GB/T 34960.5—2018	2018-06-07	2019-01-01	发布
	《信息技术 大数据 数据治理实施指南》	20213308-T-469	—	—	在研
	《信息技术 大数据 数据服务能力评估 第1部分：评估模型》	20220415-T-469	—	—	在研
	《信息技术 数据质量评价指标》	GB/T 36344—2018	2018-06-07	2019-01-01	发布

续表

分类	标准名称	国标号/计划号	发布日期	实施日期	状态
数据安全	《信息安全技术 个人信息安全规范》	GB/T 35273—2020	2020-03-06	2020-10-01	发布
	《信息安全技术 个人信息去标识化指南》	GB/T 37964—2019	2019-08-30	2020-03-01	发布
	《信息安全技术 个人信息去标识化效果评估指南》	GB/T 42460—2023	2023-03-17	2023-10-01	发布
	《信息安全技术 敏感个人信息处理安全要求》	20230254-T-469	—	—	在研
	《信息安全技术 数据安全风险评估方法》	20230257-T-469	—	—	在研
	《信息安全技术 数据安全评估机构能力要求》	20230256-T-469	—	—	在研
	《信息安全技术 数据安全能力成熟度模型》	GB/T 37988—2019	2019-08-30	2020-03-01	发布
	《信息安全技术 大数据安全管理指南》	GB/T 37973—2019	2019-08-30	2020-03-01	发布
	《信息安全技术 大数据服务安全能力要求》	GB/T 35274—2023	2023-08-06	2024-03-01	发布
	《信息安全技术 数据交易服务安全要求》	GB/T 37932—2019	2019-08-30	2020-03-01	发布
	《信息技术 安全技术 信息安全控制实践指南》	GB/T 22081—2016	2016-08-29	2017-03-01	发布
	《信息安全技术 公共数据开放安全要求》	20230248-T-469	—	—	在研
	《信息安全技术 政务数据处理安全要求》	20230247-T-469	—	—	在研
	《信息技术 安全技术 信息安全管理体系指南》	GB/T 31496—2023	2023-05-23	2023-12-01	发布

三、京津冀数据要素流通标准制定情况及案例

(一) 京津冀数据要素流通标准的制定情况

1. 数字经济相关政策文件明确提出标准制定要求

近年来，京津冀三地陆续出台了多项有关数字经济的地方性法规、规划计划、专项政策等文件，提出将数据交易、数据开放和数据安全作为政策制定的重点，为京津冀地区数据要素流通标准的制定和广泛施行提供了重要的方向指引与政策依据，是当前推动数据要素流通标准制定的有力抓手（见表9-3）。

表9-3 京津冀数字经济相关政策关于标准制定的要求

省份	政策名称	出台时间	标准制定相关表述
北京	《北京市数字经济促进条例》	2022年11月	第六条 市经济和信息化部门会同市场监管等有关部门推进数字经济地方标准体系建设，建立健全关键技术、数据治理和安全合规、公共数据管理等领域的地方标准；指导和支持采用先进的数字经济标准。鼓励行业协会、产业联盟和龙头企业参与制定数字经济国际标准、国家标准、行业标准和地方标准，自主制定数字经济团体标准和企业标准。 第五十六条 鼓励拓展数字经济领域国际合作，支持参与制定国际规则、标准和协议
	《关于更好发挥数据要素作用进一步加快发展数字经济的实施意见》	2023年6月	总体目标：形成一批先行先试的数据制度、政策和标准。 探索数据资产评估和入表：不断推动完善数据资产价值评估模型，推动建立健全数据资产评估标准。 完善公共数据开放体系：建立各部门公共数据开放利用清单，完善公共数据开放目录管理机制和标准规范。 （十三）率先探索数据跨境流通：积极参与数据跨境流通国际规则和数据技术标准的制定，重点推动企业开展数据跨境流通业务合作。 （十五）推进数据技术产品和商业模式创新：推动不同场景、不同领域数据的标准化采集连接和高质量兼容互通

续表

省份	政策名称	出台时间	标准制定相关表述
北京	《北京市数字经济全产业链开放发展行动方案》	2022年5月	工作目标：北京将利用2~3年时间，制定一批数据要素团体标准和地方标准。 加速数据要素化进程：推进数据采集处理标准化。组建数字经济标准委员会，加强数字经济领域技术标准创制，积极争取国家数字经济领域标准化试点建设，积极参与国际标准制定。实施数据分类分级管理。加快制定本市数据分类分级规则，明确一般数据和重要数据识别认定标准。 赋能重点产业创新发展：基于个人码搭建个人健康信息档案，研究编制个人数据采集标准、机制及规则，形成基层落地方案。 加强数字经济治理：鼓励拥有核心技术的平台企业开放软件源代码、硬件设计和应用服务，推动制定云平台间系统迁移和互联互通标准，加快业务和数据互联互通
天津	《天津市促进大数据发展应用条例》	2019年1月	第十二条 市互联网信息主管部门应当会同市标准化行政管理部门制定政务数据采集、交换、共享、开放、安全等标准，实现政务数据真实、准确、完整
天津	《天津市促进数字经济发展行动方案（2019—2023年）》	2019年6月	行动目标：市场化采信机制日渐完善，标准、知识产权等服务数字经济发展的能力显著增强。 巩固智能型特色产业：选择有条件的行业和领域，开展安全可靠系统应用试点示范，形成可推广、可复制、可移植的解决方案和标准规范。 （十四）推进智慧医疗：加强基层医疗卫生机构信息化规范和标准建设
河北	《河北省数字经济促进条例》	2022年5月	第七条 县级以上人民政府统计主管部门应当按照国家数字经济分类标准。 第十七条 省公共数据主管部门应当会同公共管理服务机构制定统一的公共数据分类规则、分类标准和分类管理要求，对公共数据采集、汇聚、共享、开放、开发、交易、安全、销毁等全生命周期采取差异化管理措施。 第七十三条 省、设区的市人民政府标准化行政主管部门应当会同发展改革、工业和信息化、网信等部门组织制定数字经济相关地方标准，完善数字经济标准体系。县级以上人民政府应当组织和支持行业协会、产业联盟、企业事业单位参与制定、修订数字经济国际标准、国家标准、行业标准、地方标准。鼓励社会团体、企业制定满足市场和创新需要或者高于推荐性标准相关技术要求的团体标准、企业标准

续表

省份	政策名称	出台时间	标准制定相关表述
河北	《河北省一体化政务大数据体系建设若干措施》	2023年1月	建设目标：到2025年底，数据标准规范、安全保障制度更加健全。 九、标准规范一体化。（一）加快编制规范标准。参照国家标准，按照急用先行的思路，由省级行业主管部门加快编制基础库和主题库等的数据内容标准。根据一体化政务大数据体系建设要求，编制数据管理、技术、运营和基础设施等制度规范。省标准化行政主管部门会同各相关部门加强政务数据标准体系管理，推动政务数据管理工作标准化、规范化。

京津冀三地已出台的数字经济条例、大数据发展应用条例等地方性法规高度重视数据要素相关标准的建设，明确了责任单位和需要着重发力的标准领域。各地的"十四五"时期数字经济相关规划、行动计划，均将数据要素市场建设作为重要内容，尤其强调数据要素市场化配置过程中，数据要素标准的重要性，对医疗等重点行业的数据标准提出了明确要求。此外，有关数据要素的专项政策，就数据要素制度建设、数据要素配置流通等做了一系列制度性安排；数据交易、数据开放和数据安全是各地政策的关注重点，针对公共数据授权运营、数据评估入表、数据跨境流通等当前数据要素流通的热点、难点做了明确要求。

2. 相继发布一批以数据规范管理为主的相关标准

在数据要素流通标准的制定方面，京津冀三地围绕大数据产业发展、智慧城市建设等重点任务，优先在政务数据领域制定了一批地方标准。这些地方标准内容呈现出以数据规范管理要求为主的特点（见表9-4）。

表9-4　京津冀数据要素相关标准发布实施情况（部分）

序号	省份	标准名称	标准类别	发布时间	实施时间
1	北京	《政务大数据安全技术框架》（DB11/T 2049—2022）	地方标准	2022-12-27	2023-04-01
2	北京	《政务数据汇聚共享规范》（DB11/T 1919—2021）	地方标准	2021-12-28	2022-04-01

续表

序号	省份	标准名称	标准类别	发布时间	实施时间
3	北京	《政务数据分级与安全保护规范》（DB11/T 1918—2021）	地方标准	2021-12-28	2022-04-01
4	北京	《法人基础数据元规范》（DB11/T 448—2021）	地方标准	2021-12-28	2022-04-01
5	北京	《政务数据资源目录体系规范》（DB11/T 337—2021）	地方标准	2021-12-28	2022-04-01
6	北京	《自然人综合数据元规范》（DB11/T 2051—2022）	地方标准	2022-12-27	2023-04-01
7	北京	《电子政务信息安全监控数据规范》（DB11/T 1288—2015）	地方标准	2015-12-30	2016-04-01
8	天津	《数据资产登记、存证、确权业务标准》（T/TJIFA 003—2022）	团体标准	2022-11-01	2022-11-01
9	天津	《政务信息资源共享数据交换技术规范》（DB12/T 1231—2023）	地方标准	2023-07-19	2023-09-01
10	天津	《政务信息资源核心元数据》（DB12/T 1229—2023）	地方标准	2023-07-19	2023-09-01
11	天津	《共享经济灵活就业人员管理与服务平台利用公共数据资源指南》（DB12/T 1200—2023）	地方标准	2023-04-07	2023-05-07
12	天津	《网络数据安全监督检查规范》（DB12/T 1198—2023）	地方标准	2023-04-07	2023-05-07
13	天津	《大数据企业认定规范》（DB12/T 976—2020）	地方标准	2020-09-30	2020-11-01
14	天津	《公安监管场所执法信息数据交换格式》（DB12/T 854—2018）	地方标准	2018-12-26	2019-02-01
15	天津	《文书档案目录数据库结构与数据交换格式》（DB12/T 118—2018）	地方标准	2018-11-07	2019-01-01
16	天津	《城市建设管理政务信息资源目录体系 第1部分：核心元数据》（DB12/T 819.1—2018）	地方标准	2018-07-25	2018-09-01
17	天津	《天津市基础地理信息 矢量数据要素分类与代码》（DB12/T 633—2016）	地方标准	2016-06-06	2016-09-01

续表

序号	省份	标准名称	标准类别	发布时间	实施时间
18	河北	《雄安新区数据资源目录设计规范》（DB1331/T 005—2022）	地方标准	2022-01-17	2022-02-01
19	河北	《雄安新区数据安全建设导则》（DB1331/T 004—2022）	地方标准	2022-01-17	2022-02-01
20	河北	《城市仿真三维数据汇交规范》（DB13/T 5739—2023）	地方标准	2023-05-06	2023-06-06
21	河北	《时空大数据平台服务元数据规范》（DB1310/T 279—2022）	地方标准	2022-09-20	2022-10-20
22	河北	《数据中心能源效率限额引导性指标》（DB13/T 5609—2022）	地方标准	2022-07-11	2022-08-11
23	河北	《医学影像学大数据智能应用技术指南》（DB13/T 5602—2022）	地方标准	2022-07-11	2022-08-11
24	河北	《城市三维数据入库规范》（DB1310/T 232—2020）	地方标准	2020-10-16	2020-11-16
25	河北	《公共信用信息数据项规范》（DB13/T 2508—2017）	地方标准	2017-03-29	2017-06-01

北京市经济和信息化局、北京市大数据中心主导或牵头，围绕政务相关的元数据规范、汇聚共享、安全保护等方面，制定了一系列与政务数据相关的标准，用于指导政务部门以及参与政务大数据处理活动的相关组织开展政务大数据规划、建设与管理，以及网络安全主管部门对政务大数据安全保护的监督管理。此类标准已在北京市大数据平台建设工作中得到了很好的应用。

天津市互联网信息办公室、天津市大数据管理中心、天津市标准化研究院等单位主要聚焦政务信息资源建设与共享，形成了一批有关元数据、数据交换、安全监管等方面的数据标准。天津市互联网金融协会针对数据资产登记相关业务制定了一项团体标准，对于数据流通具有重要意义。此外，天津市工业和信息化局、天津市公安局等单位围绕数据在不同行业的应用制定了多项数据相关地方标准。

河北省数据相关标准以服务智慧城市建设为主，形成了数据资源、数据安全、三维仿真、时空数据等相关地方标准，具有明确的行业应用背景；同时，形成了有关数据中心、医学影像数据的地方标准。雄安新区、廊坊市等地级市在河北省地方标准的制定方面相对积极。

3. 数据交易、评估等数据流通核心标准正加快编制

随着国家"数据二十条"的发布实施和国家数据局的成立，2023年，京津冀数据要素标准编制的步伐明显加快，数据交易机构正在成为数据标准制定的主导力量，标准编制的重心也正在从基础数据规范向数据交易、数据资产登记评估等数据核心业务转移。

以北京为例，2022年8月，北京市数字经济标准化技术委员会数据交易工作组成立，由北京国际大数据交易所作为牵头单位，负责数据交易标准体系建设及标准研制。在北京国际大数据交易所的主导下，形成了基于数据交易服务机构视角近3年数据标准的初步制定计划，"交易标的""交易服务""安全合规""登记评估"成为标准制定新的关键词（见表9-5）。

表9-5 北京国际大数据交易所数据标准制订初步计划

主要领域		标准名称	标准范围	当前状态
数据交易	通用要求	《数据交易通用要求》	明确数据交易相关定义、基础环节、交易参与方、交易模式、交易标的	在研
	交易服务	《数据交易服务指南》	明确场内数据交易的各项服务内容及范围	在研
	安全合规	《数据交易安全评估指南》	支撑国标《数据交易服务安全要求》，提供安全评估具体方法和评估流程	在研
	安全合规	《数据交易范式要求》	明确针对不同交易模式下数据交易合同范本的基本要求	拟2024年申请立项
	安全合规	《数据交易合规评估指南》	根据数据交易合规要求，提供评估维度、评估方法、评估流程	拟2024年申请立项
	交易标的	《数据交易标的管理指南》	明确数据交易标的在数据交易机构（平台）上架、交易、下架、信息披露、定价、分级分类等行为管理指南	拟2024年申请立项
	交易标的	《数据交易标的定价标准》	明确数据交易标的定价维度、定价方法和标准	拟2024年申请立项
	交易主体	《数据商管理指南》	明确场内交易数据经纪商、数据服务商、数据运营商等数据商以及数据交易中介服务机构的角色定位、权责范围、服务内容、合作模式等	拟2025年申请立项

续表

主要领域	标准名称	标准范围	当前状态
数据资产	《登记评估》《数据资产登记指南》	明确数据资产登记标的、流程、服务机构、服务内容等	在研
	《登记评估》《数据资产质量评价指南》	明确数据资产质量评估的方法、内容和结果	在研
	《登记评估》《数据资产价值评价》	明确数据资产价值评估的方法、内容和结果	拟2025年申请立项

此外，天津的北方大数据交易中心也在通过参与的方式，加快推进数商认定评级等相关标准的制定。在河北大数据交易中心即将重组整合的背景下，雄安新区正在着手布局数据要素相关标准，已完成数据资源标准体系和数据资源分类分级两项标准的草案。

从繁荣数据交易市场的角度来看，上述侧重交易端的数据标准，将在未来数据要素流通过程中发挥重要的基础性作用，是京津冀数据要素基础制度建设不可或缺的一环。

（二）京津冀数据要素流通标准典型案例

结合上述京津冀数据要素相关标准的制定情况，从当前数据要素市场运行的热点出发，本章选择了若干具有代表性的标准（包括正在实践应用的标准草案）案例进行介绍，有利于更好地把握当前数据要素流通标准的关注点和着力点。

案例1：《北京市数据资产登记指南（草案）》

北京国际大数据交易所作为北京市数字经济标准化技术委员会数据交易工作组牵头单位，联合北京市科学技术研究院（以下简称"北科院"）等10余家参编单位，共同编制了北京市地方标准《北京市数据资产登记指南（草案）》，从数据资产登记相关主体及责任、登记程序、登记凭证和登记存证等方面规范北京市数据资产的登记活动。

针对数据资产登记的概念及定位不明确、数据资产登记的制度体系尚未建立、参与数据资产登记的机构积极性不高等实际问题，北京国际大数据交易所将北京市科学技术研究院、北京市测绘设计研究院、罗克佳华等单位作为首批《数据资产登记指南》标准落地合作和数据资产评估试点单位，加快开展数据资产登记的先行先试，验证标准可落地性和可操作性。

北科院作为科学数据专区的运营方和重要参与者，优先面向院内挖掘数据资源，经对部分院属单位数据资源摸查，初步汇总数据约1.35亿条，并选取所属单位聚焦科学研究、科学普及、科技服务、科技情报等4类数据开展优质科学数据集的首登记首挂牌试点。在2023全球数字经济大会上，北科院所属城市系统工程研究所、科技情报研究所和北京市计算中心的政务文本、科情头条等7项数据获颁数据资产登记证书，3家单位进入首批10家获颁证书单位行列。截至2023年11月底，北科院已有14项数据获得数据资产登记证书，充分彰显了北科院在数据要素领域的先行优势。

罗克佳华科技集团股份有限公司是一家物联网大数据服务企业，拥有的原始数据已接近万亿条，经过清洗汇总后形成数据产品的数据达到200亿条。在此基础上，该企业入选全国首批数据资产评估试点单位，经评估其大气环境质量监测和服务项目获得北京国际大数据交易所正式发放的首批数据资产登记证书，数据资产估值达到6000多万元，并成功获得1000万元数据资产质押融资贷款，成为首个获得数据资产登记凭证的上市公司，入选北京市数据资产入表试点企业。

北京市测绘设计研究院是以基础测绘、专业测绘和地理信息服务为主的专业化综合性生产科研单位，在测绘数据登记交易方面进行了深入探索，践行数据资产登记调查—数据准备—数据核验—资产评估（质量评估+价值评估）—登记发证的全流程登记业务，取得了数据资产登记A类凭证，2023年6月通过北京国际大数据交易所完成了全国第一笔空间数据交易服务。

《北京市数据资产登记指南（草案）》填补了北京市在地方数据资

产登记领域的标准空白，为北京市促进数据要素市场流通方面，奠定了有利基础。当前，数据资产登记标准尚处于草案阶段，其规范性、实用性、前瞻性仍有待各方检验，还需要吸纳更多业界观点，打造高质量的地方标准，力争让本标准成为撬动北京数据要素市场潜力和活力的支点。

案例2：《北京市数据交易服务指南（草案）》

《北京市数据交易服务指南（草案）》是北京国际大数据交易所牵头制定的另一项数据交易相关标准，北京大学大数据分析与应用技术国家工程实验室、北京讯腾智慧科技股份有限公司（以下简称"讯腾智科"）等10余家单位参编，旨在指导场内数据交易落地。

针对数据交易市场法律法规尚不健全、数据要素确权和收益分配机制尚不完善、数据交易商业模式尚不清晰、数据安全流通交易技术尚不成熟等问题，《北京市数据交易服务指南（草案）》明确数据交易服务机构应当遵循合法合规、安全可控、信息公开、质价相符的原则，向数据交易经营主体提供数据交易服务，数据交易按照服务流程划分为交易预备服务、交易撮合服务、交易实施服务、交易后期服务四个阶段，数据交易平台可提供支撑用户服务、支撑产品服务、支撑平台管理、支撑公平交易等。

北京国际大数据交易所积极推进标准探索实践，根据《北京市数据交易服务指南（草案）》框架和内容，将讯腾智科作为标准落地合作试点进行先行先试，为讯腾智科提供交易主体登记、交易标的登记、数据测试评估、交易磋商、交付交割等服务，协助达成了数据交易，充分验证了该标准草案的可落地性和可操作性。

《北京市数据交易服务指南（草案）》给出了数据交易的服务原则、服务参与方、服务流程、服务内容与服务模式等内容，明确了在北京市依法设立的数据交易服务机构如何向数据交易经营主体提供商业服务，填补了北京市在地方数据交易服务时的标准空白，同时加快了北京市多项政策的实施落地，为北京市促进数据要素流通奠定了有利基础。

案例3：《天津市数据资产登记、存证、确权业务标准》

2022年底，天津市互联网金融协会正式发布《天津市数据资产登记、存证、确权业务标准》团体标准。该标准适用于指导数据资产登记、存证、确权业务开展和监督管理，是有关数字资产系列标准的第一项标准。该标准从对大数据应用商、大数据平台、各信息技术公司、政府部门等机构数据资产日常运营及其他涉及数据资产应用场景的实际情况出发，对数据资产登记、存证、确权的标准应用范围，数据资产的定义，数据资产登记、存证、确权业务原则和应用规范（业务流程、所需基本信息、应用场景、使用限制、注意事项等）等内容进行明晰化、规范化，提出了数字资产登记、存证、确权的标准化要求。经过该标准实现登记、存证和确权之后，持有确权证书的数据资产可进入质押融资、资产交易等环节。质押融资和资产交易等后续环节，亦可参考适用该标准。该标准的发布实施，规范了数字资产行业管理，强化了数据资产行业自律，对金融行业转型升级和健康发展将产生促进作用。

案例4：《天津市公共数据质量的管理和评价指南（试行）》

为了加强天津市公共数据质量源头管理，推动公共数据更广范围、更深层次、更高质量共享开放、开发利用、交易流通，服务高质量发展"十项行动"，在深入研究论证的基础上，2023年底，天津市互联网信息办公室印发了《天津市公共数据质量的管理和评价指南（试行）》。

该指南由天津市大数据协会牵头，联合会员单位共同制定，对数据质量管理、数据质量评价进行标准规范，聚焦公共数据质量的全生命周期管理及评价，明确数据采集、数据传输、数据存储、数据使用与加工、数据共享与开放、数据销毁等环节提升数据质量的举措和要求，从数据规范性、完整性、准确性、一致性、时效性、可访问性6个维度明确了公共数据质量的评价原则、评价指标、评价方法、评价模型、评价流程和评价要求，为推动天津市各区、各部门公共数据质量源头管理提供遵循。

案例5：《雄安新区数据资源目录设计规范》

2022年1月17日，河北省雄安新区发布《雄安新区数据资源设计规范》，于2022年2月1日实施。该标准是雄安新区的一项地方标准，归口于雄安新区管理委员会改革发展局，由雄安新区智能城市创新联合会、中国电子信息产业发展研究院、中国软件评测中心等单位共同起草。

该标准旨在推动雄安新区构建多层级的数据资源管理体系，探索数据共享授权机制，实现政务数据、位置数据和城市生产、生活、运行数据的底层融合和授权共享使用。

该标准规定了数据资源目录的分类、管理模式、运行模式和总体框架，以及目录建设的元数据要求、功能要求、技术要求和安全要求，适用于雄安新区全区范围内数据资源目录建设的行为及过程。

案例6：《雄安新区数据安全建设导则》

《雄安新区数据安全建设导则》自2022年2月1日起实施。该标准规定了雄安新区全区范围内党政机关和其他社会组织数据安全建设与发展相关的总体框架、技术要求和通用要求，适用于雄安新区数据提供方、数据平台运营方、数据使用方和数据监管方的数据安全建设。

该标准由中电科网络空间安全研究院等单位联合起草，以数据全生命周期为基础，将数据安全建设划分为数据准备、数据使用和数据评价3个阶段。其中，数据准备阶段包括数据采集、数据传输、数据存储、数据处理、数据销毁；数据使用阶段包括数据采集、数据传输、数据存储、数据处理、数据共享与交换、数据销毁；数据评价阶段主要针对数据准备阶段、数据使用阶段暴露的安全问题，制定一系列策略、流程、制度等监督、检查、协调多个相关职能部门，从而不断优化策略、方法、流程、工具、人员技能等，保障数据可管、可控、可信。

该标准有助于落实《河北雄安新区智能城市建设专项规划》关于

数据安全的总体要求，构建面向不同行业、领域的数据安全基础支撑体系，打造雄安新区全生命周期保障城市数据安全，创造安全的网络空间环境，规范雄安新区未来城市与智能城市发展数据安全的顶层规划、体系化设计、建设实施等过程的相关要求，全面助力雄安新区发展和完善一体化的数据安全管控、防护和服务保障能力。

四、结论与展望

（一）完善有关数据要素流通的法律法规和制度体系

加快确立政府监管和市场自律、法治与行业自治协同、国内与国际统筹的数据要素市场多元治理结构，构建政府、企业、社会多方参与的数据交易协同监管机制，形成跨区域数据统一监管格局。在产业探索方面，充分发挥各类市场主体作用，培育多元丰富的数据要素流通服务生态，促进数据、技术和应用场景的深度融合，推动跨产业、跨区域的数据链、治理链、产业链、生态链的深度融合；在技术支撑方面，深入开展技术标准研究，充分利用大数据、区块链、隐私计算等现有技术，加快推进数据要素流通关键基础设施建设，同时加快突破数据可见性、可用性和可控性相结合的数据流通技术，建立有效解决数据安全保护问题的技术支撑体系。

（二）推进以数据流通通用标准为基础的垂直行业标准研制

统筹开展京津冀数据要素流通领域标准体系建设的顶层设计，组织成立专业的数据要素流通标准化工作组整合政府、交易机构、服务机构、企业等数据交易相关方主体统筹开展标准的研究制定，共同推进标准落地及标准维护等相关工作。以数据流通通用标准为基础，优先制定数据资产登记、数据定价、质量评估、数据交易等数据要素流通急需的关键领域标准，进而构建涵盖数据交易服务、安全合规、交易平台、交易保障与监管等数据交易全生命周期，互认互通、安全可靠的技术标准和制度规范体系。同时，建立以需求为导向的标准研制思路，以重点行业需求为导向，联合开展重点企事业单位、行业协会，组织开展数据要素领域标准需求分析，进一步探索标准制定和产业发展之间的关联性，加快推动金融、工业、能源、医疗等垂直行业的数据要素标准研制。

（三）促进京津冀数据要素流通体系的互联互通

以北京"数据先行区"建设为抓手，推动京津冀地区打造数据基础制度综合改革试验田，探索京津冀数据流通和数据协同的新模式。在数据供给方面，引导京津冀央企、国企、行业龙头企业、互联网头部平台企业等载体发挥带动作用，建立以赋能实体经济为导向的产业数据供给体系。完善数据要素供给质量评估体系建设，探索建立统一的区域数据共享和开放目录清单，形成跨区域数据的共享开放和对接融合。在数据开发利用方面，积极培育发展京津冀数据要素市场，打造数据融通共同体，围绕高价值数据应用场景，打造数据流通可信空间，构建京津冀跨区域、多层次的数据流通交易体系。积极推动京津冀构建大模型上下游产业链，实现大模型赋能千行百业。在数据要素互联互通方面，重视数据流通平台间的互联互通标准建设，建立统一的数据分类分级、数据交易准入、质量评价、交易监管等标准规则，打破各地数据交易平台之间的交易壁垒。

（四）加强数据要素流通标准体系建设的交流与合作

加强数据要素流通标准理论体系建设，定期组织行业领域专家，围绕数据要素流通相关政策法规、制度模式、技术标准进行深入研讨，凝练总结京津冀在数据要素市场体系建设、数据产品价值实现路径和估值方法、数据要素市场参与者培育机制等方面的实践经验及问题，加快推动数据要素、数据交易相关法律法规制定出台，指导数据要素流通交易标准体系的完善和标准制修订。积极构建数据要素流通的国际标准化合作渠道，加快跨境数据合规性评估、数据跨境流动、数据跨国互认、数据跨境监管等机制探索，加强与 ISO、ITU、IEEE 等国际标准化组织及海外信息通信领域行业协会的交流与沟通，不断提升数据领域国际标准提案立项的数量和质量，积极参与共建统一规范的国际数据流通交易标准体系。

（北京市科学技术研究院 李昱、张彦军）

参考文献

[1]中国信息通信研究院云计算与大数据研究所．大数据白皮书（2021 年）[R],2022.

[2]欧阳日辉．数据要素流通的制度逻辑[J]．人民论坛·学术前沿,2023(6):13-27.

[3]中共中央、国务院印发《国家标准化发展纲要》[J]．中华人民共和国国务院公报,2021(30):35-41.

[4]中共中央、国务院关于构建数据基础制度更好发挥数据要素作用的意见[J]．中华人民共和国国务院公报,2023(1):28-33.

[5]于施洋,王建冬,黄倩倩,等．论数据要素市场[M]．北京:人民出版社,2023:99-100.

[6]李慧杰,刘彦林,杨坤,等．全国统一大市场背景下数据交易标准体系框架研究[J]．中国标准化,2023(S1):59-64.

[7]陈敏,牟海燕,秦健．健康医疗大数据标准体系框架研究[J]．中国数字医学,2018,13(4):14-16,33.

[8]史丛丛,张媛,赵一新．数据要素标准体系建设研究[J]．信息通信技术与政策,2023,49(4):16-21.

[9]全国信标委大数据标准工作组．数据要素流通标准化白皮书2022[R],2022:99-100.

[10]王凌聪．国外数据要素市场建设的主要动向与展望[J]．中小企业管理与科技,2023(11):50-53.

［11］全国信标委大数据标准工作组．数据要素流通标准化白皮书2022［R］,2022：89－90.

［12］王凌聪．国外数据要素市场建设的主要动向与展望［J］．中小企业管理与科技, 2023(11)：50－53.

大事记

1月

1. 河北省出台《河北省一体化政务大数据体系建设若干措施》

2023年1月1日,河北省人民政府办公厅印发《河北省一体化政务大数据体系建设若干措施》,着力破解数据共享难、协同难、质量低等问题,利用政务大数据平台,提高政务数据的权威性和可信度,让数据"多跑路"和"多说话",促进政府管理和决策更加科学、政务服务更加便捷。提出到2025年底,形成"一数一源、多源校核"的政务数据治理机制,政务数据质量显著提升,政务数据与公共数据、社会数据融合应用水平大幅提升,在数字政府建设中发挥关键作用。

2. 天津市两会关注数实融合发展

2023年1月10—15日,天津市第十八届人民代表大会第一次会议、中国人民政治协商会议天津市第十五届委员会第一次会议正式召开。"数实融合"成为两会关注焦点,两会代表、委员围绕"推动制造业数字化转型与智能化升级,打造具有国际竞争力的数字产业集群"等议题纷纷建言献策。会议期间,《2023年天津市政府工作报告》提出实施制造业高质量发展行动,促进数字经济与实体经济深度融合,加快制造业数字化转型和智能化升级,实施智能制造赋能工程,创建一批智能工厂和数字化车间,大力发展以产业互联网为主导的平台经济,建成全国一流5G城市。

3. 河北省两会提出实施数字赋能行动

2023年1月10—15日,河北省第十四届人民代表大会第一次会议、中国人民政治协商会议河北省第十三届委员会第一次会议在石家庄顺利召开。人大代表和政协委员围绕"数字河北"建睿智之言、献务实之策、谋创新之举、聚发展之力。人大代表审议通过的《2023年河北省政府工作报告》对"实施数字赋能行动"做出重要部署,提出加快产业数字化,开展工业互联网"百城千园行"活动,支持企业智能化改造、数字化转型;加快数字产业化,深入实施新一代信息技术产业三年"倍增"计划,抓好雄安新区数字经济创新发展试验区等建设;加快数字基础设施建设,打造全国一体化算力网络京津冀枢纽节点,培育张家口数据中心集群。

4. 北京市两会提出数字经济发展新要求

2023年1月15—19日,北京市第十六届人民代表大会第一次会议、中国人民政治协商会议北京市第十四届委员会第一次会议胜利召开。北京两会聚焦数字经济领域和加快全球数字经济标杆城市建设,《2023年北京市政府工作报告》提出,通过系统推进新一代数字集群专网、边缘计算体系等新型基础设施建设,加强数据中心优化提升和算力中心统筹布局,新增5G基站1万个以上,推进6G技术研发,夯实数字经济发展底座;通过推进高级别自动驾驶示范区扩区建设,加强工业互联网融合应用,提升国际大数据交易所能级,积极布局互联网3.0等新赛道,打造更具优势的数字产业集群。

5. 《北京市推动先进制造业和现代服务业深度融合发展的实施意见》发布,重点推进"北京智造"与"北京服务"融合发展

2023年1月17日,北京市发展和改革委员会等11部门共同制定、

联合印发《北京市推动先进制造业和现代服务业深度融合发展的实施意见》，锚定 8 个重点领域，推进 20 项主要举措。该意见紧扣新一代信息技术、智能网联汽车、集成电路等高精尖产业重点领域的制造业和服务业融合的方向，把握北京市的产业经济发展阶段和结构特征，推进"北京智造＋北京服务"，明确了实现产业高质量发展的融合路径。

6. 河北省出台《加快建设数字河北行动方案（2023—2027 年）》

2023 年 1 月 20 日，河北省人民政府办公厅印发《加快建设数字河北行动方案（2023—2027 年）》，组织实施数字基础设施建设行动、信息智能产业倍增行动、制造业数字化转型行动等 6 个专项行动、20 项重点工程，推动数字技术与实体经济深度融合，适度超前建设数字基础设施，做强做优做大数字经济。提出到 2025 年，河北省数字经济核心产业增加值达到 2500 亿元，数字经济占 GDP 的比重达到 40%。

2 月

7. 天津市政府与中国联通签署战略合作协议

2023 年 2 月 14 日，天津市人民政府与中国联通签署以数字化、网络化、智能化推动京津冀协同发展和天津数字经济建设战略合作协议。双方将共同打造中国联通京津冀数字科技产业园，在新型数字信息基础设施、数字经济、工业互联网等方面开展深入合作，进一步拓展工业互联网、5G 产业、新型基础设施建设等领域合作空间，在促进数字经济和实体经济深度融合等方面取得更多务实成果，全面助力天津市"十项行动"实施。

8. 数字经济创新生态大会暨元宇宙创新应用优秀成果发布会在北京举办

2023 年 2 月 23 日，由国家工业信息安全发展研究中心、北京物联网智能技术应用协会共同主办的 2023 数字经济创新生态大会暨数字科技（元宇宙）创新应用优秀成果发布会在北京举办，来自全国各地数字经济相关领域近 150 名代表参会，线上观看人数最高达 6000 人次。大会从技术创新、产业应用、生态共建等多维度，深度探讨了推进元宇宙赋能实体产业转型创新路径，发布了数字科技（元宇宙）创新应用优秀成果，共有 37 个优秀成果入选，覆盖创新技术与产品、创新应用与生态、创新潜力与发展三大类。

3 月

9. 北京市和天津市签署进一步加强战略合作框架协议

2023 年 3 月 17—18 日，北京市党政代表团赴天津市学习考察，双方签署《北京市人民政府　天津市人民政府进一步加强战略合作框架协议》。双方将健全协同机制，共同推进创新链产业链供应链融合发展，围绕功能承接平台建设、基础设施互联互通、自贸试验区创新联动等方面，共建京津冀国家技术创新中心，完善全链条科技成果转化服务体系，拓展合作广度深度，推动京津冀协同发展走深走实。

10. 天津市人工智能计算中心揭牌

2023 年 3 月 18 日，天津市人工智能计算中心揭牌仪式暨天津数字产业峰会召开。本次会议由天津市河北区、华为技术有限公司主办，天津市人工智能计算中心正式揭牌上线，吸引多家企业、高校、科研机构入驻，天津港集团、北京深势科技有限公司均与天津市河北区、华为技术有限公司签署战略合作，推动天津数字经济迈向高质量发展新征程。

4 月

11. 《加快河北省战略性新兴产业融合集群发展行动方案（2023—2027 年）》发布

2023 年 4 月 7 日，河北省人民政府办公厅正式出台《加快河北省战略性新兴产业融合集群发展行动方案（2023—2027年）》。提出重点布局建设"986"产业集群，重点支持石家庄新一代电子信息产业集群、张家口大数据产业集群等9家产业集群，重点培育雄安新区软件和信息服务、秦皇岛信息技术等8家产业集群和张家口先进算力、雄安新区鸿蒙欧拉等6个未来产业发展方向，打造引领河北高质量发展的新增长引擎。

12.《河北省人民政府关于加强数字政府建设的实施意见》发布

2023年4月12日，河北省人民政府办公厅正式出台《河北省人民政府关于加强数字政府建设的实施意见》，全面启动数字政府建设。该意见提出全面提升政府数字化履职效能、构建基础支撑平台体系、构建新型数据资源体系、构建网络和数据安全保障体系、建立完善数字政府推进体制机制5项重点任务，将数字技术广泛应用于政府科学决策和管理服务，构建数字化、智能化的政府运行新形态，以数字政府建设引领数字河北高质量发展。

13.《天津市推动制造业高质量发展若干政策措施》发布，突出数字赋能

2023年4月18日，天津市人民政府办公厅正式出台《天津市推动制造业高质量发展若干政策措施》，突出数字赋能，提升政策"含智量"。推进数字产业化，培育信创产业、软件和信息技术服务业，建设智能化应用场景，实现以用立业、以用兴业。推进产业数字化，发展智能制造，布局工业互联网，建设新型智能基础设施，抢占智能化发展"主阵地"。

5月

14.《京津冀产业协同发展实施方案》发布，三地携手打造数字经济新优势

2023年5月23日，工业和信息化部会同国家发展改革委、科技部

等有关部门以及京津冀三地政府共同发布《京津冀产业协同发展实施方案》，提出8项重点任务。在增强区域产业创新体系整体效能方面，提出瞄准人工智能、集成电路等前沿领域，着力攻克一批产业链共性技术和关键核心技术。在协同打造数字经济新优势方面，提出完善京津冀新型信息基础设施，统筹5G网络和千兆光网部署，加快部署以IPv6技术为基础的下一代互联网。协同推进智能制造发展，开展制造业数字化转型行动，建设若干具有国际水准的工业互联网平台。

15. 习近平总书记在河北考察调研，对数字经济发展提出新要求

2023年5月10—12日，习近平总书记在河北考察，主持召开深入推进京津冀协同发展座谈会并发表重要讲话。关于京津冀数字经济发展，习近平总书记强调，要巩固壮大实体经济根基，把集成电路、网络安全等战略性新兴产业发展作为重中之重，着力打造世界级先进制造业集群。

16. 天津市政府与中国移动签署战略合作协议

2023年5月10日，天津市人民政府与中国移动通信集团有限公司签署《以"连接+算力+能力"助力京津冀协同发展和天津数字经济建设战略合作协议》。双方聚焦新基建，以5G为主线，结合大数据、物联网、云计算、区块链等技术，通过开展重点领域的信息化建设和合作，提升天津市数字化基础设施能力和水平，实现天津市经济社会和通信事业的共同发展。

17. 京津冀三地大数据管理部门签署大数据发展战略合作协议

2023年5月17日，北京市大数据中心、天津市大数据管理中心、河北省大数据中心共同签署《京津冀大数据发展战略合作协议》。京津冀三地将主要围绕推进制度创新、共享数据资源、推动跨省通办、优化算力资源、推动技术创新、加强基础研究、强化数据安全、搭建交流平台、拓展应用场景9方面内容开展合作，共同探索大数据发展实践路

径,加强创新经验相互输出和成果共享利用,全方位多角度推动三地大数据领域合作协同。

18. 第七届世界智能大会在天津召开

2023年5月18—21日,第七届世界智能大会在天津召开,大会共举办47场平行论坛,创历届之最。大会期间,超过1400名来自国内外智能科技领域的知名专家、领军企业,近500家企业、140多支专业赛队通过"会展赛+智能体验"等方式,探索智能科技领域的"新技术、新赛道、新场景、新议题"。共有98个重点项目完成了签约,涉及新一代信息技术、汽车、生物医药、装备制造、新能源、新材料等产业链,协议总金额约815亿元。

19. 北京启动通用人工智能产业创新伙伴计划

2023年5月19日,北京市经济和信息化局联合市科委中关村管委会、市发展改革委共同启动"北京市通用人工智能产业创新伙伴计划",公布了第一批伙伴名单,共有39家单位入选,其中,算力伙伴2家、数据伙伴9家、模型伙伴7家、应用伙伴13家、投资伙伴8家。"北京市通用人工智能产业创新伙伴计划"的启动,标志着北京成为全国范围内率先对大模型产业落地出台针对性支持政策的地区,以人工智能大模型研发和应用赋能千行百业数智化转型。

20.《北京市加快建设具有全球影响力的人工智能创新策源地实施方案(2023—2025年)》发布

2023年5月21日,北京市人民政府正式印发《北京市加快建设具有全球影响力的人工智能创新策源地实施方案(2023—2025年)》,聚焦突破关键技术、夯实底层基础、构建产业方阵、推动场景建设、构建创新生态五大方向制定16项重点任务。方案提出,到2025年,北京基本建成具有全球影响力的人工智能创新策源地,人工智能核心产业规模达到3000亿元,持续保持10%以上增长,辐射产业规模超过1万亿元。

同时，北京市人民政府办公厅配套出台了《北京市促进通用人工智能创新发展的若干措施》。

21. 2023中关村论坛聚焦数字经济发展

2023年5月25—30日，2023中关村论坛在北京举行。论坛共举办了150余场活动，聚焦人工智能、量子科学、脑机接口等前沿领域，举办了人工智能开放生态建设论坛、国际数字经济创新论坛、数据安全治理与发展论坛、全球数字化应用创新论坛等多场数字经济专题论坛，吸引了国内外众多知名专家学者的参与。论坛期间，举办了以"数字之光·点亮未来——建设全球数字经济标杆城市"为主题的展览，通过数字化、智能化手段展示北京数字经济发展成果，成为大会期间的数字经济焦点。

6月

22. 天津出台《天津市加快建设国际消费中心城市行动方案2023—2027年》，提出发展智能数字消费

2023年6月7日，天津市人民政府正式印发《天津市加快建设国际消费中心城市行动方案（2023—2027年)》，提出到2025年，全市社会消费品零售总额将突破5000亿元，国内外旅游人数达到3亿人次。在智能数字消费方面，重点提出促进在线医疗、在线文娱等消费新业态、新模式发展；支持智能家居、可穿戴设备等新型产品研发应用；开设增强现实、虚拟现实、全息投影技术体验店；拓展数字人民币应用场景，扩大数字人民币应用规模。

23. 北京版"数据二十条"发布

2023年6月20日，中共北京市委、北京市人民政府正式印发《关于更好发挥数据要素作用进一步加快发展数字经济的实施意见》，简称北京"数据二十条"。提出形成一批先行先试的数据制度、政策和标

准,推动建立供需高效匹配的多层次数据交易市场,充分挖掘数据资产价值,打造数据要素配置枢纽高地。力争到 2030 年,北京市数据要素市场规模达到 2000 亿元,基本完成国家数据基础制度先行先试工作,形成数据服务产业集聚区。

24. 天津出台《推动京津冀协同发展走深走实行动方案》,推动数实融合走深向实

2023 年 6 月,中共天津市委、天津市人民政府正式印发《推动京津冀协同发展走深走实行动方案》,从承接北京非首都功能疏解、"一基地三区"建设、基础设施同城化一体化、产业链创新链融合等 7 个方面提出具体政策、机制和措施。重点聚焦促进数字经济与实体经济深度融合,加快制造业数字化转型和智能化升级,创建一批智能工厂和数字化车间,做强做优做大数字经济。

7 月

25. 北京公布第二批通用人工智能产业创新伙伴名单

2023 年 7 月 3 日,北京市经济和信息化局公布北京市通用人工智能产业创新伙伴计划成员名单(第二批),北京百度网讯科技有限公司、京东科技信息技术有限公司、华为技术有限公司等 63 家企业入选,其中,算力伙伴 10 家、数据伙伴 10 家、模型伙伴 10 家、应用伙伴 24 家、投资伙伴 9 家。此外,为持续充分发挥人工智能领域的技术创新优势和产业资源优势,还发布了第二批模型伙伴观察员 29 家。

26. 2023 全球数字经济大会在北京举办

2023 年 7 月 4—7 日,2023 全球数字经济大会在北京举办,来自全球 40 余个国家和地区的参会人员会聚北京展开观点碰撞。大会举办了人工智能、互联网 3.0、数据要素等六大高峰论坛以及 40 余场专题论坛,发布北京"数据二十条"和《全球数字经济白皮书(2023 年)》

等百余项重要成果。首次设置主宾国,邀请《数字经济伙伴关系协定》(DEPA)重要成员国新加坡作为主宾国,并增设新加坡海外分会场,全球18个城市和北京共同发起《全球数字经济伙伴城市合作倡议》。大会还推出了数字经济体验周、"数字之夜"城市脉搏点亮、首届中国数字音乐会、精品主题展等特色活动。

27.《京津冀重点产业链协同机制方案》发布,重点聚焦数字经济产业链

2023年7月,为深入落实《京津冀产业协同发展实施方案》,京津冀三地工信部门共同制定印发《京津冀重点产业链协同机制方案》,按照分工协作、标准统一、高效高质的要求,聚焦新能源和智能网联汽车、网络安全和工业互联网、高端工业母机、机器人等重点产业链,统筹建立京津冀三地链长制,组织产业链图谱绘制,推进重点产业链延链补链强链优链,实现重点产业链协同发展。

8月

28. 河北省单体投资最大的智能建造中心正式投入试生产

2023年8月13日,交通强国建设试点项目——河北交投集团荣乌高速新线智能建造基地和综合养护中心试生产大会在河北省高碑店市隆重召开,标志着河北省单体投资最大、智慧化水平最高、建材产品种类最丰富的智能建造中心投入试生产。该中心融合大数据、数字孪生、人工智能识别等技术,实现"人、机、料、法、环、测、能"全要素管理,将为雄安新区周边及京津冀地区交通基础设施建设提供有力支持。

29. 2023世界机器人大会在北京举行

2023年8月16—22日,2023世界机器人大会在北京举行,大会举办了6场主论坛、近30场专题论坛及配套活动,320余位国际组织代表、院士、国内外知名专家和企业家应邀参会,围绕机器人开放合作、

技术趋势、产业应用、生态建设，聚焦"机器人+应用场景"及热点话题开展主旨报告和高峰对话。大会博览会首次全馆打造"机器人+"制造业、农业、商贸物流等十大应用场景展区和 1 个关键零部件展区，多维度、多视角呈现机器人行业新技术、新产品、新方案、新应用。

9 月

30. 2023 年中国国际服务贸易交易会促进数字化合作

2023 年 9 月 2—6 日，2023 年中国国际服务贸易交易会在北京举办。本届服务贸易会把握数字化发展新机遇，举办了京津冀政务协同服务创新论坛、城市数字经济发展论坛等多场研讨会，重点关注京津冀数据协同发展、跨区域数据要素流通、城市数字经济发展联合研究、城市数字经济公共服务等话题，成为分享、展示城市数字经济发展建设的重要平台。会议期间，66 家企业和机构首发 125 项人工智能、金融科技、医疗健康等领域的新产品、新技术，涌现出产业带数字地图、智慧实验室数字解决方案等一批优秀成果。

31. 2023 中国国际数字经济博览会在冀举办

2023 年 9 月 6—8 日，2023 中国国际数字经济博览会在河北石家庄举办。本届博览会围绕畅通"科技—产业—金融"循环，搭建数字经济合作发展的舞台，首次举办产业生态大会、科技资本对接等特色活动，创新举办成果招商对接会 9 场和专业大赛 6 场，专设工业互联网核心展区、上合组织国家馆展区，向世界呈现了一场引领数字经济发展的精彩盛会。本届博览会共达成重大合作项目 179 个，投资机构与数字项目签约合作金额 163 亿余元，对接发布京津冀数字技术创新成果 128 项，有力促进了京津冀地区经济社会高质量发展。

10 月

32. 第三届"一带一路"国际合作高峰论坛数字经济高级别论坛在北京举办

2023年10月18日，第三届"一带一路"国际合作高峰论坛数字经济高级别论坛在北京举办，来自全球近40个国家和地区的约500名各界代表出席论坛。论坛期间，中国、缅甸、冈比亚等国家共同发布了《"一带一路"数字经济国际合作北京倡议》，从基础设施、产业转型、数字能力、合作机制等方面提出了进一步深化数字经济国际合作的20项共识，进一步凝聚数字经济国际合作共识，拓展"一带一路"数字经济合作领域。

33. 天津市出台"振兴工业老字号20条"，聚焦"数字赋能"

2023年10月28日，天津市人民政府正式发布《天津市振兴工业老字号老品牌实施方案（2023—2027年）》，提出6个方面20项工作举措。该方案聚焦数字化赋能，围绕加快经营模式转型、优化营销网络体系、挖掘品牌内涵、延伸品牌服务内涵、促进产业融合发展等方面，提出推动企业智能化改造和数字化转型，支持企业在大型电商平台开设旗舰店和品牌店，提供全天候的智能自助交互和人工服务，推动设计、采购、制造、销售、消费信息交互和流程再造等一系列务实举措。

11 月

34. 天津市出台《关于促进民营经济发展壮大的若干措施》，鼓励民营企业数字化转型

2023年11月4日，天津市人民政府正式发布《关于促进民营经济发展壮大的若干措施》，提出了7个方面29条举措，围绕着力推动民营经济实现高质量发展，提出加快推动数字化转型和技术改造；支持民营企业开展数字化转型、网络化协同、智能化改造和绿色化提升；鼓励中小企业数字化转型，开展智能制造试点示范，持续创建智能工厂和数字化车间。

35. 2023金融街论坛年会在北京举办，推进数字金融发展

2023年11月8—10日，2023金融街论坛年会在北京开幕。论坛聚焦数字经济发展，举办了"成方金融科技论坛：数字普惠金融""金融科技创新与合规安全"平行论坛等多场主题活动，把握数实融合新机遇，积极探索以数字化助力乡村振兴、普惠金融服务的新模式，加强数据对金融的赋能作用，推动金融业安全合规数据生态建设。

36. 第二十六届京港洽谈会"2023京港数字经济产业发展专题活动"在中国香港举办

2023年11月30日，第二十六届京港洽谈会"2023京港数字经济产业发展专题活动"在中国香港召开。活动期间，京港两地专家围绕数据要素、数据安全、跨境数据流动、人工智能、大语言模型等前沿领域的新技术、新模式、新应用深入研讨，成立了京港双智产业促进联盟，进一步拓展和深化了京港两地在数字经济领域的合作，为产业高质量发展搭建了交流和合作的平台。

12月

37. 《关于推进京津冀协同创新共同体建设的决定》发布，加强数字核心技术攻关

2023年12月12日，北京、天津、河北三地联合发布《关于推进京津冀协同创新共同体建设的决定》。该决定是京津冀三地首次为推进协同创新共同体建设立法，由北京、天津、河北人大常委会分别于11月24日、29日、30日审议通过，自公布之日起施行。针对产业技术创

新合作，北京、天津、河北将围绕基础软硬件、先进通信、新能源及智能网联汽车等数字经济前沿优势领域，开展关键核心技术攻关，通过集中优势科技资源，进一步推动京津冀协同发展走深走实。

38. 数据要素与数字经济高层研讨会在北京召开

2023年12月15—16日，国家自然科学基金委员会管理科学部主办、首都经济贸易大学承办的数据要素与数字经济高层研讨会在北京举行。本次论坛围绕数字要素与数字经济发展的关键环节和实践难题展开讨论，并设置了数字要素、数字经济等4个分论坛和北京市数据要素与数字经济高质量发展研讨会，为数字经济发展的顶层设计和制度基础建设提供了理论支撑。

39. 2023数字经济独角兽大会在北京举办

2023年12月20日，2023数字经济独角兽大会在北京成功举办。大会聚焦云计算、大数据、区块链、人工智能、智能制造等数字经济前沿领域和创新合作发展需求，设置了营商环境考察、项目合作签约、产业发展推介、主题对话交流、项目路演及投融资对接等环节，搭建起政府、企业和投资机构之间的高端对话与交流合作平台，深度链接数字经济创新资源，多维度促进数字经济"独角兽"企业技术合作、成果孵化和产业化落地，助力北京加快建设全球数字经济标杆城市。

（北京市科学技术研究院　杨丽丽）

附　录

附录一　2023年京津冀数字经济发展政策

附表1　2023年京津冀地区促进数字经济发展的政策文件汇总（部分）①

序号	政策名称/发文机构/时间	主要内容
1	《河北省一体化政务大数据体系建设若干措施》 河北省人民政府办公厅 2023-01-01	构建了一体化政务大数据体系总体架构，明确了统筹管理、数据目录、数据资源、共享应用、数据服务、算力设施、标准规范、安全保障8个方面"一体化"工作任务。目标是，到2025年底，全省一体化政务大数据体系更加完备，政务数据质量显著提升，政务数据与公共数据、社会数据融合应用水平大幅提升
2	《北京市创新联合体组建工作指引》 北京市科学技术委员会、中关村科技园区管理委员会等5部门 2023-01-10	旨在探索企业主导的产学研深度融合新范式，瞄准重大需求，强化企业科技创新主体地位，高效配置科技力量和创新资源，支持组建一批领军企业牵头、高校院所支撑、各创新主体相互协同的创新联合体，面向新一代信息技术、智能制造与装备、集成电路、智能网联汽车等产业需求开展关键核心技术、基础前沿技术联合攻关
3	《加快建设数字河北行动方案（2023—2027年）》 河北省人民政府办公厅 2023-01-20	为推动数字技术与实体经济深度融合，做强做优做大数字经济，该政策组织实施数字基础设施建设行动、信息智能产业倍增行动、制造业数字化转型行动、数字社会建设行动、数字政府创新发展行动等6个专项行动，20项重点工程。到2027年，河北省数字经济核心产业增加值达到3300亿元，数字经济占GDP比重达到42%以上，基本实现"数字经济高端化、数字社会智慧化、数字政府智治化"

---

① 资料来源于首都之窗、天津政务网、河北省人民政府官网、北京市经济和信息局官网、天津市工业和信息化局官网、河北省工业和信息化厅官网等。

续表

序号	政策名称/发文机构/时间	主要内容
4	《中共北京市委 北京市人民政府关于贯彻落实〈质量强国建设纲要〉的意见》 中共北京市委、北京市人民政府 2023－01－21	主要包括提升经济发展质量效益、构筑产业质量竞争优势、推动产品质量提档升级、提升建设工程品质等7个方面。在构筑产业质量竞争优势方面，重点提出强化数字经济质量赋能、打造新兴数字产业集群、积极争取国家数字经济领域标准化试点建设、积极探索创建网络市场监管与服务示范区、建立公开透明的市场准入标准和运行规则等重点任务
5	《天津市制造业数字化转型服务商管理规范（试行）》 天津市工业和信息化局 2023－01－31	旨在完善天津市数字化转型服务体系建设，加大制造业数字化转型服务商培育力度，提升服务供给能力，打造"天津市制造业数字化转型服务商资源池"。该管理规范适用于天津市行政区域内制造业数字化转型服务商的遴选、管理、监督等相关工作
6	《北京市推动先进制造业和现代服务业深度融合发展的实施意见》 北京市发展改革委等11部门 2023－02－07	紧扣促进"五子"联动，衔接北京"十四五"规划、京津冀产业协同发展等对高精尖产业发展的安排，提出在深化新一代信息技术和制造业服务业融合、打造智能网联汽车制造和服务全链条体系、促进集成电路制造与研发设计服务一体化发展等8个重点领域集中发力
7	《河北省支持机器人产业发展若干措施》 河北省人民政府办公厅 2023－03－03	旨在将"机器人+"应用作为制造业转型升级的切入点和突破口，通过市场需求推动机器人全产业链高质量发展。政策聚焦深化重点领域"机器人+"应用，拓展"机器人+"场景以及推进企业"机器人化"技术改造；加强政策引导壮大机器人产业，重点推进工业机器人和特种机器人重点产品的研制及应用，加快引进国内外知名机器人企业和高校科研院所产业化成果；营造良好发展生态，支持机器人重点聚集区承办省级以上机器人高端论坛、展览展示和重大赛事活动等方面
8	《河北省加快建设物流强省行动方案（2023—2027年）》 河北省人民政府办公厅 2023－03－03	着力实施物流布局优化、物流结构完善、物流方式创新、物流效能提升、物流枢纽建设等十大工程。在物流效能提升方面，重点提出加快推动物流基础设施改造升级，深化新一代信息技术和智能输送分拣装卸设备推广应用，建设一批标准化、集成化智能云仓，构建物流大数据服务体系，实现物流数据互联互通、共享交换。到2027年，智能物流设施设备100%全覆盖，形成10家具有较强集聚能力的网络货运平台

续表

序号	政策名称/发文机构/时间	主要内容
9	《北京市智能建造试点城市工作方案》 北京市住房和城乡建设委员会 2023-03-23	旨在突破智能建造关键核心技术,加快建造方式转变,推进建筑工业化、数字化、智能化升级。提出培育智能建造产业、建设试点示范工程、创新管理机制、推动部品部件智能生产、推动技术研发和成果转化、推进智能建造标准化建设等8项重点任务。目标是,到2025年末,重点建设张家湾设计小镇智能建造创新实践基地,打造通州、丰台智能建造产业集群
10	《加快河北省战略性新兴产业融合集群发展行动方案(2023—2027年)》 河北省人民政府办公厅 2023-04-07	提出重点布局建设"986"产业集群,重点支持石家庄新一代电子信息产业集群、张家口大数据产业集群、廊坊信息技术和人工智能产业集群、保定新能源汽车和智能网联汽车产业集群等9家产业集群,重点培育雄安新区软件和信息服务、秦皇岛信息技术等8家产业集群和张家口先进算力、雄安新区鸿蒙欧拉等6个未来产业发展方向,打造引领河北高质量发展的新增长引擎
11	《河北省人民政府关于加强数字政府建设的实施意见》 河北省人民政府办公厅 2023-04-12	该意见的出台标志着河北省数字政府建设全面启动。政策聚焦全面提升政府数字化履职效能、构建基础支撑平台体系、构建新型数据资源体系、构建网络和数据安全保障体系、建立完善数字政府推进体制机制5个方面的重点任务
12	《天津市推动制造业高质量发展若干政策措施》 天津市人民政府办公厅 2023-04-18	旨在大力实施制造业高质量发展行动,打造全国先进制造研发基地。政策主要包括推动产业高质量发展、提高产业能级、促进制造业转型升级、提升制造业创新能力等6个方面。在促进制造业转型升级方面,重点提出推进产业数字化转型,包括推进智能制造试点、支持工业互联网平台和安全体系建设、支持制造业数字化转型领域项目、建设智能化数字化应用场景、建设新型智能基础设施等具体支持措施
13	《天津市智能工厂建设实施方案》 天津市工业和信息化局 2023-05-06	旨在提高天津市智能制造整体能级,提升产业链韧性和安全水平,加快推动"天津制造"向"天津智造"转变。政策主要包括持续推动智能工厂建设,加大系统集成商培育力度,推动智能制造"软件"与"硬件"应用,加强平台和标准支撑等4个方面。目标是,到2025年,新增300个数字化车间和智能工厂,培育10个以上相关业务收入超过5亿元、具有较强竞争力的智能制造系统解决方案供应商

续表

序号	政策名称/发文机构/时间	主要内容
14	《北京市关于加快打造信息技术应用创新产业高地的若干政策措施》 北京市经济和信息化局 2023-05-10	提出了升级技术创新生态、推进开源开放模式、打造行业标杆示范、加强行业标准研制、深化行业推广应用、加力研发中心引进等10条措施，加快打造信息技术应用创新产业高地的建设
15	《北京市通用人工智能产业创新伙伴计划》 北京市经济和信息化局、市科委、中关村管委会、市发展改革委 2023-05-19	旨在搭建人工智能大模型的开放合作平台，建立协同合作机制，推进合作伙伴协同联动。伙伴共划分为算力伙伴、数据伙伴、模型伙伴、应用伙伴和投资伙伴等5类，各类市场主体可承担一个或多个伙伴角色。计划主要包括加快满足近期迫切算力需求、提升中长期算力供给能力、推出一批高质量训练数据、推动大模型赋能千行百业等8个方面重点任务
16	《北京市加快建设具有全球影响力的人工智能创新策源地实施方案（2023—2025年）》 北京市人民政府 2023-05-21	聚焦突破关键技术、夯实底层基础、构建产业方阵、推动场景建设、构建创新生态五大方向制定16项重点任务。方案提出，到2025年，基本建成具有全球影响力的人工智能创新策源地，人工智能核心产业规模达到3000亿元，持续保持10%以上增长，辐射产业规模超过1万亿元
17	《京津冀产业协同发展实施方案》 工业和信息化部、国家发展改革委、科技部等有关部门以及京津冀三地政府 2023-05-23	聚焦京津冀产业协同发展，推动包括优化区域产业分工和生产力布局、提升产业基础高级化和产业链现代化水平、增强区域产业创新体系整体效能等8个方面重点任务。在优化区域产业分工和生产力布局方面，聚焦集成电路、网络安全等重点领域，着力打造世界级先进制造业集群；在提升产业基础高级化和产业链现代化水平方面，协同培育新能源汽车和智能网联汽车、工业互联网、机器人、高端工业母机等重点产业链
18	《北京市促进通用人工智能创新发展的若干措施》 北京市人民政府办公厅 2023-05-23	旨在推动北京市通用人工智能领域实现创新引领和理性健康发展。政策针对提升算力资源统筹供给能力、提升高质量数据要素供给能力、系统构建大模型等通用人工智能技术体系、推动通用人工智能技术创新场景应用、探索营造包容审慎的监管环境五大方向，提出21项具体措施
19	《北京市数据知识产权登记管理办法（试行）》 北京市经济和信息化局、北京市商务局、北京市人民检察院 2023-05-30	旨在规范北京市行政辖区内数据知识产权登记行为，维护数据要素市场参与主体合法权益，促进数据要素高效流通使用，释放数据要素潜能。政策内容共计25条，包括总则、登记内容、登记程序、管理监督和附则等5部分，明确了数据知识产权的登记对象、登记主体和登记程序等主要事项

续表

序号	政策名称/发文机构/时间	主要内容
20	《天津市数字交通发展行动方案（2023—2025年）》 天津市交通运输委员会 2023-05-31	围绕数字交通基础中枢、数字化基础设施、数字化运输服务、数字化行业治理、数字化生态培育等五大领域22项建设任务，以先进信息技术赋能交通运输发展，助力天津市"交通强市"建设，为"十项行动"实施提供服务与支持。计划通过3年努力建成国内一流的数字交通中枢，培育形成"1+1+3"的数字交通产业生态体系，数字交通总体发展水平进入国内先进行列
21	《天津市人民政府办公厅关于推动生产性服务领域平台经济健康发展的实施意见》 天津市人民政府办公厅 2023-05-31	明确经济网络货运平台、灵活用工平台、循环经济物流平台等8个生产性服务领域平台经济的重点发展领域。针对平台经济发展政策需求，从财政资金、人才引进、金融支持、科技创新4个方面构建政策支持体系。提出到2027年，天津市生产性服务领域平台经济整体发展水平达到全国领先水平
22	《天津市人民政府办公厅关于推动生活性服务领域平台经济健康发展的实施意见》 天津市人民政府办公厅 2023-06-01	聚焦互联网销售平台、居民生活服务平台、文旅体育平台、医疗健康平台以及直播产业平台等5个领域，推出锚定平台经济发展生态要素，强化拓宽平台场景应用、提升物流配送能级和加强品牌培育等3项重点任务。提出到2025年，引进全国知名生活性服务领域平台企业区域性总部或功能性总部20个，培育国内领军平台企业2家，汇聚超过200家平台企业
23	《天津市加快建设国际消费中心城市行动方案（2023—2027年）》 天津市人民政府 2023-06-07	提出开展聚焦打造国际知名消费目的地、打造国际知名地标商圈、打造国际化城市消费品牌等6个方面24项重点任务。在打造国际消费场景方面，重点提出发展智能数字消费，促进在线医疗、在线文娱、直播电商等消费新业态新模式发展；支持智能家居、可穿戴设备等新型产品研发应用；开设增强现实、虚拟现实、全息投影技术体验店；拓展数字人民币应用场景，扩大数字人民币应用规模
24	《关于实施十大强企行动激发专精特新企业活力的若干措施》 北京市经济和信息化局 2023-06-13	旨在激发北京市专精特新企业活力，推动企业梯队培育，助力专精特新企业高质量发展。其中，"创新领航"行动给予集成电路"首流片"、信创"首方案"等奖励支持，单个企业最高支持3000万元；"场景育新"行动对专精特新企业参与创新技术突破类场景攻关、创新技术应用类场景建设给予资金支持；"数智转型"行动支持专精特新企业开展数字化转型诊断，鼓励专精特新企业实施上云、上平台改造

续表

序号	政策名称/发文机构/时间	主要内容
25	《关于推进现代商贸物流业高质量发展的实施意见》 河北省人民政府办公厅 2023-06-14	提出11个方面34项重点任务。在深化创新转型方面，重点围绕智慧化升级现代物流、数字化赋能现代商贸、平台化整合要素资源等方面，打造一批智慧公路、智慧港口、智慧枢纽，扩大新一代信息技术和智能设备推广应用，鼓励传统商贸企业通过网络直播、VR在线等方式链接多业态消费场景；逐步推进与交通运输、海关、边检、邮政、铁路、商务、市场监管等部门数据开放共享
26	《河北省支持跨境电子商务发展十条政策》 河北省人民政府办公厅 2023-06-14	主要包括支持引进和培育跨境电商知名平台、支付机构、龙头企业；支持外贸转型升级基地、县域特色产业聚集区建设跨境电子商务产业园区；支持建设跨境电商线上综合服务平台；鼓励各地发展跨境电子商务O2O商品体验店；支持企业建设公共海外仓；加强跨境电商仓储物流配套服务等10个方面
27	《河北省加快现代物流发展十五条政策措施》 河北省人民政府办公厅 2023-06-14	主要包括支持高端物流资源集聚发展、组建省级物流产业发展基金、拓展物流项目融资渠道等15个方面的内容。其中，在支持公共物流设施建设方面，重点鼓励数字物流园区设施建设，发展网络货运等"智运"物流综合服务；在提升物流信息平台功能方面，积极与国家物流信息平台实施有效对接，加快智慧物流信息资源整合，推动物流信息化标准统一，实现物流数据安全、高效、顺畅交换
28	《北京市机器人产业创新发展行动方案（2023—2025年）》 北京市人民政府办公厅 2023-06-16	旨在推动北京市机器人创新链和产业链对接融合、产业布局和区域资源高效匹配。聚焦发展机器人"1+4"产品体系、着力提升机器人关键支撑能力、全面实施"机器人+"应用示范、深入完善机器人产业发展生态等5个方面的内容。提出到2025年，全市机器人核心产业收入达到300亿元以上
29	《北京市高精尖产业科技创新体系建设实施方案》 北京市经济和信息化局 2023-06-19	旨在加强产业科技创新体系对北京国际科技创新中心建设和现代化产业体系构建的重要支撑作用。提出实施千家企业技术中心培优工程、百项产业筑基工程、十大产业机制创新搭台工程、中试验证加速工程、应用场景建设工程等5项重点任务。目标是，到2030年，创建1000家高精尖产业优秀企业技术中心，实现100项关键卡点产品突破，培育形成市级链主企业100家左右

续表

序号	政策名称/发文机构/时间	主要内容
30	《关于更好发挥数据要素作用进一步加快发展数字经济的实施意见》 中共北京市委、北京市人民政府 2023-06-20	为构建数据基础制度更好发挥数据要素作用做了重要的制度安排，明确到2030年，北京市数据要素市场规模达到2000亿元，基本完成国家数据基础制度先行先试工作，形成数据服务产业集聚区。具体措施涵盖率先落实数据产权和收益分配制度、加快推动数据资产价值实现、全面深化公共数据开发利用、培育发展数据要素市场、大力发展数据服务产业、开展国家数据基础制度先行先试、加强数据要素安全监管治理等9个方面的内容
31	《北京市关于推进场景创新开放加快智慧城市产业发展的若干措施》 北京市经济和信息化局 2023-06-29	旨在通过场景创新开放，加速技术突破、方案验证和规模推广，助力智慧城市创新企业成长，带动智慧城市相关产业发展。涵盖推动场景创新开放、征集发布场景清单、开展场景供需对接、支持场景需求验证、促进场景成果转化、强化共性支撑能力、强化知识产权激励、鼓励成果规模推广等8项具体举措
32	《北京市推动智能建造与新型建筑工业化协同发展的实施方案》 北京市住房和城乡建设委员会、北京市发展和改革委员会等12部门 2023-06-29	旨在突破智能建造关键核心技术，推进建筑工业化、数字化、智能化升级，推动建筑业转型升级和高质量发展。目标是，到2025年，建设100个智能建造与新型建筑工业化协同发展的试点示范工程，打造一批智能建造龙头企业和数字化赋能标杆企业，初步建立建筑产业互联网平台。涵盖加快新型建筑工业化发展、加强科技创新与成果转化、加快新一代信息技术融合应用、培育产业体系等5个方面重点任务
33	《推动京津冀协同发展走深走实行动方案》 中共天津市委、天津市人民政府 2023-06	明确提出推动基础设施同城化一体化走深走实、推动产业链创新链人才链融合走深走实等7项重点任务。在推动"一基地三区"建设走深走实方面，提出加快建设全国先进制造研发基地，加快制造业数字化转型和智能化升级，创建一批智能工厂和数字化车间，聚焦工业软件、工业母机等领域开展重大科技攻关，推进西青12英寸晶圆代工等重大项目建成投产
34	《关于进一步推动首都高质量发展取得新突破的行动方案（2023—2025年）》 中共北京市委办公厅、北京市人民政府办公厅 2023-07-22	明确了5个方面50条具体工作任务。其中，在率先构建更具国际竞争力的现代化产业体系取得新进展方面，聚焦充分激活数据要素潜能、夯实先进数字基础设施、更好促进平台经济规范健康持续发展、落实集成电路产业发展部署、促进智能网联汽车产业引领发展、推动机器人产业创新发展等具体工作任务；在协调推动以高质量供给引领和创造新需求、促进投资和消费不断涌现新亮点方面，聚焦促进数字新型消费、加强文物数字化保护和展示等具体工作任务

续表

序号	政策名称/发文机构/时间	主要内容
35	《北京市促进机器人产业创新发展的若干措施》 北京市经济和信息化局 2023-08-16	旨在推动北京市机器人产业创新发展，全力打造机器人技术创新策源地、应用示范高地和高端产业集聚区。围绕技术创新、产业生态、场景应用和要素保障4个方面提出了16条关于北京机器人产业发展的具体政策措施，将进一步对京津冀的机器人企业产生积极影响，为京津冀产业链的强链补链保驾护航
36	《北京市促进未来产业创新发展实施方案》 北京市人民政府办公厅 2023-09-05	北京市将锚定未来信息、未来制造、未来空间等六大领域，布局通用人工智能、第六代移动通信、元宇宙、量子信息、光电子、类人机器人、智慧出行、卫星网络等20个未来产业，同时将实施原创成果突破行动、中试孵化加速行动、产业梯度共进行动等八大行动，抢占未来产业发展先机，将北京打造成为世界领先的未来产业策源高地
37	《河北省人民政府办公厅关于促进电子信息产业高质量发展的意见》 河北省人民政府办公厅 2023-09-05	提出集成电路、大数据、新型显示、现代通信、软件和信息技术服务、光伏6个重点产业发展方向及提升创新能力、拓展应用场景、壮大经营主体、稳固产业链条、深化产业协同、推动集群化发展、扩大开放合作7项重点任务。目标是到2025年，电子信息产业主营业务收入突破5000亿元，形成光伏、大数据两个千亿级产业集群；新增50家以上省级以上创新平台，行业研发投入强度达到5%
38	《关于支持第三代半导体等5个细分行业发展的若干措施》 河北省人民政府办公厅 2023-09-05	围绕第三代半导体、新型显示、大数据、电子特种气体、光伏5个细分领域，聚焦技术创新、行业服务、集群化发展、经营主体培育、产品创新应用等方面提出具有针对性、创新性的务实管用举措
39	《开展2023年天津市创新联合体组建工作》 天津市科技局 2023-09-06	创新联合体组建工作旨在大力推进科教兴市人才强市行动，强化创新链产业链人才链深度融合，加快构建关键核心技术体系化攻关新模式。组建工作重点聚焦联合开展关键技术攻关、联合搭建重大创新平台、联合推进成果转移转化、联合集聚高层次科技人才、联合推动跨区域科技合作等主要任务
40	《河北省人民政府办公厅关于推进城市公共交通高质量发展的意见》 河北省人民政府办公厅 2023-09-25	主要从完善城市公共交通发展基础条件、推动城市公共交通服务提质增效等4个方面提出15项具体任务。在加快推动城市公共交通服务提质增效方面，重点提出加快公共交通数字化转型，包括全面推进公交智能化系统建设，实现智能调度、客流分析、智能排班等功能；推广普及交通一卡互联互通和移动支付等服务，实现数字人民币在公交、地铁等主要公共交通出行领域的应用

续表

序号	政策名称/发文机构/时间	主要内容
41	《天津市加快新能源和智能网联汽车产业发展实施方案（2023—2027年）》 天津市人民政府办公厅 2023-09-28	提出推动整车企业转型发展、布局智能网联汽车新赛道、打造商用车新增长点、推动汽车核心零部件企业集聚发展、完善基础设施体系、打造优质汽车服务业等6个方面重点任务。目标是，到2025年，新能源汽车产量占天津市汽车总产量比重达到30%，产业形成一定规模；智能网联汽车实现限定区域和特定场景商业化应用，形成特色鲜明、相对完整的产业链供应体系
42	《河北省支持钢铁行业创新发展若干措施》 河北省人民政府办公厅 2023-10-07	涵盖强化企业创新动能、强化创新平台建设、强化重点领域突破等5个方面内容。在强化产业协同创新方面，重点提出推进数字协同创新。依托河北省钢铁行业数字化转型联盟，建立一套数字化转型标准体系，突破一批智能制造关键共性技术，遴选一批推广应用场景，培育一批智能制造系统解决方案服务商，为企业数字化转型提供服务。力争到2025年关键工序数控化率达到80%以上，生产设备数字化率达到55%左右
43	《人工智能算力券实施方案（2023—2025年）》 北京市经济和信息化局 2023-10-11	旨在推动人工智能大模型应用落地，加速产业生态培育和实体经济高质量发展。支持软件信息服务业企业和制造业企业在多个领域进行行业人工智能大模型训练和应用，并提供算力券补贴支持，降低企业智能算力使用成本。政策的发布将刺激企业智能算力需求增长，带动GPU云服务器、高性能计算集群、人工智能大模型等领域的发展
44	《天津市振兴工业老字号老品牌实施方案（2023—2027年）》 天津市人民政府 2023-10-28	旨在促进天津市工业老字号老品牌创新发展、焕发活力、迭代升级。提出推进市场化改革、加快经营模式转型、加快转变发展观念、深入挖掘品牌内涵等6个方面20项工作举措。其中，在加快经营模式转型方面，重点提出推动企业智能化改造和数字化转型，运用云计算、大数据、物联网、人工智能和区块链等新技术改造传统产业；促进营销网络体系变革，支持企业在大型电商平台开设旗舰店和品牌店，推广直播带货
45	《关于促进民营经济发展壮大的若干措施》 天津市人民政府 2023-11-04	包括优化民营经济发展环境、强化民营经济发展法治保障、支持民营企业做大做强、促进民营经济人士健康发展等7个方面27项措施。在支持民营企业做大做强方面，重点提出加快推动数字化转型和技术改造，支持民营企业开展数字化转型、网络化协同、智能化改造提升；鼓励中小企业数字化转型，开展智能制造试点示范，持续创建智能工厂和数字化车间

续表

序号	政策名称/发文机构/时间	主要内容
46	《北京市公共数据专区授权运营管理办法（试行）》 北京市经济和信息化局 2023-12-08	旨在激活公共数据要素潜能，进一步提升北京市公共数据专区授权运营工作开展规范性。明确了公共数据范围、公共数据专区定义、授权运营基本原则、运营管理机制、授权运营工作流程、运营单位管理要求、数据管理要求、安全管理、考核评估等具体内容。公共数据专区授权运营是提升公共数据经济价值和社会效益的重要手段，也是推进数字经济和实体经济融合协调发展的重要抓手

附录二 2023年京津冀数字经济产业活动信息

附表2 2023年京津冀地区产业活动信息汇总（部分）①

序号	产业活动名称	主要内容
1	数字赋能先行区共创产业新生态——东数西算一体化算力服务平台上线发布	2023年2月24日，以"数字赋能先行区共创产业新生态"为主题的东数西算一体化算力服务平台上线发布。平台由北京国际大数据交易所、数字宁夏建设运营有限责任公司、中国电信宁夏公司三方共同建设，首批算力、模型、数据类企业20余家已经陆续入驻平台，这标志着东数西算算力一盘棋的顶层设计初见成效，也是宁夏算力服务网络建设迈出的关键一步
2	冀南新区总投资15亿元的智能制造基地项目在北京集中签约	2023年2月25日，河北·邯郸（北京）主导产业推介暨重点合作项目签约仪式成功举行。邯郸冀南新区总投资15亿元的智能制造基地项目参加集中签约，举行了商用车轻量化和零碳高端装备产业招商推介。冀南新区将聚焦邯郸精品钢材产业，培育风电装备、汽车轻量化配件等多条高端装备制造产业链
3	北方大数据交易中心与天津数据要素创新中心达成战略合作，共创数据产业新生态	2023年5月19日，北方大数据交易中心与天津数据要素创新中心举行了战略合作签约仪式，双方将持续发挥各自优势，联合共创数据产业新生态，为天津市数字经济注入强大动力，助推天津市高质量发展
4	融诚物产电商与北方大数据交易中心（天津）有限公司签署战略合作协议，共话数实融合	2023年5月19日，天津融诚物产电子商务有限公司与北方大数据交易中心（天津）有限公司就推动数字经济与实业经济融合发展达成高度一致，进行战略合作签约。未来，双方将致力于在数据知识化服务、数据产品加工、大宗商品领域知识数据产品开发、数据产品市场推广、数据合规交易等方面建立全面、深入的战略合作伙伴关系，促进大宗商品产业与数字经济融合发展
5	《数据要素市场化配置与数字生态体系建设白皮书》重磅发布	2023年5月19日，由天津市委网络安全和信息化委员会办公室指导，北方大数据交易中心（天津）有限公司与天津滨海数字生态研究院联合编写的《数据要素市场化配置与数字生态体系建设白皮书》发布。作为数字经济发展的核心引擎，数据要素的市场化及创新应用将为数字经济注入新的动力、创造更多机遇

---

① 资料来源于首都之窗、天津政务网、河北省人民政府官网、北京市经济和信息化局官网、天津市工业和信息化局官网、河北省工业和信息化厅官网、北京国际大数据交易所官网、北方大数据交易中心官网、《北京日报》《天津日报》《河北日报》等。

续表

序号	产业活动名称	主要内容
6	智慧城市数据交易联盟计划启动,助力城市数据要素流通充分释放数据要素价值	2023年5月19日,北方大数据交易中心在第七届世界智能大会数据要素产业分论坛上启动智慧城市数据交易联盟计划,联合各城市数据集团和数据要素创新中心,推进城市级数据交易互联互通,积极构建部门间数据共享、政企间数据开放、企企间数据融通的数据要素流通公共服务体系
7	全国首个科学数据专区举行签约仪式	2023年5月27日,在中关村论坛国际技术交易大会开幕式上,隆重举行了北京国际大数据交易所和北京市科学技术研究院科学数据专区建设运营合作签约仪式。双方将围绕科学数据专区的建设运营开展全方位合作,打造全国首个专门针对科技领域数据交易流通的专题数据区域,着力推动各类科技数据加速汇聚,重点解决科学数据资源持有权、加工使用权、产品经营权等分置的产权问题
8	国内首笔基于大模型训练数据集数据交易签约仪式	2023年5月30日,在北京市经济和信息化局对接推动下,北京市科学技术研究院、北京国际大数据交易所、北京智源人工智能研究院达成了基于科情头条和政务文本等相关的数据集交易,并在中关村论坛上现场签约
9	京津冀数字创意创新协作基地授牌仪式在中关村论坛展览(科博会)举办	2023年5月30日,为深入贯彻党的二十大精神,坚持区域协同发展,推进京津冀区域建设,2023京津冀"AI智汇科技DC众创未来"暨数字创意创新协作基地授牌仪式在中关村论坛展览(科博会)现场成功举办。会议现场,北京市数字创意产业协会为科技、科普、科教3个领域,在产学研取得具有示范性优势的企业授牌"数字创意创新协作基地"
10	北京国际大数据交易所支持落地全国首个获批个人信息出境标准合同备案案例	2023年6月25日,在北京国际大数据交易所、北京CBD跨国企业数据流通服务中心的支持下,诺华诚信有限公司"跨境征信报告核验项目"成为全国首个个人信息出境标准合同备案在北京市委网信办获批(申报主体"北京德亿信数据有限公司",备案编号:京合同备202300001)。该项目首次实现了北京市与香港特别行政区间征信数据的合规出境,为京港两地个人信用风险管理及评价机制的一体化进程提供了有力支撑,也为香港特别行政区持牌金融机构增添了全新的跨境服务创新驱动力
11	国内首笔空间数据交易合作签约	2023年6月,在北京市规划自然资源委、北京市经济和信息化局及北京国际大数据交易所的指导帮助下,北京市测绘设计研究院完成了与需求方北京河图联合创新科技有限公司的对接交易,达成全国第一笔空间数据交易服务

续表

序号	产业活动名称	主要内容
12	基于隐私计算的政务数据应用场景合作签约	2023年6月，北京银行基于隐私计算技术进行企业公积金、社保等政务数据联合建模的场景应用，由北京国际大数据交易所推动，北京金融大数据公司提供公共数据资源，洞见科技提供隐私计算技术，实现了北京市政务数据在隐私计算技术支持下的合规流通
13	北京国际大数据交易所数据资产登记中心发放首批登记证书	2023年7月5日，在2023全球数字经济大会"数据要素高峰论坛"上，北京国际大数据交易所数据资产登记中心向企业代表发放首批登记证书，标志着北京市数据要素市场建设领域一大创新成果正式落地。首批数据资产登记证书的发放是北京国际大数据交易所积极探索并引领数据要素市场建设的重要环节，将有利于企业激发数据资产价值，构建业务新版图，做强做优做大企业资产
14	中国工业数据专区数据登记证书互认	2023年7月5日，在2023全球数字经济大会"数据要素高峰论坛"上，中国工业数据专区数据登记互认证书发放。工业数据专区达成了中国工业互联网研究院与北京国际大数据交易所之间数据登记业务的互认互通，将有助于进一步发挥数据价值，降低交易成本，促进数据流通
15	北京国际大数据交易所数据资产估值定价合作签约	2023年7月5日，在2023全球数字经济大会"数据要素高峰论坛"上，来自国家发展改革委价格监测中心、北京国际大数据交易所、北京大学大数据分析与应用技术国家工程实验室的代表共同上台，签署合作框架协议，围绕数据要素价格形成机制、数据要素价格监测机制开展联动研究，充分发挥数据交易所数据产品和服务的定价服务功能，加速推动数据要素资源化、资产化、资本化改革
16	算力交易类集体签约	为了解决高性能算力资源存在巨大缺口问题，统一规划建设算力交易中心，北京国际大数据交易所联合多家算力、模型、数据类企业共同打造东数西算一体化算力服务平台，实现跨区域算力资源的统筹调度和资源匹配。2023年7月5日，在2023全球数字经济大会"数据要素高峰论坛"上，北京国际大数据交易所与中国电信宁夏公司、北京升哲科技有限公司、北京中科融合算力科技中心等企业进行大数据算力交易集体签约

续表

序号	产业活动名称	主要内容
17	北京国际大数据交易所数字资产登记平台入驻仪式	北京国际大数据交易所积极响应政策开展数字资产平台的建设,2023年7月5日,在2023全球数字经济大会"数据要素高峰论坛"上,正式发布数字资产登记平台。北京国际大数据交易所联合新华社媒体融合生产技术与系统国家重点实验室、人民网灵境·人民艺术馆作为数字资产发行方代表上台见证了数字资产登记平台入驻仪式
18	"北京国际数据实验室"正式揭牌	2023年7月5日,"北京国际数据实验室"在2023全球数字经济大会"数据要素高峰论坛"正式揭牌,旨在以新一代信息技术赋能数据流通,开展数据基础设施研究和建设,有效解决数据安全、高效、可信、合规流动问题。实验室将以数据空间、IPv6、区块链、隐私计算等关键技术为研究方向,组建国际专家委员会,推动基于IPv6的数据专网和数据空间平台研究与建设,构建面向全球、平等开放的数据基础设施
19	推动全球数据流通合作协议签约	2023年7月5日,在2023全球数字经济大会"数据要素高峰论坛"上,国际数据空间协会(IDSA)、全球IPv6论坛(IPv6Forum)、北京国际大数据交易所和下一代互联网国家工程中心4家机构正式签署合作协议,建立合作伙伴关系,在规则、技术、标准、实践以及产业生态等多个方面协作,共建数据基础设施,助力全球数据流通,驱动全球数字经济发展
20	北京市数据资产入表试点企业发布	2023年7月5日,在2023全球数字经济大会"数据要素高峰论坛"上,北京开运联合信息技术集团股份有限公司、罗克佳华科技集团股份有限公司、北京市建筑设计研究院有限公司、北京集智未来人工智能产业创新基地有限公司作为数据资产入表试点企业代表上台参与发布
21	北京市数据资产金融创新试点单位发布	2023年7月5日,在2023全球数字经济大会"数据要素高峰论坛"上,北京市数据资产金融创新试点单位发布,北京银行、华夏银行作为本次参与数据资产金融创新试点的金融机构代表,将与北京国际大数据交易所共同探索设计符合数据资产特性的创新金融产品

续表

序号	产业活动名称	主要内容
22	京津冀5G+工业互联网智能制造协同创新示范基地项目开工	2023年8月2日，京津冀5G+工业互联网智能制造协同创新示范基地项目开工。京津冀5G+工业互联网智能制造协同创新示范基地项目包含京津冀5G+数字创新工业互联网赋能项目以及邀博生命健康机器人产业基地项目等。其中，京津冀5G+数字创新工业互联网赋能项目围绕"智能制造产业孵化引育平台""智改数转赋能平台""工业互联网供应链金融服务平台""智慧产业平台"推动数字与制造业、现代服务业深度融合发展
23	北方大数据交易中心携手全国18家机构联合倡议，促进数据交易机构协同发展	2023年9月26日，在2023数据要素发展大会上，北方大数据交易中心携手全国18家数据交易机构联合签署"全国数据要素市场可信交易倡议书"，旨在促进数据交易机构的协同发展。倡议书提出培育数据要素化利用能力、推动数据融通使用等6点建议，以促进各数据交易机构更高效地利用数据要素，赋能实体经济发展，构建和谐多样的数据交易生态
24	眼神科技人工智能技术赋能雄安"城市大脑"建设	为助力京津冀科技创新协同发展和雄安数字智能城市建设，北京市科学技术委员会、中关村科技园区管委会与眼神科技携手开展"面向雄安城市治理的一体化智慧大脑AI计算平台成果推广与示范项目"，以自主可控的人工智能训练建模能力引擎为基础，通过人工智能训练推理计算平台研发，赋能构建雄安新区城市治理人工智能认知大脑，提高雄安新区城市治理的数字化智慧化水平
25	数慧时空81个遥感数据产品在北京国际大数据交易所成功上架	2023年10月18日，经过严格的合规、技术、质量等数据商品上市审核流程，数慧时空全系列遥感数据产品在北京国际大数据交易所正式挂牌上架，本次上架产品包括4大类15子类共81个数据产品
26	北京市数据资产评估入表第一届训练营圆满举办	2023年10月24日，北京市经济和信息化局、北京市财政局、北京市国资委联合主办北京市数据资产评估入表训练营，邀请国家和北京市相关部门负责同志解读政策，组织相关机构从数据资产登记、评估、交易、入表等方面进行全流程实操培训。北京市20余家国有企业、数据先行区相关企业，共50余名数据业务板块负责人及财务管理人员参加培训。该训练营对于推动北京"数据二十条"政策落地、促进数据资产入表具有充分指导价值

附录三　2023 年北京智慧城市创新应用案例

附表 3　2023 年北京智慧城市创新应用案例集清单①

序号	案例名称	场景类别	案例简介	服务商
1	北京市市级政务云	数字基础场景	自 2016 年以来，在北京市相关部门的统筹规划和统一管理下，太极计算机股份有限公司投资建设并运营的太极云（北京市市级政务云之一）按照"企业投资建设，政府购买服务"模式为北京市市属行政事业单位信息化系统提供统一的政务云服务，支撑了民生业务和社会管理及领导决策业务，初步实现了电子政务的集约化建设，为政务信息共享政务大数据的发展提供支撑	太极计算机股份有限公司
2	北京 CBD 数字孪生时空信息管理平台	数字基础场景	通过构建北京 CBD 数字孪生时空信息管理平台，建设城市数字孪生全要素数据资源体系，解决了数字资源共享难、服务集约化手段不足、数据价值难以发挥、多系统重复建设的难题，形成了北京 CBD 版的"新基建"，打造了全国数字化基建和数字经济发展样板	北京五一视界数字孪生科技股份有限公司
3	北京大兴国际机场临空经济区（北京部分）规划建设信息平台	数字基础场景	实现了对大兴临空经济区管委会规划、建设、运营各阶段数据的融合管理，同时监控关键指标，对 GIS、BIM、城市设计模型进行三维一体化展示，服务于大兴临空经济区管委会各级领导对临空区当前的总体资源和建设运营情况的宏观统筹，实现了对临空区安置房小区、自贸区创新中心可视化高效运维管理	太极计算机股份有限公司
4	体育场（主场馆）建设安全监测系统	数字基础场景	在厦门白鹭体育场项目中，中国建筑第八工程局采用数字化平台指导钢结构施工，通过 BIM + CAE + IoT + AI 技术，利用数据驱动在线仿真计算平台进行结构仿真计算，通过计算模型可视化结构受力状态和变形情况；同时，利用三维 BIM 模型对预警位置进行可视化展示，利用算法对长期数据进行分析，对结构变形趋势进行预测，辅助提升施工总包单位对施工过程的管控能力以及风险预知和排查能力	北京云庐科技有限公司

---

① 资料来源于 2023 年 4 月 28 日北京市经济和信息化局联合北京软件和信息服务业协会发布的《2023 北京智慧城市创新应用案例集》。

续表

序号	案例名称	场景类别	案例简介	服务商
5	构建电子政务移动安全的主动防御体系	数字基础场景	通过安全技术体系建设、安全服务体系建设,从应用安全保障、数据安全保障、通信认证保障3个层面,对政务服务类应用以及政务办公类应用提供安全检测能力、安全防护能力、安全监测能力、盗版仿冒监测能力、隐私合规检测能力	北京梆梆安全科技有限公司
6	北京市大数据平台建设及数据服务	数据资源场景	北京市大数据平台基于目录链的数据汇聚共享机制,构建"人、企"基础数据模型。通过标签化精准构建人企物关系图谱,为城市级大数据应用提供全景化视图,利用关系图谱的数据关联分析与推理能力,对数据进行快速关联查询、分析,按需为各区、各部门提供数据、接口、标签等多种服务,充分释放公共数据价值,促进大数据产业健康发展	太极计算机股份有限公司
7	石家庄时空大数据平台及应用	数据资源场景	石家庄市自然资源和规划局组织建设的河北省第一个国家级智慧城市时空大数据平台试点项目。该平台构建了包括宏微观、动静态、二三维、历史现状、地上地下、市县融合"六位一体"的时空大数据资源体系,采用"一平台、三版本、多节点、一体建"的模式,提高了智慧石家庄城市治理能力、便民服务能力、应急处置能力	北京超图软件股份有限公司
8	航空出行数据资产质量评价创新实践	数据资源场景	针对物联网采集的航司、机场、空管多维协同等数据资产,利用系统工具化服务与评估师专业服务,为用户出具《数据质量评价报告》,分析问题数据产生的原因,并提出整改建议,最终为用户形成完整的数据质量管理闭环	清雁科技(北京)有限公司
9	深圳市龙华区经济大数据综合平台	数据资源场景	基于龙华区产业发展基础、特色和优势,形成集宏观经济监测、中观产业发展研判、精准招商、微观企业管理服务的"全栈式"解决方案。平台深度融合分析产业经济数据,实现经济态势科学预测、企业风险及时预警、产业发展精准招商、政策精准推送与免申即享、诉求督办闭环,成为龙华区域资源治理和经济产业发展的利器	北京中科闻歌科技股份有限公司
10	回天地区城市大脑	区域大脑场景	聚焦回天地区基层治理和社区管理存在的共性问题,贯通"市、区、街、居"四级数据共享渠道,实现对回天地区运行态势的全面感知与有效分析,为领导决策提供数据支撑	首都信息发展股份有限公司

续表

序号	案例名称	场景类别	案例简介	服务商
11	北京市房山区燕山智慧城市项目	区域大脑场景	以燕山智慧城市信息网络为基础，集地理位置、预案、视频、图片、语音等信息于一体，与燕山的一系列智慧城市应用系统有机融合互动。项目平台的落地对燕山智慧城市起到了重要的支撑作用，实现了现阶段燕山地区主要城市管理职能的整合，大大提升了政府及当地居民的办事效率	东华云计算有限公司
12	北京大兴国际机场临空经济区（廊坊）新型智慧城市项目	区域大脑场景	基于北京大兴国际机场临空经济区（廊坊）在"新城市建设、城市服务与管理、城市治理与运行、城市产业发展"四大领域面临的各项挑战，全面对标雄安新区建设新型智慧城市，对临空经济区新型智慧城市建设选择"1核心、3条线、N应用、1个码"的"13N1"建设总体架构，为临空经济区发展赋能助力	东华云计算有限公司
13	正定新区智慧市政运行管理平台	区域大脑场景	从底层业务协同到城市管理整合两个层次推进智慧城市建设，完善智慧城市功能。同时，进一步汇聚正定新区政务信息资源，衔接多部门业务应用系统；围绕正定新区发展规划，构建科学的指标体系和分析模型；运用大数据融合、分析手段，全面呈现正定新区经济和社会运行状态，精准预警预判正定新区发展趋势，为正定新区规划、建设、管理的精准施政提供决策分析，形成正定新区的智慧城市大脑	北京超图软件股份有限公司
14	北京市朝阳区政务服务事项自助咨询服务项目	政务办公服务场景	利用人工智能技术，开发标准化的智能咨询服务程序，提供政策文件录入、对接业务系统、链接办事指南、咨询问题定制、行业场景定制等功能，对办事群众的对话内容进行理解、分析、分词和纠错，精准识别用户意图，进行知识资料的查询和交互，通过多轮对话，上下文分析，为用户提供交互式的智能问答服务，满足办事人在自助机端、微信公众号等多种渠道的自助咨询，提供高效、便捷的解答服务	中科软科技股份有限公司
15	"京办"（北京市综合办公平台2.0）	政务办公服务场景	作为北京市政务办公系统的统一入口和应用底座，覆盖市、区、街、居四级的统一基础协同办公平台，是加快数字赋能基层治理、实现精治共治法治的重要载体和通道	京东城市（北京）数字科技有限公司

续表

序号	案例名称	场景类别	案例简介	服务商
16	"一业一证"申办系统	政务办公服务场景	以服务企业为目标,围绕企业实际办事需求,推动一个行业经营涉及的多项行政审批事项跨部门集成办理,实现"一问引导、一次告知、一表申请、一窗受理、一网通办、一标核准、一证准营、一码联动"	中科软科技股份有限公司
17	北京市金山WPS信创云文档	政务办公服务场景	以北京市经济和信息化局信创云为建设基础,构建与互联网物理隔离的政务专属文档中心,解决政府办公中对文档缺乏统一管理工具、文档安全风险高、文档协同困难的问题,为北京市的政务用户提供高效、便捷、易用的文档协同管理平台	北京金山办公软件股份有限公司
18	北京市统计局电子台账项目	政务办公服务场景	北京市统计局基于企业电子统计台账工具为企业进行数字化服务,实现企业台账信息的智能填报,减轻企业填报负担,从数据源头解决数据质量问题,提升统计数据质量。通过图像识别、语义解析匹配、动态知识图谱等技术,实现数据自动录入、统计指标智能识别转换、统计报表自动计算审核等功能,提升电子台账系统的自动化和智能化水平	北京百分点科技集团股份有限公司
19	智慧组工业务应用系统	政务办公服务场景	为应对组织人事工作中的管理难点和瓶颈问题,构建了组工业务专业信息工具,涵盖了干部信息管理、干部服务平台、干部(公务员)业务处理、干部测评、工资测算、数据分析、领导驾驶舱、党建管理、业务信息采集统计上报等全系列功能,较好地满足了各级党政机关组织人事部门对干部、公务员、班子等各种信息、各种业务处理的信息化需求,有效提升各级组织人事部门信息化水平	首都信息发展股份有限公司
20	国家政务服务平台移动政务服务应用管理系统	政务办公服务场景	充分发挥全国一体化平台支撑作用,为全国各地区各部门政务服务平台提供统一政务服务门户、统一政务服务事项管理、统一身份认证、统一电子印章、统一电子证照、统一数据共享等"七个统一"支撑服务,推动全国一体化平台移动端标准化、规范化建设和协同化、一体化服务	腾讯云计算(北京)有限责任公司

续表

序号	案例名称	场景类别	案例简介	服务商
21	北京市东城区网格化城市管理系统	区域综合管理场景	运用网格地图的技术思想，将东城区所辖区域划分成若干个网格状单元，从而实施精细化管理的过程，解决了原有的管理空间划分不合理、管理对象不具体、监督不到位、责任不落实、信息获取滞后、处理效率低下等问题；结合"信访代理制""城管综合执法机制"等管理理念和实践经验，形成了具有东城特色的网格化社会服务管理新模式	北京数字政通科技股份有限公司
22	中关村壹号智慧园区	区域综合管理场景	融合先进信息与通信技术，借助云计算、物联网、地理信息技术、三维虚拟化等高科技手段，建设了集地上地下、室内室外一体化的二三维地理信息平台；同时，基于"云-管-端"架构，提供"一站式"云数据中心、园区网络、视频监控、云联络中心等，打造智慧园区运营中心；并定制开发了便捷通行、智慧停车、能耗管理等服务体系，通过智能化手段为园区管理者、企业和居民提供全方位智能服务，打造国内一流的高质量"智慧园区"	北京软通智慧科技有限公司
23	中关村壹号智慧运行管理中心建设项目	区域综合管理场景	以物联网、大数据、云计算、人工智能、移动互联、GIS等新型数字化技术为基础，对园区的人、车、资产设施进行安全连接，实现数据全融合、状态全可视、业务全可管、事件全可控，使园区产生更安全、更舒适、更高效、更低的运营成本，持续卓越运营	北京优锘科技有限公司
24	党建引领网格化治理智慧社区项目	区域综合管理场景	运用云计算、大数据、人工智能、物联网等高新技术，打造"1+1+1+1+N"体系的综合信息化平台，服务党建、网格、物业、安防等多个业务场景，助力政府提升基层治理能力，助力物业提升服务质量，为居民提供便捷的生活环境	亚信科技（中国）有限公司
25	西城区综合交通治理辅助决策系统及示范应用	智慧交通场景应用创新	依托西城区数字基础设施和"城市大脑"建设成果，构建西城区交通数字孪生空间，通过多源指标实时监测与拥堵预警、跨层级多学科交通问题诊断、孪生空间的解决措施仿真推演、辅助决策支撑及效能评估等创新技术手段，形成西城大脑交通拥堵治理的"评诊治估"闭环，实现从"感而不知、感而略知"进化到"感而全知、辅助决策"的新一代智能系统	阿里云计算有限公司

271

续表

序号	案例名称	场景类别	案例简介	服务商
26	北京市朝阳区CBD区域交通综合治理	智慧交通场景应用创新	以BIM技术为核心，结合图像视频融合技术、车路协同技术、5G技术，实现面向多应用方的施工项目管理，大大提升了驾驶员夜间的行车体验，为后期的无人驾驶做铺垫；通过对周边区域交通设施改造，保证了行人和非机动车通行的安全性、连续性和畅达性；打造了便捷高效、开放共享、生态宜居的交通体系，全面提高区域环境品质	北京千方科技股份有限公司
27	智慧停车系统项目	智慧交通场景应用创新	以智慧停车为落地抓手，按照"1+2+3+4+N"架构为城市打造"一个中心、两大平台、三大工程、四项配套、N+赋能"的静态交通治理体系，助力城市实现"停车上云、云上停车"，为城市静态交通提供"治理一张图、运营一张网、服务一个App、N+赋能"的高质量管理服务支撑，实现城市停车系统化治理	北京千方科技股份有限公司
28	高速数字驾驶舱	智慧交通场景应用创新	对高速公路及隧道实现数字孪生可视化监控与管理，提供包括路隧一体化孪生展示、车辆孪生、流量分析、环境监控、事件仿真等功能，由原来只能看视频监控进行运营管理的单一手段，转变为孪生平台下对各种设施设备运行状态、实时车流情况、各类事件预测和仿真的全面运营和监管，大幅提升高速公路运营和管理水平，做到可知、可管、可控	北京博能科技股份有限公司
29	全息路口解决方案	智慧交通场景应用创新	全息路口全面分析交通运行状态，实现红绿灯信控自适应配时；支持车道级流量检测，实现路口拥堵预测；支持路口事故车辆行驶轨迹回演，实现事故快速处置；结合高精度地图，展现多种交通路口全息视角；支持交通冲突点热力图快速定位交通隐患，实现交通黑点早发现	中科创达软件股份有限公司
30	数字车钥匙	智慧交通场景应用创新	是在新能源智能车辆市场的快速发展背景下，为提升用户体验和实现人车互动推出的数字汽车钥匙系统。该系统使用手机、智能手表等移动终端作为汽车钥匙，可以实现任何车辆的映射对应，从而实现智能座舱、娱乐、氛围等个性化自动配置功能，带给用户更便利的体验	北京握奇数据股份有限公司

续表

序号	案例名称	场景类别	案例简介	服务商
31	车联网节点身份认证安全访问技术应用	智慧交通场景应用创新	设计和实现了针对车联网、安全可靠的身份认证安全访问机制，提供了轻量级身份认证解决方案，采用了完备的身份认证技术和数据保护技术，实现了智能网联汽车在行驶过程中实时的安全认证和数据安全保护，推动了车联网身份认证和数据安全标准的建立，为智能网联汽车走向实际使用奠定了基础	北京密码云芯科技有限公司
32	高德 MaaS 服务首都绿色出行	智慧交通场景应用创新	高德 MaaS 在高德地图已有功能基础上，整合公交、地铁、步行、骑行、网约车、航空、铁路、长途大巴、自驾等各种交通出行服务，实现了行前规划、行中引导、行后绿色激励，引导全社会积极践行绿色出行行为。目前，高德 MaaS 已形成绿色出行的方法学，并在全球率先打通与碳交易的闭环，实现从个体的微小减碳到平台汇集再到碳交易的闭环	高德软件有限公司
33	北斗 GNSS 高精度位置云服务	智慧交通场景应用创新	通过打造"云+芯"业务模式，采取多技术融合手段，构建面向智能时代、全球领先的"位置数字底座"，为从行业到大众、从生产到生活的各类应用场景提供无处不在、无时不有的高可靠、高精度位置服务，为用户创造价值，为智能时代赋能	北京北斗星通导航技术股份有限公司
34	海淀区生态补水循环水网控制系统	生态环境场景应用创新	基于海淀六大片区循环水网的逐步建设，对循环水网系统关联的河道、管网、泵站、阀门、流量计、摄像头构建三维数字化模型，实现补水河道流量的实时监测和补水循环水网设备的远程反向智能控制，将原有的手动补水模式升级为数字化智能化模式，打造智能、安全、远程可控的数字孪生生态补水循环水网控制系统	北京软通智慧科技有限公司、中关村科学城城市大脑股份有限公司
35	大气污染防治网格化监管平台	生态环境场景应用创新	基于"环保网格化"模式建立。平台的建立能实现网格化闭环流程的快速流转，实现市、县（区）级监督指挥平台、县（区）级平台、乡镇（街道）平台、村（居）委会平台和重点污染源平台的实时贯通，实现跨部门的数据共享与交换，最终构建横向到边、纵向到底的生态环境保护网格化管理体系	北京数字政通科技股份有限公司

续表

序号	案例名称	场景类别	案例简介	服务商
36	基于量子点光谱传感技术的"水环境侦察兵"	生态环境场景应用创新	"水环境侦察兵"采用基于量子点光谱传感技术的芯禹©系列微型水质监测终端,进行原位布设,实现实时、精准数据采集,对接"北京市河长制湖长制管理信息系统"和"北京河长"平台形成智慧水务一张图,为智慧水务管理提供水质实时数据展示、历史数据查询、污染告警、污染溯源等科学服务	芯视界(北京)科技有限公司
37	生态环境大数据平台	生态环境场景应用创新	基于AI+大数据+云计算全栈技术,集数据采、存、管、用于一体,面向实施人员、智能化、敏捷化的数据全生命周期管理应用平台,将生态环境全业务、多终端、多形态的数据汇聚融合,经过统一规范、标准化的全链路数据治理流程,贯通生态环境全域数据,最终实现生态环境数据价值的深度萃取	中节能天融科技有限公司
38	大气多源融合研判管控系统	生态环境场景应用创新	利用目前最先进的多种环境监测技术和公司独有的多源融合数据分析平台(技术),将卫星遥感、激光雷达、微型传感器、视频监控、气象数据等多源监测数据融合分析,为当地政府(尤其是大气环境质量排名靠后和有相应达标压力的各地级政府)提供环保决策辅助,快速筛查污染源,实现靶向治理、精准管控	中节能天融科技有限公司
39	北京当代MOMA低碳社区数智化管理	生态环境场景应用创新	在国家"双碳"政策的引领下,北京当代MOMA园区提出了"零碳化"升级改造的目标,希望通过"零碳方舟"平台,监测碳排放数据,模拟推演碳中和路径,为园区规划更多减碳措施以逐步实现"零碳园区"目标。北京五一视界数字孪生科技股份有限公司协助当代置业集团建设"零碳方舟"平台,完成数字建模还原,通过情景仿真,提升用户体验;借助三维模型进行空间态势分析,联动虚实场景,提高管控效率;帮助园区管理者通过动态模拟推演和呈现效果分析,降低碳能成本	北京五一视界数字孪生科技股份有限公司
40	基于区块链技术的智慧"双碳"管理服务体系	生态环境场景应用创新	以企业监测、汇聚、核算的碳排放及碳减排数据为核心,以政府监管部门的企业管理、"双碳"管控为目标导向,以区块链技术提供数据安全、数据保真、数据可信的技术保障,是一套服务于政府管理部门和企业涉碳主体的"双碳"智慧管理体系	北京佳华智联科技有限公司

续表

序号	案例名称	场景类别	案例简介	服务商
41	北京市洪涝模型与内涝预警	智慧应急场景应用创新	利用收集到的基础数据,进行北京洪水风险图项目实施,构建北京城市整体洪涝模拟模型,完成清河流域精细化模型和凉水河流域精细化模型构建,实现北京城市内涝预警应用,为北京城市内涝管理提供辅助决策手段	北京七兆科技有限公司
42	钱塘区应急智治一体化平台	智慧应急场景应用创新	以风险监测预警为导向,基于园区风险分布特点建立物联网采集系统,实现对各项监测指标的实时监测预警;通过对风险影响要素和隐患数据的动态分析,评估各项风险动态发展趋势;以事故应急救援为导向,建设符合应急救援特点的一键接报、事故研判、辅助决策、事故影响分析、协同救援等功能,保障事故的快速、科学、有效处置	北京华胜天成科技股份有限公司
43	自然灾害综合监测预警系统	智慧应急场景应用创新	通过综合管理、预测分析、风险评估、会商研判、预警发布等五大业务应用,汇聚整合相关厅局监测预警数据,实现全流程预警、预测、评估、辅助分析和预警信息发布,构建覆盖重大风险隐患的多层级自然灾害监测预警体系,为及时有效防范化解自然灾害风险提供有力支撑	北京华胜天成科技股份有限公司
44	安全生产天眼一体化平台	智慧应急场景应用创新	以昆山工业园区安全生产全要素数字化管理为目标,围绕安全综合监测、安全管理、生产管理、安全生产标准化等内容,建设的集重大危险源监控信息、安全生产作业分析信息、企业安全风险分区信息、生产人员在岗在位信息和企业生产全流程管理信息等于一体的安全生产一体化管控平台,切实落实企业安全生产主体责任,全面提升企业安全生产管理水平,同时通过与企业安全生产信息化管理平台对接相关信息,实现对企业安全生产风险实时动态监测预警,不断提升企业安全信息化、网格化和数字化的监管能力	北京华胜天成科技股份有限公司

续表

序号	案例名称	场景类别	案例简介	服务商
45	应急管理大数据治理平台	智慧应急场景应用创新	依托大数据全栈技术和多维数据融合分析能力，实现北京市应急大数据全方位获取、全网络汇聚、全维度整合，对外提供数据共享交换、数据应用等服务；通过数据挖掘分析、可视化、数据建模等智能化服务，支撑北京市及各区智慧应急应用体系建设；在自然灾害、安全生产和城市安全等领域支撑多场景智能应用，提供科学决策支持	北京百分点科技集团股份有限公司
46	高德地图无障碍导航	人文环境场景应用创新	又称"轮椅导航"，是专为残障人群和弱势群体出行开发的公益导航项目。用户只要在高德地图上开启"无障碍模式"，就能享受无障碍导航，结合无障碍电梯、升降机这些无障碍设施，规划出一条无障碍路线；同时，可在户外导航过程中，避开地下通道、人行天桥等轮椅无法通行的路段，实现便捷出行	高德软件有限公司
47	北京中轴线"万象中轴"数字文化体验项目	人文环境场景应用创新	依托河图大规模3D地图构建、高精度空间计算等前沿技术，在线下真实的物理空间叠加虚拟数字内容，对中轴线历史场景和消失的文物建筑进行数字重现，并嵌入数字展陈、沉浸式体验和虚拟互动等多种效果，构筑增强现实体验。这种城市数字空间场景创新应用带来的崭新文化体验，不仅能助力中轴线申遗，而且能促进老城保护和城市更新，赋能城市空间智慧化升级	北京河图联合创新科技有限公司
48	网站内容检测系统	人文环境场景应用创新	通过正向查错、反向查错和"AI+人"的融合检测，为政府机构、国有企业、学校等单位的主站和相关网站群发布的内容提供定期的检测与内容保障工作，协助加强内容发布检查指导，及时发现并妥善解决存在的问题，形成制度化、常态化管理模式，提升单位的公信力，更好发挥单位网站群在宣传、在线服务、与公众互动交流等方面的重要作用	北京精琢科技有限公司

续表

序号	案例名称	场景类别	案例简介	服务商
49	智慧墙文保周界安防系统	人文环境场景应用创新	通过在墙体、围栏上进行部署，形成一个立体的探测场，一旦有未授权人员进入探测范围，系统可迅速发现入侵行为，锁定目标位置，并向监控平台发出报警，同时精确地联动视频、广播、警笛，从而防控入侵者逃脱。系统的部署降低了人力及费用消耗，为国家文物保护开创了新的思路和空间	北京神州泰岳软件股份有限公司
50	档案馆新媒体归档解决方案	人文环境场景应用创新	基于自主电子文件管理平台构建，具备新媒体电子文件的管理和利用功能，完美解决了网站网页、微信、微博、头条等新媒体长久保存、历史信息查询、离线阅读、归档保存等问题，对于完善电子档案管理体系、促进政府信息资源及大数据开发利用、推动政府网站信息内容建设、保存和再现社会记忆，具有重大社会价值和历史价值	北京冠群信息技术股份有限公司
51	冬奥城市规划展馆项目	人文环境场景应用创新	张家口市城市规划展馆的布展以"规划让生活更美好"为主题，追求内容与形式的融合，从不同角度，将弧形影院、数字沙盘、交互体验等现代声光电技术融入多个展示环节，全面展示张家口的山水之美、人文之美、城市之美，将展馆打造成集规划展示、科普教育、公众参与、城市宣传等多功能于一体的专业展馆，从而为冬奥盛会和张家口的发展助力	利亚德光电股份有限公司
52	公安警务通	执法公安场景应用创新	提供了基于TEE和inSE（eSE）芯片的安全认证和加密功能，包括身份认证、签名验签、数据加密和通信加密等功能；提供了密钥证书存储、私钥解密、公钥加密、对称密钥加解密、随机数生成、安全散列函数计算等功能，解决了移动警务业务中的安全问题，提高了公安系统的信息化水平	北京握奇数据股份有限公司
53	智慧平安小区管控系统	执法公安场景应用创新	以领导视图，通过区域图的形式展示北京市各城区人口及车辆数量分布图；通过技战法分析功能，对小区人员及车辆进行研判分析并生成预警信息；提供人员、车辆、移动虚拟特征的布控管理功能，实现指挥机制的扁平化，加快信息流动，促进社区由传统的一元化管理职能向管理与服务功能并重、融合转化，推进智慧平安小区建设	北京中奥淘数据科技有限公司

续表

序号	案例名称	场景类别	案例简介	服务商
54	北京市昌平区智慧平安社区解决方案	执法公安场景应用创新	依托前端感知设备，实现多维信息统一汇聚；基于用户原有大数据平台升级、改造，综合利用人工智能、知识图谱和大数据等技术手段，对社区数据进行治理、挖掘、分析和研判；通过数据大屏可视化分析，联动各社区管理主体共同维护社区安全，全面提升平安社区大数据建设应用水平和风险预测、预警、预防、预制能力	北京海致科技集团有限公司
55	司法领域无纸化智能服务	执法公安场景应用创新	通过多渠道卷宗生成、智能阅卷、文书生成、一键归档、智能管理、协同服务等一系列智能辅助功能，实现在案件办理过程中案件电子卷宗全案由、全流程的网上办理，打造无纸化智能辅助办案创新模式	太极计算机股份有限公司
56	线下促销陈列数字化创新项目	商务服务场景应用创新	2020年，物美联合多点Dmall成功开展线下促销陈列数字化创新项目，以促销陈列拉动各业务环节，实现了促销业务数字化。系统通过给每个促销资源道具"赋码"，实现资源的准确盘点和定位；根据对资源位、商品以及用户的大数据分析，自动生成选品和陈列策略；通过门店执行和检核功能，保证门店执行效果；将档期号、陈列量、陈列时间等信息，自动同步给下游自动补货系统，助力补货决策及时、准确、合理	多点生活（中国）网络科技有限公司
57	闪酿B2B智能化供应链采销平台	商务服务场景应用创新	通过技术实现智能网络化、数字化合约管理和产品管理，规避业务风险和财务风险，实现从经销商到终端门店的连接。企业可通过智能数据分析和人工智能的方式快速准确地了解行业动态，帮助经销商更容易地开发门店客户，为企业提供采销、营销活动和与库存相关的智能决策建议	北京闪酿科技有限公司

续表

序号	案例名称	场景类别	案例简介	服务商
58	乌镇"世界互联网大会"智慧展馆项目	商务服务场景应用创新	通过数字孪生技术将展馆信息及周边地貌进行复刻，提供展厅内容呈现、网络感知、设备管理、能耗管理、应急保障、视频监控、线上互动驾驶舱等功能；通过打造三维可视化线上展厅及场馆智慧运营管理中枢，为设备设施的高效可视化运维管理提供智能保障；通过对网络运行状态数据进行掌握和分析，结合人流趋势进行推演预测，保障网络的安全运行和应急事件指挥调度；通过线上展厅及直播引流，在疫情防控期间为公众提供线上参观渠道	亚信科技（中国）有限公司
59	XPMS智能酒店管理平台	商务服务场景应用创新	基于酒店运营需求，通过前台管理、数据报表、客户管理、满房宝、财务管理、成本管理、收益管理、采购平台、资金管理、集团管理平台等十大功能模块，以智能化、国际化、全覆盖、精准化的特点，多维度赋能酒店管理，帮助品牌连锁、大体量酒店进行管理	旅悦旅游信息技术（北京）有限公司
60	"旅悦智控"智能客房解决方案	商务服务场景应用创新	基于酒店运营的需求，通过场景联动、人体感应、智能语音、智能窗帘、智能空调、智能电视全屋智能产品，全方位提升用户入住体验；"一站式"打造酒店数字化升级，为合作伙伴降低成本、提升用户好评率，不断提升单间夜价值，增加收益；帮助品牌连锁、大体量酒店、中小酒店及客栈搭建智能旅居场景，实现传统旅游产业的全新发展	旅悦旅游信息技术（北京）有限公司
61	旅悦XCRM选址助手系统	商务服务场景应用创新	基于酒店运营需求，通过多维度数据融合、分析和加工，综合评估当地的市场容量和前景，让离散的数据产生更大价值；通过完整可靠的数据、专业强大的功能、友好便捷的操作，为更多业主提供服务，帮助品牌连锁、大体量酒店、中小酒店及客栈精准选址，预测市场动态，实现传统旅游产业的全新发展	旅悦旅游信息技术（北京）有限公司

续表

序号	案例名称	场景类别	案例简介	服务商
62	智慧家校共育平台综合服务解决方案	终身教育场景应用创新	基于学校教育教学应用场景下的服务体系，主要满足学生学习、学校管理、家长管理等场景，结合学校实际情况提供高度定制化投票、选课、线上缴费和问卷等应用服务，课程表、就餐登记、线上作业提交与批阅、在线答题等班级服务，各类教育资源上传与观看的共育服务，为学校管理、教师发展和学生家长的各项工作建立一个有效的途径，提升家校共育新高度	北京品瑞文化科技有限公司
63	对外经济贸易大学数字经济实验室项目	终身教育场景应用创新	以混合云提供的基础资源服务为支撑，通过融合各个PAAS平台服务能力，进行集中化、标准化、个性化的统一整合，向应用层和用户层提供数据处理、经济指标分析、科研交流、运维支撑和可视化服务，为教师科研、学生个性化学习、学生实习提供便捷服务	东华云计算有限公司
64	基于Web 3.0的元宇宙智慧教育云平台	终身教育场景应用创新	面向教育行业，以Web 3.0为技术底座，依托XR、AI数字人、5G、大数据、云计算等通用性底层核心技术，构建高度沉浸、充分互动的虚拟仿真环境，为教育行业提供元宇宙场景下的普适性解决方案	北京维周智能科技有限公司
65	有道AI学习机X10	终身教育场景应用创新	针对四大学习方向：精准提升、作业辅导、教材同步学习、课后延展，依靠有道强大AI技术实力和专业教研团队，提供实时追踪的学情看板、精准练习方法、高效学习工具和丰富内容资源，让孩子精准练、高效学，快速提升；帮助家长进行专业辅导，缓解焦虑	网易有道信息技术（北京）有限公司
66	益站2030智慧健康社区场景应用项目	医疗健康场景应用创新	基于一个平台和多场景健康空间，采用"AI+健康管理"的服务模式，对多个社区养老场景进行线上线下数据收集、分析和利用，高科技赋能养老产业并与社区医院、零售药店等健康医护服务相连接，真正做到以居民的各项需求为中心，形成全方位、多场景、智能化的养老健康医护服务闭环，惠及当地居民	北京健康有益科技有限公司

续表

序号	案例名称	场景类别	案例简介	服务商
67	推想肺癌人工智能数字化全生命周期诊疗中心	医疗健康场景应用创新	从肺癌数字筛查、诊断、治疗、管理到科研五大模块,实现肺癌全生命周期数字化诊疗体系立体化场景应用,有助于肺癌早期精准筛查,大幅提升患者治愈率和生存率;帮助医生提升阅片效率,降低医院的人工费用;使优质的医疗资源可以迅速复制到基层医院,帮助解决优质医疗资源不足的问题	推想医疗科技股份有限公司
68	家庭健康监测和用药管理系统	医疗健康场景应用创新	简称"智慧药盒",采用分药和装药设计、提示和提醒设计、模块化设计、智能居家养老拓展设计,通过人性化的产品结构和智能化的提醒,解决老年人居家养老的吃药难题;子女也能通过App随时查看用药情况和各项健康指标的同步监控数据	北京精琢机器人技术有限公司
69	智慧医院协同创新平台	医疗健康场景应用创新	旨在培育和孵化"智慧服务""智慧医疗""智慧管理"一批医院互联网应用场景,满足医院生态系统的信息化、数字化、智慧化应用需求	东华医为科技有限公司
70	无人机+AI边缘计算在城市电力巡检的应用	其他领域场景应用创新	采用目标物位置计算及闭环反馈控制的方法,使无人机巡检系统具备抗干扰、自识别、自追踪、自调整的功能;利用高精度视频设备对城市电力设施设备如输变配线路、杆塔及相关设备、配电设备,进行可见光观测,通过模式识别和系统算法的应用,精确自动对焦城市电力设备故障发生点,自动拍照,自动识别故障类型及严重程度,从而起到降低巡检成本、提高巡检效率、保障巡检准确性的作用	北京方智科技股份有限公司
71	能链综合能源港	其他领域场景应用创新	以数字化为切入点,通过底层数字化系统打通传统能源零售终端各系统,并将SaaS软件系统与智慧大屏、智能油机等硬件相结合,构建覆盖支付、营销、零售、安监、经营等各环节的360度智慧经营系统,全面提升能源零售终端经营效率	车主邦(北京)科技有限公司

续表

序号	案例名称	场景类别	案例简介	服务商
72	光大银行电子凭证解决方案	其他领域场景应用创新	基于金融信创实践，顺应行业数字化转型要求，遵循电子会计凭证数据标准，使用OFD自主电子文件格式和国密算法，应用开放开发技术，具备银行电子回单和电子对账单开具、XBRL封装、签章、接收、验证、解析、入账、归档等功能，实现银行凭证数字化、全业务流程自动化以及财务合规自动监管	北京冠群信息技术股份有限公司
73	银行5G智能融合消息平台	其他领域场景应用创新	充分利用5G、人工智能、大数据、物联网、云计算等技术，对运营商、OTT、互联网等渠道进行整合，融合了5G消息、视频消息、阅信、App、微信、小程序、电子邮件及短信等多渠道通信能力，打通了客户线上、线下智能服务场景，为客户提供了集智能接入、智能管理、智能运营、智能营销、智能服务于一体的融合信息服务"一站式"解决方案	联动优势科技有限公司
74	银行智慧物管（人证通）云平台	其他领域场景应用创新	满足了银行在员工准入、权限管理、访客管理以及考勤、食堂、停车等身份识别验证和一体化管控上的合规化、智能化管理需求；提供了银行内部各系统间的互联互通、集中管控，实现设备与设备、人与设备、人与人之间的全面连接和认证服务；打通了庞杂分散的办公系统，实现了统一高效的认证管理，并高度适配银行严谨的业务流程，在保证内部管理流程合规的同时，实现了高效运营	联动优势科技有限公司

附录四 北京市首批人工智能行业大模型应用案例

附表4 北京市首批人工智能行业大模型典型应用案例清单[①]

序号	案例名称	案例简介	技术供给方
1	智慧能源：基于电力行业NLP大模型的设备运检知识助手示范应用	智慧能源领域，基于百度"文心"系列大模型及领先的深度学习、知识图谱增强等技术，构建了千万级电力文本样本库和电力行业知识图谱，联合训练电力行业NLP大模型，电力专业分词、电力营销敏感实体识别F1指标分别提升9.27%、13.28%，达到92.376%、94.947%，显著提升了设备及电网运营的自动化、智能化水平。基于该项目成果，百度将联合国网智研院持续开展电力大模型共训，共同推进电力深层认知智能提升，助力构建清洁低碳、安全可控、灵活高效、开放互动、智能友好的新型电力系统	由百度集团和国网智能电网研究院有限公司共同开发
2	智慧医疗：数字中医大模型示范应用	在智慧医疗领域，基于北京智谱华章科技有限公司高精度千亿中英双语稠密模型"GLM-130B"，面向中医领域名医经验挖掘整理需求，构建数字中医服务平台，探索高危肺结节人工智能临床诊疗和临床评价研究等解决方案，实现中医临床经验的智慧化复制新模式。该项目已初步开发医疗垂直领域的问答功能，支持对医疗、健康问题进行智能化知识问答；同时，开发了根据症状生成中医诊方，并提供处方主治症候医学解释等辅助诊疗功能	由北京智谱华章科技有限公司和北京中医药大学东方医院共同开发
3	智慧城市：面向建筑领域多模态行业大模型示范应用	在智慧城市领域，基于"紫东太初"多模态大模型和跨模态通用人工智能平台，联合研发建筑工程全闭环智能应用系统，形成项目地图索引、风险快速传达、自动回复等功能，赋能工程方案设计、技术文件审核等多个阶段场景，大大提升建筑行业智能化水平	由中国科学院自动化研究所和中铁建设集团有限公司共同开发

[①] 资料来源于2023年6月27日北京市科委、中关村管委会发布的北京市首批人工智能行业大模型应用案例。

续表

序号	案例名称	案例简介	技术供给方
4	城市治理：城市大脑大模型示范应用	在城市治理领域，面向城市治理领域智能化管理需求和国产化自主可控的安全需求，有效打通科大讯飞（北京）有限公司"星火"基础大模型和中关村科学城城市大脑股份有限公司"如如ChatTT"行业大模型，针对城市治理数据资源访问和应用受限、城市治理服务模型通用泛化能力弱以及人工智能时代下的信息安全等问题，在"如如ChatTT"基础上，完成城市治理大模型的国产化改造并示范应用，加速城市智能化建设，全面提升城市治理能力	由中关村科学城城市大脑股份有限公司和科大讯飞（北京）有限公司共同开发
5	智慧医疗：基于"山海"大模型的门诊病历生成系统示范应用	在智慧医疗领域，基于云知声智能科技股份有限公司700亿参数规模的自研"山海"大模型，结合前端声音信号处理、声纹识别、语音识别、语音合成等"全栈式"智能语音交互技术，联合研发门诊医患对话场景下的电子病历自动生成系统，实现诊室复杂环境下的降噪、医患角色区分、信息摘要及病历自动生成等功能，预计可提升医生的电子病历录入效率超过400%，节约单个患者问诊时间超过40%，提升医生门诊效率超过66%	由云知声智能科技股份有限公司、北京友谊医院共同开发
6	科学研究：覆盖元素周期表原子间势函数预训练模型示范应用	在科学研究领域，面向高性能航空关键新材料研发需求，基于北京科学智能研究院深度势能原子间势函数预训练模型 DPA-1，可模拟原子规模高至100亿，大幅提高模型迁移能力和元素容量，提高模型预测精度，降低模型训练所需数据量及训练成本，缩短研发周期	由北京科学智能研究院和中国航发北京航空材料研究院共同开发
7	智慧金融：多模态智慧金融大模型示范应用	在智慧金融领域，基于第四范式（北京）技术有限公司百亿参数大模型"式说"，联合开展金融多模态智慧金融平台研发及私有化部署，在行内规章制度及人员信息查询、行业术语通俗化解释、客户经理信贷管理、人工客服问答、人工智能应用快速研发等多个环节形成大模型能力，大幅降低客服管理成本，提升客服人员效率及客户满意度	由第四范式（北京）技术有限公司和北京中关村银行股份有限公司共同开发
8	自动驾驶：自动驾驶生成式预训练大模型 DriveGPT 示范应用	在自动驾驶领域，基于毫末智行自研的业界首个自动驾驶生成式预训练大模型 DriveGPT，提供问题场景的快速发现、场景数据的快速筛选与自动标注、罕见场景的数据生成，以及云端仿真测评等能力，可有效节省90%的标注成本，将算法对模糊车道线的识别能力从40%左右提升到90%以上，对驾驶轨迹的预测误差降低近300%	由毫末智行科技有限公司和长城汽车股份有限公司共同开发

续表

序号	案例名称	案例简介	技术供给方
9	智慧生活：面向消费领域的品商大模型示范应用	在智慧生活领域，面向消费制造业数字化升级需求，基于北京衔远有限公司品商大模型及ProductGPT等应用，联合研发商品智能反向定制、预测性生产、智能调度、智能营销等服务功能，并在北京一轻科技集团旗下的10个产品品类中示范应用，赋能企业商业模式创新，实现从商机发现到产品交付的全链路数智化转型	由北京衔远有限公司、北京一轻科技集团有限公司共同开发
10	智能问答：智能问答大模型示范应用	在智能问答领域，基于北京面壁智能科技有限责任公司自研"CPM-Bee"大模型，联合开发"知海图AI"智能问答大模型，可归纳总结热榜观点并生成摘要，生成准确率超过80%，通过多模态、生成式、可解释及对话式的搜索方式，提升搜索结果的质量和用户体验，满足用户多样化的搜索需求，已于2023年4月在知乎实现应用部署	由北京面壁智能科技有限责任公司和智者四海（北京）技术有限公司共同开发

附录五 中国式现代化数字政府应用场景河北典型案例

附表5 中国式现代化数字政府应用场景河北典型案例名单①

序号	案例名称
1	河北省：倾力打造"冀时办"为美好生活加速
2	河北省：智能审批加速，企业开办不求人
3	河北省：推动政务服务集成化办理打造"一件事一次办"服务场景
4	雄安新区：技术赋能提升审批效率
5	雄安新区："保姆式"政务服务的智慧化提升
6	石家庄市：打造信用惠民场景"石i民"App助实现诚信有价
7	石家庄市：探索智能AI审批提升政务服务水平
8	石家庄市：推动政务服务事项"网办""智能办""免证办""便利办"
9	保定市：打造"看得见"的线上帮办服务
10	保定市：打造企业信息变更"一件事一次办+无感审批"模式
11	承德市：探索建立融合环境质量的污染源普查综合监管新模式
12	承德市：坚持以数治税全面提升税收征管质效
13	承德市：打造政府数据开放平台推进数据有序开放
14	张家口市："数字警务"焕发山区治理新活力
15	张家口市："数字云胶片"助力"互联网+医疗健康"服务
16	张家口市："信易+"应用体系助推后奥运经济高质量发展
17	秦皇岛市："固定格式证明事项网上办"让政务服务全时任享
18	秦皇岛市：创建"数智微生态"打造数智新社区
19	廊坊市：打造"一网通办"+机器人流程自动化（RPA）创新服务模式
20	廊坊市：全面推动新型智慧城市建设提速
21	唐山市："大数据+非现场监管"助推数字环保建设
22	沧州市：建设"智慧选址"应用促进项目投资建设提质提效
23	沧州市：依托机器人流程自动化（RPA）技术实现"一套系统跑流程"
24	邢台市：协同联动平台助力政务工作高效协同
25	邢台市巨鹿县：党建引领数字赋能构建基层治理新局面

---

① 资料来源于2023年9月8日河北省政务服务管理办公室、新华通讯社河北分社、中国经济信息社联合发布的《中国式现代化数字政府应用场景河北典型案例》。

附录六 2023年天津市信息技术应用创新解决方案

附表6 2023年天津市信息技术应用创新解决方案入选项目名单[①]

一、2023年天津市信息技术应用创新解决方案（典型解决方案）

序号	项目名称	企业名称	申报领域
1	多模态智能中医四诊合参辅助诊断系统	依脉人工智能医疗科技（天津）有限公司	卫生健康
2	PKS－C1企业终端集成产品	天津长城计算机系统有限公司	党务政务
3	创新信创数据互联，国产异构数据同步解决方案	天津神舟通用数据技术有限公司	党务政务
4	中汽研汽车制造供应链协同应用创新解决方案	中汽研汽车工业工程（天津）有限公司	工业
5	天津市金超利达物联网智慧能源管理云平台	天津市金超利达科技有限公司	能源
6	联想全栈信创桌面云解决方案	天津联想超融合科技有限公司	教育
7	基于KaiwuDB的分布式储能行业解决方案	上海沄熹科技有限公司天津分公司	能源
8	基于联通云拍卖协会混合云微服务化改造项目	联通数字科技有限公司天津市分公司	金融
9	卓朗科技全栈信创云基础设施解决方案	天津卓朗科技发展有限公司	其他
10	安捷能源路由器建筑赋能解决方案	天津安捷物联科技股份有限公司	能源
11	云创智慧园区综合管理与服务平台	云创科技（天津）有限公司	党务政务
12	基于工业互联网技术的数控机床监控及效率分析应用解决方案	天津市工业和信息化研究院	工业
13	星际三维地理信息基础平台（STAR-GISEARTH）	星际空间（天津）科技发展有限公司	自然资源

[①] 资料来源于2023年12月5日天津市工业和信息化局发布的2023年度天津市信息技术应用创新典型案例名单。

续表

一、2023 年天津市信息技术应用创新解决方案（典型解决方案）

序号	项目名称	企业名称	申报领域
14	水域安全控管服务平台	天津开发区瑞锋科技有限公司	交通
15	基于多源异构技术的统一文件管理解决方案	创云融达信息技术（天津）股份有限公司	金融
16	管存分离的虚拟化分布式存储管理	创云融达信息技术（天津）股份有限公司	金融
17	CIM 智慧城市综合管理平台	百川伟业（天津）建筑科技股份有限公司	通信
18	BIM + FM + GIS 运维管理平台	百川伟业（天津）建筑科技股份有限公司	通信
19	戎行人员异常行为大数据预警系统解决方案	天津戎行集团有限公司	其他
20	基于 BIM 轻量化引擎的虚拟仿真教学系统	百川伟业（天津）建筑科技股份有限公司	教育
21	EIWeb 易伟博门户网站群构建管理平台	天津开发区先特网络系统有限公司	党务政务
22	天河人工智能创新一体化平台	国家超级计算天津中心	卫生健康
23	凯发城轨国产化电力监控系统解决方案	天津凯发电气股份有限公司	交通
24	博雅创智智能自动化测试平台解决方案	博雅创智（天津）科技有限公司	能源
25	曙光 Cloudview 信创云平台解决方案	曙光信息产业股份有限公司	党务政务
26	基于信创的 IBMS 双碳智能园区解决方案	度盛（天津）信息技术有限公司	工业
27	基于鲲鹏的智能云原生解决方案	度盛（天津）信息技术有限公司	其他
28	基于信创工程的智慧医院一体化服务平台	中电云脑（天津）科技有限公司	卫生健康
29	慢阻肺数字疗法	橙意家人科技（天津）有限公司	卫生健康
30	基于新一代信息技术的益云工业互联网平台	天津泓讯网络科技有限公司	工业
31	银河麒麟桌面操作系统教育场景解决方案	麒麟软件有限公司	教育

续表

一、2023 年天津市信息技术应用创新解决方案（典型解决方案）

序号	项目名称	企业名称	申报领域
32	国产万物智联星光麒麟操作系统解决方案	麒麟软件有限公司	党务政务
33	银河麒麟云底座解决方案	麒麟软件有限公司	通信
34	天津农商银行协同办公平台解决方案	泛微网络科技股份有限公司	金融
35	中科智能基于 GPU 虚拟化技术的云桌面解决方案	中科智能科技发展（天津）有限公司	教育
36	度盛（天津）信息技术有限公司	中蓝物联网科技（天津）有限公司	水利
37	基于信创的居家养老智慧社区解决方案	度盛（天津）信息技术有限公司	社会保障
38	新型 COB 显示屏在智慧园区建设项目中的应用	元旭半导体科技（天津）有限公司	其他

二、2023 年天津市信息技术应用创新解决方案（应用示范案例）

序号	项目名称	企业名称	申报领域
1	基于多模异态语义分析的情感认知系统研究与应用	中国移动通信集团天津有限公司	通信
2	基于动态异质网络的移动通信网络满意度演化预测系统	中国移动通信集团天津有限公司	通信
3	基于工业互联网平台的数字化工厂解决方案	天津欣象科技有限公司	工业
4	天津渤化发展 HSE 应急管理平台	天津渤化化工发展有限公司	工业
5	基于大数据分析教师专业发展解决方案	天津岩石科技有限公司	教育
6	基于地理信息技术的国土空间规划"一张图"实施监督信息系统	天津市城市规划和设计研究总院有限公司	自然资源
7	基于工业互联网平台的工业工程智能设计解决方案	天津水泥工业设计研究院有限公司	工业

三、2023 年天津市信息技术应用创新解决方案单项入选名单

	项目名称	企业名称	申报领域
技术先进单项	中科智能基于 GPU 虚拟化技术的云桌面解决方案	中科智能科技发展（天津）有限公司	教育
应用示范单项	基于动态异质网络的移动通信网络满意度演化预测系统	中国移动通信集团天津有限公司	通信
产业带动单项	银河麒麟云底座解决方案	麒麟软件有限公司	通信

（北京市科学技术研究院　杨丽丽）